权威·前沿·原创

皮书系列为

“十二五”“十三五”国家重点图书出版规划项目

智库成果出版与传播平台

河南省社会科学院哲学社会科学创新工程试点项目

河南工业发展报告（2020）

ANNUAL REPORT ON INDUSTRIAL DEVELOPMENT OF HENAN (2020)

聚焦“三大改造” 升级“河南制造”

主 编／谷建全
副主编／张富禄 赵西三

社会科学文献出版社
SOCIAL SCIENCES ACADEMIC PRESS (CHINA)

图书在版编目(CIP)数据

河南工业发展报告. 2020：聚焦“三大改造” 升级“河南制造”／谷建全主编. -- 北京：社会科学文献出版社，2020.1
（河南蓝皮书）
ISBN 978-7-5201-5887-9

Ⅰ.①河… Ⅱ.①谷… Ⅲ.①地方工业经济-经济发展-研究报告-河南-2020 Ⅳ.①F427.61

中国版本图书馆CIP数据核字（2019）第288666号

河南蓝皮书
河南工业发展报告（2020）
——聚焦“三大改造” 升级“河南制造”

主　　编／谷建全
副 主 编／张富禄　赵西三

出 版 人／谢寿光
组稿编辑／任文武
责任编辑／高振华　李艳芳
文稿编辑／刘如东

出　　版／社会科学文献出版社·城市和绿色发展分社（010）59367143
　　　　　地址：北京市北三环中路甲29号院华龙大厦　邮编：100029
　　　　　网址：www.ssap.com.cn
发　　行／市场营销中心（010）59367081　59367083
印　　装／天津千鹤文化传播有限公司

规　　格／开　本：787mm×1092mm　1/16
　　　　　印　张：19.75　字　数：292千字
版　　次／2020年1月第1版　2020年1月第1次印刷
书　　号／ISBN 978-7-5201-5887-9
定　　价／128.00元

河南蓝皮书编委会

主要编撰者简介

谷建全　经济学博士，河南省社会科学院院长、二级研究员，博士生导师。国家“万人计划”首批人选、国家哲学科学领军人才、国家有突出贡献专家、享受国务院特殊津贴专家、文化名家暨全国宣传文化系统“四个一批”优秀人才、河南省优秀专家、河南省宣传文化系统“四个一批”优秀人才、河南省跨世纪学术技术带头人、郑州市自主创新领军人才。兼任中国劳动经济学会副会长、河南省信息化专家委员会副主任委员，主要从事产业经济、科技经济、区域经济研究。近年来，公开发表学术论文200余篇，出版学术专著15部，主持国家、省级重大研究课题30余项，获得省部级奖励20余项，主持编制各类区域发展规划100余项，30余项应用对策研究得到省委省政府领导批示。

张富禄　河南省社会科学院工业经济研究所所长、研究员，河南省社会科学研究基地项目部主任，河南省创新发展软科学研究基地主任，河南中烟工业有限公司社科专家组组长，专业研究方向为产业经济学和区域经济学。公开发表论文50多篇，主持完成省级以上课题十多项，获得省级以上社会科学类优秀成果奖6项，多项研究成果获得省委省政府领导批示。

赵西三　河南省社会科学院工业经济研究所副所长、副研究员，研究方向为产业经济学，重点研究河南工业经济及产业发展，公开发表论文40多篇，合作著作10余部，完成各项研究报告50多项，主持国家社会科学基金1项，主持及参加国际及省级课题十余项，获省级以上社会科学优秀成果奖十余项，主持或参与区域发展规划20多项。

摘　要

本书由河南省社会科学院主持编撰，主题为“聚焦‘三大改造’升级‘河南制造’”，全面分析了2019年1~9月河南工业经济运行的总体态势和主要特点，深入分析了河南工业经济运行中存在的问题，对制造业高质量发展面临的形势做了研判，并对2019年全年及2020年河南工业经济发展趋势进行了展望。全书分为总报告、评价篇、综合篇、行业篇、区域篇、案例篇6个部分，为河南工业高质量发展提出新思路和新对策。

总报告认为，2019年以来，面对内外部环境复杂变化，继续推进智能化改造、绿色化改造和技术改造，工业经济运行稳中有进，总体呈现“五稳五升”的良好态势，主要经济指标好于预期、优于全国。但是工业经济运行也表现出“进中承压、好中有忧”，预计2019年全年河南规模以上工业增加值增速保持在7.8%左右，2020年预计会稳中趋缓，保持在7.7%左右，整体上工业运行呈现稳中有进的特点，继续保持“增速小幅波动，结构继续优化，产业升级提速，发展质量提升”的良好趋势。

评价篇通过构建区域工业经济高质量发展评价指标体系对河南18个市工业发展质量进行了综合评价，结果显示，郑州、许昌、洛阳、济源和焦作位列河南区域工业经济高质量发展综合排名前五。从创新发展看，洛阳、郑州、新乡、济源和平顶山位居前五；从协调发展看，漯河、周口、焦作、许昌和三门峡位居前五；从绿色发展看，许昌、漯河、濮阳、郑州和南阳位居前五；从开放发展看，郑州、济源、鹤壁、三门峡和漯河位居前五；从共享发展看，郑州、济源、安阳、焦作和洛阳位居前五。

综合篇、行业篇、区域篇、案例篇对2019年河南工业发展情况进行了专题研究。综合篇从智能制造、数字化转型、绿色化改造、科技创新、集群升级、金融支持等角度深入剖析。行业篇对河南食品产业、有色金属产业、传统产业等做了研究。区域篇对郑州、洛阳、许昌工业经济运行态势进行了分析，并对未来进行了展望。案例篇介绍了三个企业发展情况。

全书力求通过多个角度系统展示 2019 年以来河南工业高质量发展的进展与亮点，以及以智能制造引领“三大改造”取得的积极成效，呈现重点行业、特色区域和典型企业在高质量发展方面的实践探索，真实反映河南工业高质量发展面临的形势、存在的问题，并提出针对性思路及对策。

关键词： 河南　工业经济　“三大改造”　“河南制造”

目　录

Ⅰ　总报告

Ⅱ　评价篇

Ⅲ　综合篇

Ⅳ 行业篇

Ⅴ 区域篇

Ⅵ 案例篇

皮书数据库阅读**使用指南**

总 报 告

General Report

B.1
2019～2020年河南工业经济运行态势分析与展望

河南省社会科学院工业经济研究所课题组*

摘　要： 2019年以来，面对内外部环境的复杂变化，河南继续推进智能化改造、绿色化改造和技术改造，工业经济运行稳中有进，总体呈现“五稳五升”的良好态势，主要经济指标好于预期、优于全国。但是工业运行也表现出“进中承压、好中有忧”，预计2019年全年河南规模以上工业增加值增速保持在7.8%左右，2020年预计会稳中趋缓，保持在7.7%左右，整体

* 河南省社会科学院工业经济研究所课题组组长：张富禄，河南省社会科学院工业经济研究所所长，研究员。课题组成员：赵西三，河南省社会科学院工业经济研究所副研究员；宋歌，河南省社会科学院工业经济研究所副研究员；刘晓萍，河南省社会科学院工业经济研究所副研究员；李婧瑗，河南省社会科学院工业经济研究所助理研究员；杨梦洁，河南省社会科学院工业经济研究所研究实习员。

上工业运行呈现稳中有进的特点，继续保持“增速小幅波动，结构继续优化，产业升级提速，发展质量提升”的良好趋势。

关键词： 河南 智能制造 工业经济

2019 年以来，面对内外部环境的复杂变化，河南持续把推动制造业高质量发展作为促进工业稳定增长的重要抓手，以制造业供给侧结构性改革为主线，继续推进智能化改造、绿色化改造和技术改造，以稳应变，以进促升，工业经济运行稳中有进，总体呈现“五稳五升”的良好态势，主要经济指标好于预期、优于全国，为全省经济保持总体平稳、稳中有进的发展态势提供了核心支撑。

一 2019年河南工业经济运行态势分析

（一）运行特点研判

根据河南统计局公布的数据，结合课题组实地调研掌握的情况，我们认为 2019 年前三季度河南工业经济总体呈现“五稳五升”的特点。

1. 工业增速保持平稳，产业产品结构持续升级

2019 年 1～9 月，全省规模以上工业增加值累计增速为 7.9%，比 2018 年同期提高了 0.6 个百分点，企稳回升态势明显，高于全国 2.3 个百分点。分月度看，如图 1 所示，一季度河南省工业增速回升明显，进入下半年后承压下行，9 月有所回升。从全国看，2019 年前三季度河南省工业增加值增速居全国第 8 位、五个工业大省第 1 位、中部第 4 位，仍处于全国第一方阵，比广东高 3.4 个百分点，比江苏、浙江高 2.1 个百分点（见图 2）。可以看出，2019 年以来河南省一系列稳增长措施效果逐步显现，12 个省定重点产业转型发展专项方案持续实施，智能制造引领、重点技术攻坚、传统产业提

质、新兴产业培育四大行动顺利开展，以产业建链、补链、延链加快推进产业集聚区二次创业，一批优质项目建成投产，有力支撑了工业平稳增长。

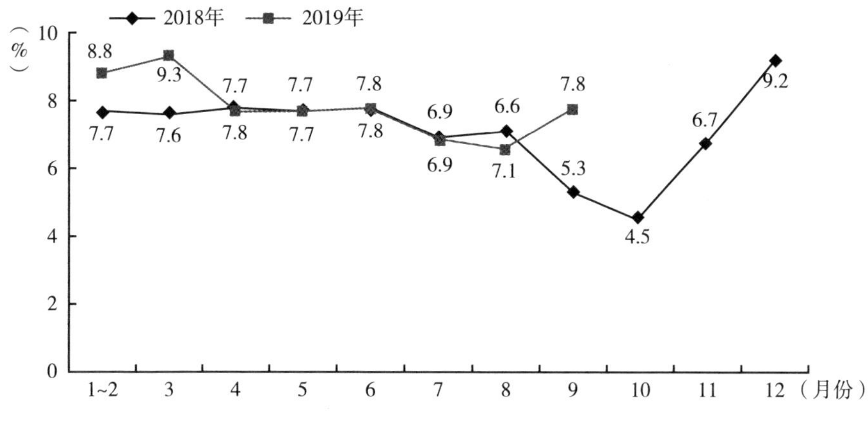

图1　河南规模以上工业增加值月度增速

资料来源：河南省统计局。

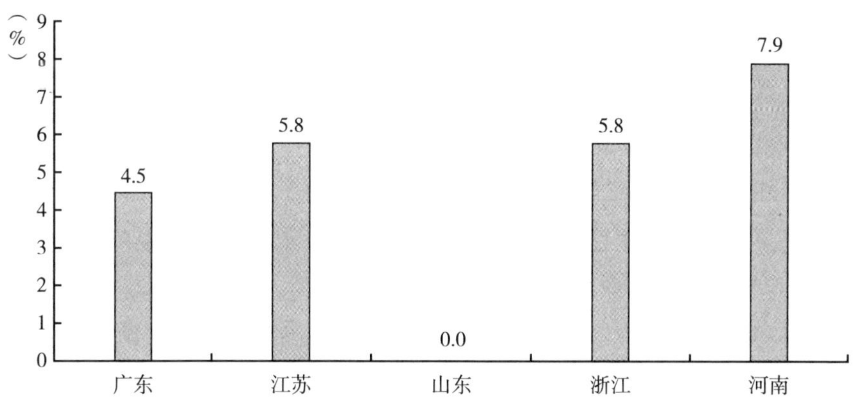

图2　五个工业大省2019年1～9月规模以上工业增加值累计增速

资料来源：河南省统计局。

同时，稳增长与调结构的协同性明显增强，产业产品结构升级取得积极进展，如图3所示，2019年1～9月，五大主导产业、战略性新兴产业、高技术制造业规模以上工业增加值同比累计增长8.3%、15.7%、8.0%，高于规模以上工业增加值增速，占规模以上工业增加值比重较上年同期分别提升了1.4个、3.8个和0.6个百分点。同期，传统产业、高耗能工业分别增长6.5%、7.4%，高于规模以上工业增加值增速，占规模以上工业增加值比重较上年同期分别下降了2.1个和1.4个百分点。从产品结构看，2019年1~9月，金属切削机床、工业自动调节仪表与控制系统、家用电冰箱等产品产量同比累计增长25%、17.5%和133.9%，低附加值的原材料产品产量不同程度下降。2019年以来，河南省立足产业基础和比较优势，大力实施十大战略性新兴产业培育行动，重点在现代生物和生命健康、环保装备和服务、尼龙新材料、智能装备、新能源及网联汽车、新型显示和智能终端、汽车电子、智能传感器、新一代人工智能、5G等产业领域实现新突破，并按行业分别组建工作推进组，实行“两个清单”管理，即年度重点事项清单和“三个一批”（一批重点项目、一批重点企业、一批重点园区）清单，逐一明确时间节点和责任单位，取得积极成效，有力推动了产业结构升级，2019年1~9月，智能制造装备、生物医药、节能环保、新一代信息技术等新兴产业增加值同比分别增长29.8%、19.2%、17.5%和14.2%，增速远超规模以上工业增加值增速。

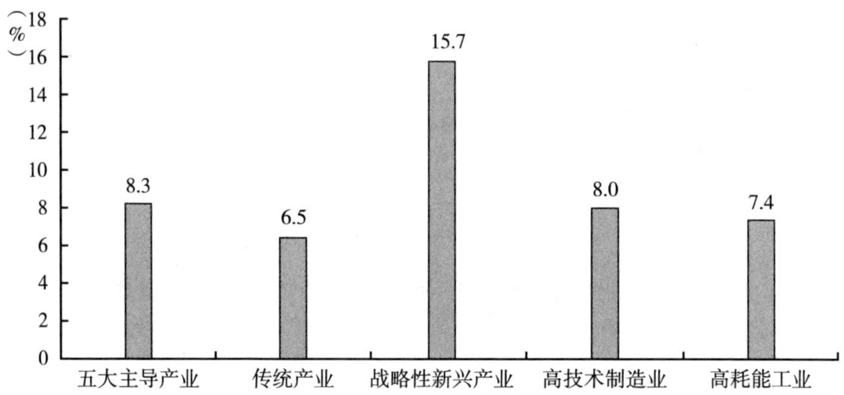

图3　2019年1~9月河南分行业规模以上工业增加值增速

资料来源：河南省统计局。

2. 工业利润平稳增长，企业盈利水平有所回升

2019 年以来，河南省工业企业效益持续改善，1～8 月，规模以上工业企业营业收入实现 29797 亿元，同比增长 14.7%，高于全国 10 个百分点，增速居全国第 1 位；利润总额实现 1531.2 亿元，同比增长 22.2%，高于全国平均水平 23.9 个百分点，增速居全国第 2 位；在五个工业大省、中部六省中均列第 1 位。分月度看，如图 4 所示，上半年工业企业利润增速总体低于上年同期水平，进入下半年以来利润增速明显加快。分行业看，如表 1 所示，装备制造、汽车制造、食品制造等行业盈利水平大幅提升，利润增速分别达到了 46.8%、33.6% 和 32.6%，而煤炭、冶金、化工等传统产业利润大幅下滑。可以看出，伴随着消费升级和新技术渗透，能够根据市场变化加快新产品开发的行业，盈利能力提升较为明显。

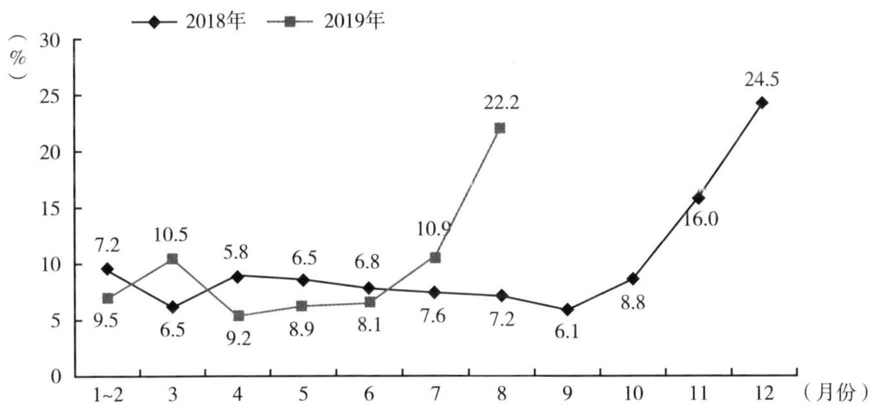

图 4　河南规模以上工业企业利润总额同比累计增速

资料来源：河南省统计局。

表 1　2019 年 1～8 月河南分行业工业利润同比增长情况

单位：%

行业	增速
电子制造	12.9
装备制造	46.8
汽车制造	33.6

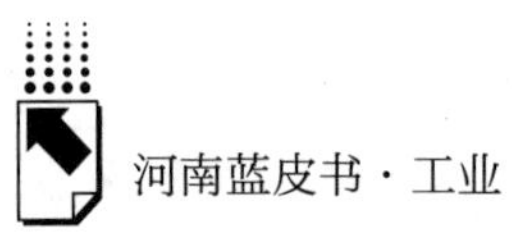

续表

行业	增速
食品制造	32.6
新型材料制造	-1.0
冶金工业	-20.3
建材工业	28.7
化工工业	-9.5
轻纺工业	27.8
能源工业	17.8
煤炭行业	-14.3
电力行业	扭亏

资料来源：河南省统计局。

规模以上工业企业利润增速远高于营业收入增速，营业收入利润率为5.14%，工业企业盈利能力与2018年同期相比有所提升，2019年1~8月，河南省工业亏损企业数同比下降19.1%，前三季度全省工业增值税完成566.5亿元，同比增长1.2%。工业企业盈利能力提升，主要是企业聚焦自身优势加快产品升级，提高管理水平。我们在调研中了解到，2019年以来，很多企业在新产品开发上加大投入力度，以适应市场变化，一些企业聘请专业机构对企业生产流程进行精益改进，提高管理效率，当然也得益于2019年以来河南省打好优化发展环境“组合拳”，落实中央更大规模减税降费政策，综合施策降低企业各类成本，切实增强企业获得感，进一步拓展了工业企业盈利空间。

3. 工业投资增速平稳，企业投资意愿明显提升

2019年以来，工业投资增速持续高于上年同期水平，前三季度，全省工业投资同比增长7.5%，增速较2018年同期回升了2.9个百分点。分月度看，如图5所示，上半年工业投资增速平稳，而2018年上半年一直处于负增长区间，下半年以来工业投资增速明显加快，当前的投资就是未来的产出，工业投资的明显回升为全年工业平稳增长提供了重要支撑。

2019年以来，河南省陆续实施重大举措推动工业投资企稳回升，年初

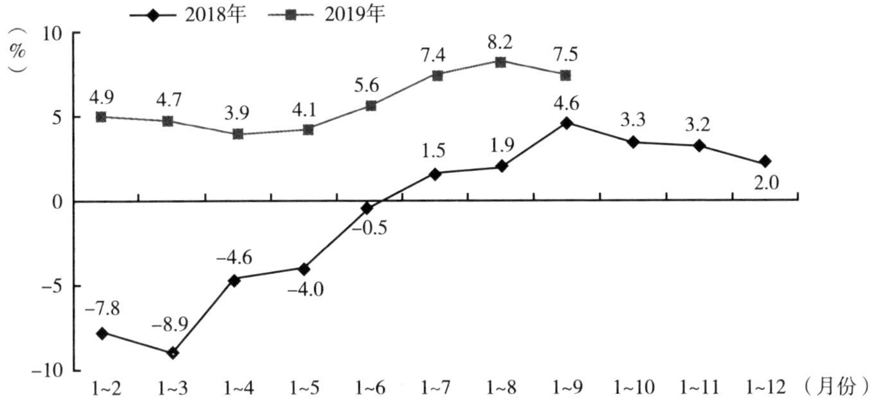

图5　河南工业投资月度累计增速

资料来源：河南省统计局。

对政府工作报告做任务分解时，就对稳定工业投资做了部署，支持重点项目、重点园区、重点企业建设。同时，龙头企业围绕延链补链纷纷谋划新项目，如风宝集团新上的汽车桥、电子布、覆铜板等高附加值项目，累计投资超过30亿元，尤其是电子布、覆铜板项目，大大延伸了产业链，提升了附加值，在新一代电子信息产业发展中抢抓了机遇。

4.货物贸易增速企稳，外商投资项目质量明显提升

2019年以来，河南省积极应对中美贸易摩擦不确定因素，依托“五区”“四路”拓展开放通道，大力实施稳外贸政策，支持企业开拓多元化国际市场，进出口继续保持平稳，2019年1～9月，全省进出口3667.2亿元，与上年同期持平，其中出口2364.9亿元，增长2.3%，出口规模继续稳居全国第10位、中部六省第1位。分月度看，如图6所示，进出口和出口增速均呈现逐月企稳态势。国际市场多元化开拓取得显著成效，在对美出口下降4.2%的形势下，对“一带一路”沿线国家进出口866.8亿元，增长7.7%，对拉丁美洲和非洲等新兴市场进出口分别增长16.7%和11.8%，河南制造的“朋友圈”进一步扩大，对产业产品结构优化升级的拉动作用进一步增强。2019年以来，河南省陆续出台了《关于以“一带一路”建设为统领加快构建内陆开放高地的意见》《河南省参与“一带一路”建设三年工作要点

(2019~2021年)》《关于扩大进口促进对外贸易平衡发展的实施意见》《关于鼓励跨国公司设立地区性总部和总部型机构的暂行规定》等文件，召开了全省对外开放大会，围绕稳定外贸外资外经推出了一系列政策措施，取得了明显成效。

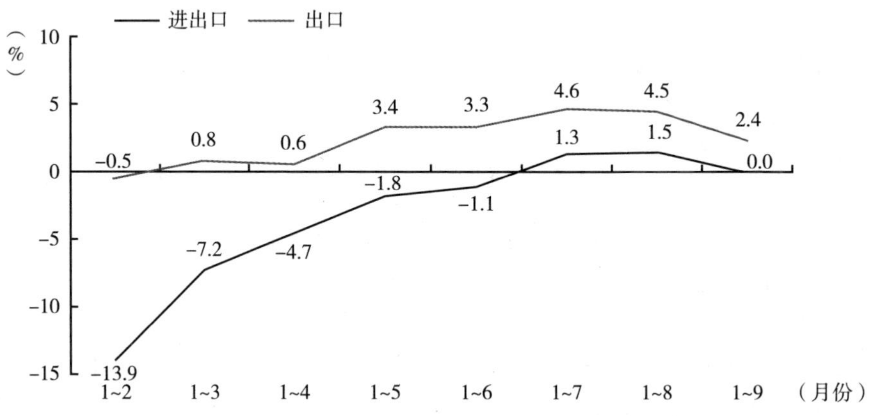

图6　2019年1~9月河南进出口与出口累计增速

资料来源：河南省统计局。

2019年1~9月，全省新设外资企业160家，实际吸收外资139.1亿美元，其中制造业项目39个，实际投资68.6亿美元，占比分别为24.4%、49.3%，投资金额占全省实际利用外资的半壁江山，投资项目的规模和质量明显提升，特斯拉落户自贸区郑州片区，在豫世界500强企业总数达到130家。宇河新能源科技（河南）有限公司、香港光大环保的生物质发电，华润集团9家风力发电公司等战略性新兴产业项目落地，丰益集团设立的益海嘉里（开封）食品工业有限公司、新加坡安博集团设立的安博（郑州）仓储有限公司、德国百菲萨设立的百菲萨环保科技（河南）有限公司、日本住友商事株式会社设立的速美特汽车配件有限公司、美国嘉吉投资设立的嘉吉动物营养（漯河）有限公司、美国通用电气设立的濮阳通用电气风电设备制造（河南）有限公司等一批高附加值项目陆续落地，有力带动了河南的工业结构优化和制造业高质量发展。

5. “三大改造”稳步推进，企业智能化水平明显提升

2019年以来，河南省突出以智能制造引领“三大改造”，以创新举措落实《河南省智能制造和工业互联网发展三年行动计划（2018～2020年）》，立足河南工业发展现状和企业实际需求，分层次、分行业稳步推进，“三大改造”取得显著成效。截至2019年9月，全省投资3000万元以上的示范项目超过1000个，其中国家级制造业与互联网融合发展试点示范项目7个，智能制造试点示范项目9个，智能制造综合标准化与新模式应用项目29个，国家工业互联网平台集成创新应用试点示范项目3个。2019年，20家企业入选河南省智能制造标杆企业，10个平台作为2019年河南省工业互联网平台（行业）培育对象（见表2），111个车间被评为2019年河南省智能车间，38个工厂被评为2019年河南省智能工厂。2019年9月，省工信厅组织开展了第四批绿色制造名单推荐工作，确定了河南省第四批国家级绿色制造名单和2019年省级绿色制造名单，其中国家级绿色工厂48家、绿色园区2家、绿色供应链管理示范企业1家，省级绿色工厂23家、绿色园区1家、绿色供应链管理示范企业2家。各类示范项目立足行业特点和自身优势积极探索各具特色的智能制造、绿色制造、技术改造落地路径，为全省制造业企业转型升级提供了样板借鉴。在“三大改造”推进中，河南省立足实际，梯次推进，引导行业、企业找准切入点，如省工信厅根据行业特点为优势产业提供分行业解决方案，目前已经针对电气装备、纺织行业召开了现场会，推进成熟解决方案在行业内的复制应用。

表2　2019年河南省工业互联网平台（行业）培育对象

企业	平台名称
河南双汇投资发展股份有限公司	双汇云商工业互联网平台
河南清水源科技股份有限公司	水云踪工业互联网平台—水处理智能服务系统
郑州天迈科技股份有限公司	车辆能源管理工业互联网平台
郑州宇通客车股份有限公司	宇通商用车智联平台
中铁工程装备集团有限公司	全断面隧道掘进装备行业工业互联网平台

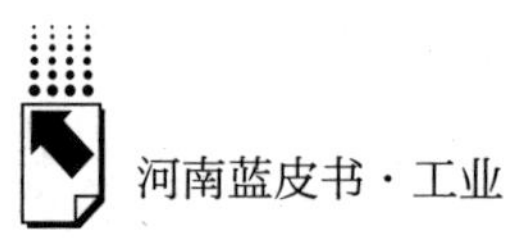

续表

企业	平台名称
河南翔宇医疗设备股份有限公司	康复医疗设备工业互联网云平台
安阳全丰航空植保科技股份有限公司	植保无人机产业资源协同云平台
郑州金惠计算机系统工程有限公司	制造产业链质量协同检测工业互联网平台
汉威科技集团股份有限公司	智能传感器工业互联网平台
中国平煤神马能源化工集团有限责任公司	能源化工行业工业互联网平台

资料来源：河南省工业和信息化厅。

为助力工业企业智能化改造，河南搭建了省智能制造服务平台，截至2019年9月，已上线企业超过2000家，上报智能制造项目接近1500个，为500多个企业提供了“一对一”的智能制造诊断服务。根据河南省企业智能制造服务平台基于已经开展诊断的企业样本的数据分析，省工业企业智能化水平明显提升，处于智能制造能力成熟度一级的企业比重达到25%，处于智能制造能力成熟度二级的企业比重达到53%，合计占比高达78%。我们在调研中也明显感觉到，企业对智能化、绿色化改造的认知水平明显提升，一些龙头企业成立了智能化部门，组建了自己的智能化改造团队，统筹企业智能化改造工作，智能装备应用快速渗透，自动化、数字化、网络化水平稳步提高。

（二）存在问题分析

当前，河南省工业加快向高端化、智能化、绿色化迈进，但是，我们在调研中也感觉到进中承压、好中有忧，存在的突出问题需要积极应对。

1. 新动能不足更加明显，投资结构呈现恶化趋势

面对新一轮科技革命和产业变革，各地纷纷加力新旧动能转换，以数字经济引领制造业高质量发展呈现新格局，大数据、云计算、物联网、工业互联网、人工智能等与制造业深度融合催生了一批新业态、新模式。但是，河南省传统产业比重大，新动能支撑明显不足，2019年1~9月，五大传统产业和六大高耗能产业占规模以上工业增加值比重尽管有所下降，但仍高达

48.3%、37.1%，战略性新兴产业、高技术制造业尽管增速较快，但占规模以上工业增加值比重仅为18.2%、8.8%，尤其是代表先进制造业方向的智能装备、新一代信息技术占规模以上工业增加值比重仅为1.2%、3.0%。从工业投资结构看，新动能不足表现更加明显，2019年1～9月，五大主导产业、高技术制造业投资增速分别为4.7%、-1.3%，低于工业投资整体增速，而传统产业、高耗能工业投资增速分别为15.9%、14.9%，远高于工业投资整体增速，投资结构呈现恶化趋势（见图7）。新项目支撑不足，2019年1～9月，新开工项目计划总投资、完成投资增速大幅下降，分别为-32.6%、-24.2%。

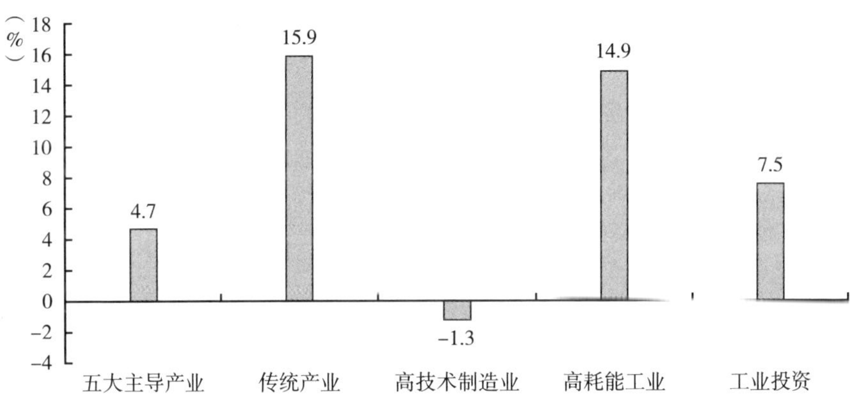

图7　2019年1～9月工业投资分行业增速

资料来源：河南省统计局。

2.大项目支撑不足更加明显，龙头带动相对乏力

近年来，河南省传统产业能力过剩，缺乏好的投资机会，传统行业的骨干企业难以找到有前景的转型项目，扩张投资意愿明显不足，甚至一些大项目由于土地、环保、成本、资金等问题，落地到外省去了，而河南整体发展环境目前对新兴产业大项目又缺乏较大吸引力，尤其是近年来成为投资热点的芯片、新型显示、高端智能装备、前沿新材料等在河南布局较少，导致高附加值的产业链带动型项目偏少，龙头带动乏力。我们在调研中明显感觉到，尽管各地也有一些大项目落地，但数量和规模都远远不够，2019年1～

9月，河南亿元以上新开工项目计划总投资、完成投资增速分别为-33.6%、-26.5%。缺乏产业链带动力强的基地型、龙头型项目，就难以对优势产业资源进行整合，难以提升产业链水平和核心竞争力。

3. 融资难制约更加明显，企业经营成本继续高企

我们在调研中了解到，缺乏资金依然是当前制造业企业面临的关键难题，河南工业企业正在转型升级、迈向高质量发展的重要关口，而原来的产业领域利润空间又大大压缩，新项目资金需求量又比较大，民营企业尤其传统产业的民营企业普遍面临融资难、融资贵问题。2019年9月末，河南金融机构各项贷款余额54602亿元，同比增长17%，而其中工业贷款余额7497亿元，同比仅增长0.7%，远低于平均水平。同时，2019年以来，环保投资持续上升，人工成本继续提高，企业经营成本继续高企，2019年1～8月，河南工业企业营业成本同比增长14.8%，远高于上年同期水平（8.0%），而且进入下半年以来增速明显加快（见图8）。

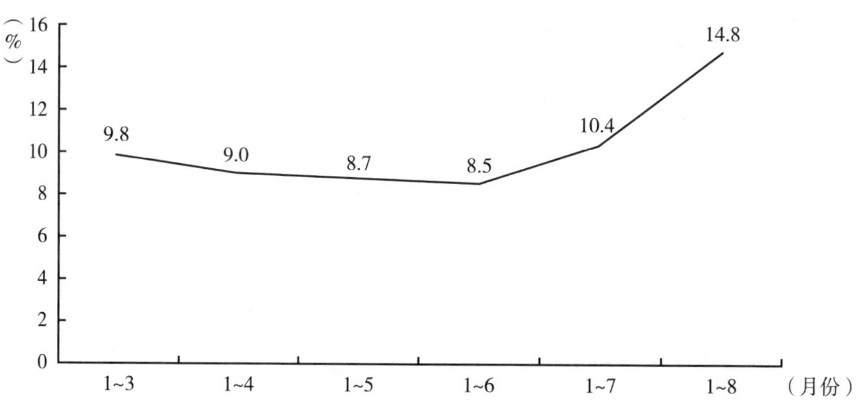

图8　2019年1～8月河南规模以上工业企业营业成本增速

资料来源：河南省统计局。

4. 人才制约更加明显，企业创新能力提升缓慢

我们在调研中与企业交流时发现，难找难留高层次技术人才是工业企业面临的迫切问题。当前工业企业正处在转型升级的关键阶段，新产品、新项目都需要技术人才支撑，而同时智能制造快速渗透，大数据、物联网、工业

互联网、人工智能等领域的人才更为短缺，对企业创新能力提升造成较大制约。河南在吸引高端技术人才方面优势不明显，区位、生态环境、制度环境等领域短板明显。近年来，在吸引高端人才方面河南出台了一系列政策措施，郑州、洛阳、许昌等市也陆续发布人才计划，但是，不要说与沿海发达地区相比，就是与湖北、四川、安徽、陕西等中西部省份相比，河南在吸引高层次年轻人才方面也没有明显优势。

二 2020年河南工业经济发展趋势展望

（一）发展形势分析

从全球看，经济增长继续放缓，制造业发展格局继续调整。未来一段时期，全球经济继续受中美贸易摩擦不确定性拖累，增速放缓概率增加。2019年6月，世界银行预计2019年和2020年全球经济增速分别为2.6%和2.7%，比1月的预测值分别下调0.3个和0.1个百分点，并警告全球经济面临重大下行风险，易受到贸易紧张局势和金融动荡影响，预计2019年全球贸易增长2.6%，比1月预测值下调1个百分点，为2008年全球金融危机以来最低增速。2019年10月，IMF（国际货币基金组织）发布《世界经济展望报告》，分别将2019年、2020年的世界经济增长率下调至3.0%、3.4%，相比4月的预测分别下调0.3个和0.2个百分点。并强调这个预测是基于发达经济体和新兴市场经济体同步大幅放松货币政策，否则2019年和2020年的全球经济增长率应再下调0.5个百分点。全球制造业发展继续承压，2019年10月1日，全球领先的市场研究与咨询机构IHS Markit发布的数据显示，9月全球制造业PMI指数录得49.7，连续5个月跌破50荣枯线；欧元区制造业PMI终值45.7，连续第8个月陷入衰退区间，其中德国制造业PMI终值41.7，创2009年6月以来新低。美国供应管理协会（ISM）公布的数据显示，2019年10月美国制造业PMI录得48.3，连续三个月低于50荣枯线。主要发达国家制造业基本陷入停滞，一方面是逆全球化思潮涌现，各国纷纷采取贸易保护主义政策，全球贸易陷入萎缩；另一方面也因为制造业转型升级趋势不明朗，智能制造和工业互联网发展进展没有预期顺利，科技创新和新兴产业发展趋势不清晰，制造业投资陷入低潮。在这种形势下，全球制造业产业链布局调整，新一代信息技术也为制造业空间重塑提供了支撑，尤其是美国限制中国制造业升级意图明显，势必对未来我国制造业发展造成冲击和影响。但是，我国经济韧性大，消费升级潜力正在释放，财政、货币政策仍有较大回旋空间，可以为制造业高质量发展提供坚强支撑。

从全国看，经济下行压力下我国更加重视实体经济，各地积极探索制造业高质量发展新路子。国家统计局数据显示，2019 年前三季度 GDP 按可比价格计算同比增长 6.2%，分季度来看，GDP 增速一季度为 6.4%，二季度为 6.2%，三季度为 6%，经济下行的压力有增无减。2019 年 1 ~9 月，全国规模以上工业增加值增速为 5.6%，实现利润总额 45933.5 亿元，同比下降 2.1%，2019 年以来一直处在负增长区间，营业收入利润率为 5.91%，同比降低 0.41 个百分点。2019 年 10 月，中国物流与采购联合会、国家统计局服务业调查中心发布的数据显示，中国制造业采购经理指数（PMI）为 49.3%，比上月下降 0.5 个百分点，连续 6 个月处于萎缩区间。可以看出，我国经济下行压力有所加大，尤其是工业经济明显承压，效益同比大幅下降。但是，面对高质量发展新要求，我国更加重视实体经济发展，近年来习近平总书记在多个场合强调制造业高质量发展和自主创新，鼓励各区域在制造业高质量发展方面积极探索新路子，各地立足本地实际探索形成了各具特色的发展路径，如浙江省实施数字经济“一号工程”，聚焦数字经济核心产业，在人工智能、物联网、柔性电子、量子通信等领域前瞻布局，在全国率先提出打造“1 + N”工业互联网平台体系，探索基于工业互联网平台的智能制造发展新模式。湖南省大力推动制造业和互联网融合发展，重点支持智能制造、高端装备等产业的发展，加快由制造向“智造”转变。山东聚焦新旧动能转换，设立总规模为 6000 亿元的新旧动能转换基金，山东省发改委 10 月发布的《山东省新旧动能转换报告》显示，山东省新动能增加值占 GDP 比重由 2016 年的 39% 提高到 2018 年的 48%，新旧动能转换全面起势。可以看出，未来一段时期，各省份围绕制造业高质量发展将展开新的区域竞争。

从河南看，工业经济指标优于全国，制造业高质量发展需要高端平台引领。当前，河南工业经济运行平稳，主要经济指标好于预期，优于全国，传统产业改造空间广阔，新兴产业布局潜力巨大，为制造业高质量发展创造了良好环境。2019 年 9 月，习近平总书记在河南考察指导工作时强调，“要推动经济高质量发展，抓住促进中部地区崛起的战略机遇，立足省情实际、扬长避短，把制造业高质量发展作为主攻方向，把创新摆在发展全局的突出位置”，对河南制造业高质量发展提出了新要求。但是，河南制造业高质量发展缺乏能够集聚高端生产要素的平台支撑。近年来，河南“五区”“四路”战略平台叠加效应稳步显现，开放带动成效明显，但是与其他省份相比，聚焦制造业领域的战略平台相对缺乏。近年来，中西部省份纷纷创办大型产业展会，快速提升了区域产业竞争力，如湖北的国际光电子博览会、安徽的世界制造业大会、重庆的中国国际智能产业博览会等，已经成为支撑本地产业转型升级和招商引资的重要平台，带动形成了新的产业投资热点。相比之下，河南缺乏具有国际国内影响力的产业开放合作高端平台，在连接、集聚高级生产要素和创新资源上劣势明显，传统产业改造和新兴产业布局均缺乏高层次平台支撑。

（二）发展趋势展望

展望 2020 年，中美经贸摩擦仍面临较大不确定性，全球经济继续疲软，中国经济运行的外部环境更加复杂多变，经济下行压力依然很大，但是各国纷纷加力制造业发展，制造业呈现软件定义、数据驱动、平台支撑、服务增值、智能主导的新特征，中国制造迈向高质量发展新赛道将会明显提速。各省份都在探索制造业高质量发展的特色路径，河南传统产业改造和新兴产业培育空间巨大，制造业高质量发展前景广阔。预计 2019 年全年河南规模以上工业增加值增速保持在 7.8% 左右，2020 年预计会稳中趋缓，保持在

7.7%左右，整体上工业运行呈现稳中有进的特点，继续保持“增速小幅波动，结构继续优化，产业升级提速，发展质量提升”的良好趋势。

分产业看，五大主导产业平稳增长格局将继续保持，战略性新兴产业、高技术制造业仍可实现较快增长，占规模以上工业增加值比重会持续提高，而同时传统产业、高耗能产业占比继续降低。以智能制造为引领的“三大改造”继续加力，先进制造模式渗透率继续提升，成为带动产业结构优化和高质量发展的核心动力。

三　推动河南工业高质量发展的对策建议

（一）谋划支撑制造业高质量发展的高端平台

制造业高质量发展需要高端平台支撑，建议河南依托“五区”“四路”谋划高层次产业平台，集聚高端生产要素，助力河南制造业高质量发展。

一是建议国家“十四五”规划中谋划打造京广先进制造业高质量发展带。从发展现状看，沿京广线先进制造业发展带已经初步形成，北京、粤港澳大湾区科创中心优势明显，中原城市群、武汉城市群、长株潭等已经形成了特色鲜明的优势产业集群，沿京广线的北京、河北、河南、湖北、湖南、广东等地工业增加值合计占全国的比重超过30%，是我国重要的制造业发展轴，也是承接沿海产业转移的核心带。近年来，京津冀协调发展规划、雄安新区规划、粤港澳大湾区规划陆续推出，北京、雄安新区、珠三角等地产业向中部地区转移呈现加速趋势，沿京广线的要素流动和产业转移进入新阶段，联动协调发展趋势明显，迫切需要进行顶层设计和规划引领，国家在“十四五”规划中规划建设京广先进制造业高质量发展带可以说是恰逢其时。河南可以依托京广先进制造业高质量发展带，对制造业的发展定位、分工格局以及对接北京、雄安新区、粤港澳大湾区的重点环节等进行再梳理再聚焦，借势提升河南制造业发展质量。

二是创办中国制造业“双创”大会。2017年8月，工信部出台《制造业“双创”平台培育三年行动计划》，连续两年遴选了260多个制造业“双创”平台试点示范项目，但是目前还没有制造业“双创”项目集中展示和成果交流平台。建议向国家申请在河南举办中国制造业“双创”大会，由河南省与工信部联办，展示近年来我国制造业“双创”成果，打造推动中国制造业高质量发展的高端平台，带动河南制造业转型升级。

（二）依托产品开发平台构建制造业创新体系

面对中美贸易摩擦，我国更加重视制造业发展和自主创新，未来一定会出现更多的自主创新企业和进口替代产品，河南也确实有一些聚焦细分领域不分心的中小企业。建议对河南制造业中的细分领域隐形冠军做一次系统调查，支持它们做强优势产品开发平台。河南在制造业高质量发展中不仅要关注产业的高度，更要关注产品的深度，把产品开发平台作为集聚创新人才、支撑制造业创新的重要载体，培育一批在细分领域能够紧跟需求变化和技术前沿、持续推出迭代产品、用工匠精神做深一个产品系列的优势企业，比如河南的起重机、盾构机、液压支架等产品开发平台，依托产品开发平台持续研制出迭代产品，始终站在产业前沿，这是制造业高质量发展的核心支撑。我们在创新体系构建上往往过于重视研发机构，支持高等院校、科研院所设立研发机构，吸引省外的高等院校、科研机构在河南设立成果转化中心，但是我们在调研中发现，由于体制机制障碍成效不明显，有的甚至仍是空壳，建议把研发平台重点放在打造产品开发平台上，支持创新资源向产品开发平台集聚。

（三）强化郑州在全省制造业高质量发展中的引领作用

制造业高质量发展需要高级生产要素支撑，就河南而言，郑州在集聚高级生产要素、连接外部创新资源方面最具优势，所以要更好地发挥郑州在全省制造业高质量发展中的引领支撑作用。对于郑州这个层次的城市而言，区域产业竞争已经由“龙头＋产业链”转向“平台＋生态圈”的竞争，就是以平台效应集聚创新创业资源以及信息流、资金流，形成良好的双创生态。

一是加快推动郑州创建国家制造业高质量发展示范区。近年来，郑州市获批成为第二批服务型制造示范城市、中国制造2025试点示范城市、国家信息化和工业化融合试验区、信息消费试点城市、信息消费示范城市、互联网骨干直连点城市、互联网国际通信专用通道城市、“宽带中国”示范城市等。郑州市承担的一系列国家战略平台及试点示范为建设国家制造业高质量发展示范区提供了坚实支撑，具备创建国家制造业高质量发展示范区的条件与优势。建议尽快编制郑州推进国家制造业高质量发展示范区创建工作实施方案，定期向工信部汇报阶段性工作进展，对接示范区创建工作。

二是打造郑州产业新名片。近些年内陆省会城市都在对产业定位进行再梳理，合肥提“芯屏器合”、中国声谷、量子中心，武汉依托光谷布局“芯屏端网”（芯片、新型显示、智能终端、互联网），西安主攻硬科技，贵阳聚焦大数据，成都发展新经济，产业新名片带动形成了投资热点。郑州在产业谋划上需要围绕优势进行再梳理再定位，建议郑州聚焦培育“芯屏端智数”（芯片、新型显示、智能终端、智能产业、数字经济）五大核心产业领域，进一步明确产业定位，提升产业能级，打造郑州产业新名片，辐射带动全省传统产业改造和新兴产业布局，引领全省制造业向高质量发展。

三是培育2.5产业集聚带。从北京、上海、深圳等城市的发展经验看，轨道交通线附近容易形成创新创意创业资源的集聚，所以建议沿地铁线、结合现有基础、超前规划几条创新创意创业经济带，在地铁口附近培育一批2.5产业楼群，引导省内外企业布局研发中心，同时吸引科研机构、工业设计、科技服务、品牌营销、产业基金、双创空间等集聚，为全省制造业企业创新提供平台支撑。近年来，伴随着郑州建设国家中心城市稳步推进，研发向郑州集聚、一般加工制造环节向外围转移的态势已经非常明显，“郑州研发+周边制造”的区域分工格局越来越清晰。我们在调研中了解到，由于市县难以吸引研发人才，各地制造业企业在郑州设立及计划设立研发中心的越来越多，一般倾向于选择在地铁口附近，郑州现在已经开通的地铁线沿线已经聚集了一批高校、科研机构、企业总部、研发中心、创客小镇、双创空间等。未来几年，郑州轨道交通线将密集开通，为规划建设创新创业创意经济带提供了良好条件，迫切需要超前谋划和顶层设计，用轨道交通线把郑州创新创意创业资源串起来，形成集聚效应，为全省制造业高质量发展提供生产性服务业高端平台支撑。

（四）发挥企业家在制造业高质量发展中的引领作用

制造业高质量发展关键是靠企业家，这是一个环境剧变、创新提速、迭代加速、“智能+”渗透的时代，只有企业家才能整合产业和创新资源，开发新产品，开拓新市场。尽管河南有许多敢于创新的企业家，但总体上河南企业家多是做传统产业起家，对持续涌现的新技术、新业态、新模式了解不多。一是搭建企业家交流平台。支持创办各类企业家协会，尤其是引导国内外豫籍企业家组建各类开放合作平台，支持他们在河南举办各类活动，鼓励企业家回乡投资。二是高度重视“企二代”培养，河南很多企业处在传承阶段，一代企业家正在陆续退出一线经营活动，二代企业家多具有高层次学历甚至海外留学经历，知识结构新，思维活跃，闯劲大，但是也存在实际经验不足、能力不适应的问题，有些甚至对继续从事制造业心存疑虑，可以引导社会组织和行业协会等，开展“企二代”调研和培训工作，让他们在制造业高质量发展中发挥引领作用。三是持续实施企业家素质提升工程，当前，河南很多企业家都在利用各种机会提升知识和能力结构，加大对企业家培训的支持力度，可以就智能制造、数字经济、绿色制造、服务型制造、中美贸易、品牌营销等开展专题培训和交流，增强企业投资信心。

（五）持续加大智能制造推进力度

突出把智能制造作为推动制造业高质量发展的主抓手，重点抓好以下几个着力点。一是突出理念更新。智能制造是对企业研发模式、管理模式、服务模式等全流程的改造提升，只有企业领导者接受了新发展理念，才能顺利展开。河南应继续组织智能制造主题高峰论坛、深度行、培训班等活动，分期分批组织省内企业赴省内外先进地区和标杆企业观摩学习，尤其是到海尔、三一重工、美的、酷特、阿里云等进行实地考察，企业家看到这些真实案例，才能真正理解制造业“软件定义、数据驱动、平台支撑、服务增值、智能主导”的发展新趋势，激发企业家智能化改造提升的积极性。

二是突出分层推进。不同行业、不同规模企业智能化发展的切入点和路径是不同的，围绕装备制造、食品、电子信息、新材料、汽车、纺织服装、医药等重点行业，分行业选树一批标杆企业，形成一批可复制、可推广的改造方案，让企业看得见效果、找得到最佳切入路径。组织行业内企业召开现场交流会，加快有效模式的复制、移植和推广，引导化工、煤炭、冶金等领域的优势企业探索5G落地场景。引导主导产业突出的特色产业集群积极引入工业互联网平台，探索产业集群智能化提升路径。

三是突出生态构建。加快构建基于工业互联网的智能制造生态体系，积极引入沿海地区运行成熟的平台和方案，结合河南实际开展创造性复制，引导龙头企业发展行业级工业互联网平台，支持解决方案提供商提供云端服务，降低企业智能化改造综合成本，依托“企业上云”引导企业将基础设施、业务系统、设备产品、制造能力向云端迁移，构建以工业互联网平台和云服务为核心的智能制造生态圈。

（六）完善制造业高质量发展的政策支撑体系

根据制造业发展新特点和发展新趋势，进一步完善制造业高质量发展的政策体系。

一是整合现有相关政策。近年来，河南陆续获批国家战略平台，给予了支持政策和先行先试政策，但是，目前各项政策分散在各个部门和领域，难以形成政策合力。建议对国家支持政策和河南相关领域关于制造业领域的支撑政策，进行梳理和整合，形成政策包，突破一批重大项目和创新项目，加强政策联动，发挥政策合力。

二是实施更加市场化的支持政策，持续推动涉企资金基金化改革，根据产业发展新趋势，设立更多政府引导基金，用好先进制造业集群培育基金、战略性新兴产业基金、互联网产业发展基金等现有产业基金，鼓励有条件的产业集聚区与省级基金合作设立子基金，推动财政资金、产业资本与金融资本有机结合，支持投资基金与商业银行投贷联动，鼓励以基金＋招商、基金＋集群、基金＋项目、基金＋平台等方式，支持亟须培育和突破的制造业重点产业、项目和企业。支持各级政府部门以服务券的形式，正确引导企业根据市场需求变化和技术演进趋势，开拓新产品、新技术、新市场、新模式。

三是创新工业用地政策。建立工业用地收储制度，确保每年新增工业用地增速不低于全市新增城市建设用地增速，同时确保全市工业用地总规模不断增加，保障全市工业项目用地需求。采取优先保障措施，加大对主导产业用地的支持力度，对战略性引领产业项目优先保证土地供应。积极完善土地弹性出让制度，推广M0（混合用地）、M1A（新型工业用地）模式，保障制造业项目用地需求根据相应地价评估确定办法，结合土地出让年限，企业按年缴纳土地出让费用，降低企业初始阶段用地成本。积极推进长期租赁、先租后让、租让结合等多种供地方式，研究制定续期评估考核办法，减轻企业发展初期资金压力。取消工业用地容积率限制，鼓励企业内部优化使用土地，通过实施拆建、改扩建、加层改造、利用地下空间等途径提高容积率，工业项目提高容积率后不再收取企业费用。

参考文献

黄群慧、贺俊：《未来30年中国工业化进程与产业变革的重大趋势》，《学习与探索》2019年第8期。

史丹、李鹏：《中国工业70年发展质量演进及其现状评价》，《中国工业经济》2019年第9期。

杨蕙馨、焦勇：《有的放矢：抓住制造业高质量发展的关键》，《人民日报》2019年8月28日。

评 价 篇

Evaluation Article

B.2 河南区域工业经济高质量发展评价报告

河南省社会科学院工业经济研究所课题组*

摘 要： 河南工业经济发展处于爬坡过坎的关键时期，提升发展质量是河南工业经济健康可持续发展的重要任务。借鉴现有研究成果，本报告构建的河南区域工业经济高质量发展评价指标体系分为创新指标、协调指标、绿色指标、开放指标和共享指标5大类，共计18个具体评价指标。郑州、许昌、洛阳、济源和焦作位列河南区域工业经济高质量发展综合排名前五。从创新发展看，洛阳、郑州、新乡、济源和平顶山位居前五；从协调发展看，漯河、周口、焦作、许昌和三门峡位居前五；从绿色发展看，许昌、漯河、濮阳、郑州和南阳位

* 河南省社会科学院工业经济研究所课题组：张富禄，河南省社会科学院工业经济研究所所长，研究员；林风霞，河南省社会科学院工业经济研究所副研究员；王中亚，河南省社会科学院工业经济研究所副研究员。

居前五；从开放发展看，郑州、济源、鹤壁、三门峡和漯河位居前五；从共享发展看，郑州、济源、安阳、焦作和洛阳位居前五。最后，报告提出通过精神重塑助力工业经济高质量发展，以创新驱动支撑工业经济自主发展，以绿色化改造推动工业经济可持续发展，以智能化改造为传统工业高质量发展赋能，多措并举，协同推进河南区域工业经济高质量发展。

关键词： 工业经济　创新发展　开放发展　绿色发展

党的十九大报告提出，建设现代化经济体系，必须把发展经济的着力点放在实体经济上。工业是实体经济的主体，是河南经济发展的稳定器和压舱石。当前，河南工业经济发展处于爬坡过坎的关键时期，提升发展质量是河南工业经济健康可持续发展的重要任务，必须坚持质量第一、效益优先，在质量变革、效率变革和动力变革的基础上，提高全要素生产率，不断增强创新力和竞争力。对河南城市层面工业经济高质量发展水平展开实证评价研究，了解省辖市工业经济高质量发展的相对水平，是各市对标先进、补齐高质量发展短板的迫切需要，也是地方政府谋划工业发展项目和出台产业政策的重要遵循。

一　区域工业经济高质量发展评价指标体系构建

综观国内相关研究成果，许多学者已经围绕高质量发展的内涵和评价体系的构建做出了积极探索。其中，中国电子信息产业发展研究院的张文会和乔宝华（2018）构建的我国制造业高质量发展指标体系，涵盖创新驱动、结构优化、速度效益、要素效率、品质品牌、融合发展、绿色制造 7 大类，共计 27 项指标。寇欢欢（2019）从发展质量、运行效率和创新能力 3 个方面构建工业经济高质量发展水平评价指标体系，运用层次分析法确定指标权重，对湖北省 2009～2017 年工业经济发展水平进行纵向评价，对中部六省 2017 年工业经济发展水平进行横向比较。纪玉俊和王雪（2019）依据创新、协调、绿色、开放、共享五大发展理念构建新时代中国制造业高质量发展评价指标体系，运用改进熵值法对中国制造业高质量发展水平进行纵向和横向比较。无独有偶，张永恒（2019）也将五大发展理念作为高质量发展程度的评判准则，构建指标体系，运用熵权法和 TOPSIS 分析法，对河南省各地市高质量发展程度进行时间和空间比较分析。

借鉴上述研究成果，本报告构建的河南区域工业经济高质量发展评价指标体系分为创新指标、协调指标、绿色指标、开放指标和共享指标 5 大类，共计 18 个具体评价指标（见表 1）。需要说明的是，关于工业经济开放发展的评价，本来应该选择更能反映工业经济领域的开放程度的指标，受限于数据的可获得性，本研究报告采用了进出口占 GDP 比重、实际利用外资占 GDP 比重和实际利用省外资金占 GDP 比重 3 个替代指标。

表 1　河南区域工业经济高质量发展评价指标体系

指标类型	代码	代表性指标	指标权重
创新	A1	R&D 人员占工业从业人员比重(%)	0.132
	A2	R&D 经费支出占工业增加值比重(%)	0.098
	A3	每万名工业企业 R&D 人员获得有效发明专利数(项)	0.075
	A4	工业企业新产品销售收入占主营业务收入比重(%)	0.065
协调	B1	总资产贡献率(%)	0.070
	B2	产品销售率(%)	0.047
	B3	非公有制经济增加值占 GDP 比重(%)	0.023
绿色	C1	单位工业增加值综合能源消费量(万吨标准煤/亿元)	0.095
	C2	单位工业增加值废水排放量(吨/万元)	0.065
	C3	单位工业增加值二氧化硫排放量(吨/万元)	0.045
	C4	单位工业增加值固体废物产生量(吨/万元)	0.030
开放	D1	进出口总额占 GDP 比重(%)	0.105
	D2	实际利用外资占 GDP 比重(%)	0.053
	D3	实际利用省外资金占 GDP 比重(%)	0.037

续表

指标类型	代码	代表性指标	指标权重
共享	E1	互联网普及程度(户/百人)	0.024
	E2	工业企业全员劳动生产率(元/人·年)	0.018
	E3	制造业从业人员平均工资(元)	0.012
	E4	劳动者报酬占 GDP 比重(%)	0.006

二　河南区域工业经济高质量发展评价分析

(一)评价过程与结果

1. 利用专家调查法确定指标权重

专家调查法，也称德尔菲法，其本质上是一种反馈匿名函询法。其大致流程是，对所要评价的具体指标权重征求专家的意见，进行整理、归纳、统计，再匿名反馈给各个专家，再次征求意见，再集中，再反馈，直到意见达成一致。

根据专家意见，本报告认为对于河南工业经济高质量发展而言，按重要性由高到低排序：创新发展、绿色发展、开放发展、协调发展和共享发展，分别赋予权重：0.370、0.235、0.195、0.140 和 0.060，对于每个具体指标按重要性也赋予不同的权重，最终确定的指标权重如表 1 最后一列所示。

2. 对各项指标进行无量纲化处理

本评价报告原始数据来源于《河南统计年鉴(2018)》和《中国城市统计年鉴(2018)》。

对于正向指标，无量纲化处理采用以下公式。

$$Z(x_i) = \frac{x_i - x_i(min)}{x_i(max) - x_i(min)} \times 100$$

对于逆向指标，无量纲化处理采用以下公式。

$$Z(y_i) = \frac{y_i(max) - y_i}{y_i(max) - y_i(min)} \times 100$$

在上面两个公式中，x_i、y_i 为 18 个省辖市代表性指标数据，x_i（max）、y_i（max）为该指标的最大值，x_i（min）、y_i（min）为该指标的最小值，Z（x_i）、Z（y_i）为该指标经过无量纲化处理后的标准值，其取值范围为 0～100。

3. 计算城市工业经济高质量发展水平

省辖市工业经济高质量发展评价指标体系中，每一个指标的取值都会影响综合评价结果，但是每一个指标都不能全面地反映城市工业经济高质量发展全貌。用每一个指标的标准化值乘上其综合权重并相加的方法，得到省辖市工业经济高质量发展水平的综合得分。河南 18 个省辖市工业经济高质量发展综合评价得分、排名及各单项得分、排名如表 2 所示。

表 2　河南区域工业经济高质量发展评价结果及排名

城市	综合评价		创新发展		协调发展		绿色发展		开放发展		共享发展	
	分值	排名	分值	排名	分值	排名	分值	排名	分值	排名	分值	排名
郑州	63.219	1	26.899	2	2.921	16	16.317	4	12.272	1	4.811	1
开封	30.521	15	7.593	13	5.121	13	12.230	12	4.244	9	1.333	15
洛阳	55.375	3	28.325	1	6.525	8	12.898	9	4.420	8	3.208	5
平顶山	35.674	12	19.882	5	0.587	18	10.442	15	2.931	11	1.832	13
安阳	33.057	13	12.172	10	3.229	15	10.795	14	3.450	10	3.410	3
鹤壁	36.464	11	6.073	15	5.486	10	13.395	8	9.241	3	2.268	10
新乡	46.876	6	26.859	3	4.805	14	8.094	17	4.640	7	2.479	9
焦作	49.276	5	15.114	8	10.531	3	15.445	7	4.896	6	3.289	4
濮阳	41.599	8	12.858	9	6.981	6	16.836	3	2.343	15	2.581	8
许昌	55.985	2	19.385	6	9.413	4	21.951	1	2.516	13	2.721	7
漯河	46.437	7	8.079	12	13.126	1	16.894	2	6.107	5	2.232	11
三门峡	38.885	9	9.057	11	7.200	5	12.496	11	6.981	4	3.151	6
南阳	38.826	10	18.548	7	1.158	17	16.290	5	1.559	16	1.271	16
商丘	27.457	16	6.834	14	5.401	11	10.288	16	2.906	12	2.029	12
信阳	20.308	18	0.725	18	5.122	12	12.536	10	0.746	17	1.179	17
周口	32.056	14	2.246	17	10.566	2	15.777	6	2.467	14	1.001	18
驻马店	24.481	17	4.187	16	6.647	7	11.815	13	0.361	18	1.470	14
济源	50.351	4	21.250	4	6.327	9	7.352	18	11.311	2	4.110	2

（二）对评价结果的分析

1. 从综合排名看。处于前五位的城市分别为郑州、许昌、洛阳、济源和焦作，处于第一方阵。这些城市均属于中原城市群核心城市，工业基础较好，工业经济高质量发展水平也相对领先。新乡、漯河、濮阳、三门峡和南阳位列第6～10名，工业经济高质量发展水平较高，处于第二方阵。而信阳、驻马店、商丘、开封和周口五个省辖市，工业经济发展质量亟待提升。

2. 从创新发展看。处于前五位的城市分别为洛阳、郑州、新乡、济源和平顶山，郑州、洛阳和新乡作为郑洛新国家自主创新示范区成员，工业经济高质量发展创新指标同样处于全省前三名。而驻马店、周口和信阳需要进一步重视创新方面的人才和资金投入。从具体评价指标数值看，郑州市R&D人员占工业从业人员比重为4.27%，工业企业新产品销售收入占主营业务收入比重为25.42%，均位居省辖市第一；新乡市R&D经费支出占工业增加值比重为3.99%，领先于其他省辖市；洛阳市每万名工业企业R&D人员获得有效发明专利数高达2429项，在全省省辖市层面具有绝对优势。

3. 从协调发展看。处于前五位的城市分别为漯河、周口、焦作、许昌和三门峡。郑州、南阳和平顶山的协调发展水平有较大的提升空间。从具体评价指标看，总资产贡献率位于前三位的城市为漯河、周口和焦作，漯河和周口总资产贡献率均为22.7%，并列第一名，焦作总资产贡献率为20.4%，位居第三名。产品销售率，全省18个地市差别不大，介于97.3%～100.5%，其中位列前三的城市是三门峡、漯河和鹤壁。非公有制经济增加值占GDP比重，许昌以73.1%位列全省第一。许昌民营经济成为推动许昌经济发展的强大动力，鲜易控股、黄河集团、西继迅达等一批民营企业实力越来越强。许昌市促进民间投资、发展民营经济的经验和模式已经走出中原、迈向全国。

4. 从绿色发展看。处于前五位的城市分别为许昌、漯河、濮阳、郑州和南阳。而济源、新乡和商丘工业经济绿色发展水平较低，要更加重视生态环境保护，统筹推进工业文明和生态文明建设。就具体评价指标而言，单位工业增加值综合能源消费量最低的三个城市为周口、许昌和漯河，单位工业增加值综合能源消费分别为0.127、0.374和0.382万吨标准煤/亿元。而济源、安阳、三门峡和平顶山，由于其偏重的工业经济结构，单位工业增加值能耗在全省省辖市中处于较高的位置，分别为1.925、1.587、1.223和1.217万吨标准煤/亿元。

5. 从开放发展看。处于前五位的城市分别为郑州、济源、鹤壁、三门峡和漯河。作为自贸区成员的洛阳和开封，开放发展水平也比较高，位列第8和第9。从单项指标看，进出口总额占GDP比重，郑州高达43.78%，在全省处于遥遥领先的位置，济源以23.23%位列全省第2，而商丘以0.90%在全省处于垫底位置。

6. 从共享发展看。处于前五位的城市分别为郑州、济源、安阳、焦作和洛阳。从单项指标看，互联网普及率在一定程度上反映了信息共享程度，郑州、济源和焦作位居全省前三。工业企业全员劳动生产率，济源、安阳、濮阳和三门峡分别为405278、357520、350722和350715元/（人·年），位列全省前四，这些城市的共性就是资源依赖特征比较明显。制造业从业人员平均工资水平，郑州市以55661元居全省首位，许昌市以50033元紧随其后。

三 提升河南区域工业经济高质量发展水平的对策建议

当前，我国正在迈向高质量发展阶段，河南各地市推进工业特别是制造业高质量发展是工业的发展规律，更是我们的历史使命。随着相关支持政策陆续出台，抓住政策机遇为工业高质量发展营造良好环境也正当其时。通过对区域工业高质量评价的对比，我们可以清晰地看到各地市工业高质量发展的差距与不足。因此，区域政府要坚持问题导向和目标导向，厘清本地区工业高质量发展的基础优势，找准影响区域工业高质量发展的主要瓶颈制约，采取精准措施改善工业发展环境，在这场高质量发展比拼竞赛中奋勇争先。

（一）精神重塑助力工业经济高质量发展

当前河南制造业大而不强的问题突出，各地市制造业在不同程度上存在增长方式粗放、产业层次不高、高端产品供给不足、资源利用效率不高、节能减排压力大、转型发展意识不浓、创新能力不强、新旧动能转换不快、企业效益不佳等问题。全省及各地市制造业发展水平不高，与高质量发展要求（高质量的产品与服务、高质量的生产要素投入、高质量的产业结构、高质量的制造模式等）相比还有较大差距，尤其是企业、政府普遍存在对粗放增长模式的路径依赖，对高质量发展认识不清、动力不强、路径不明、能力不强，更是可能成为未来工业高质量发展的制约。要彻底扭转“唯 GDP”发展观念，摆脱增长速度情结，强化质量、效率、效益意识，需要我们进行一场精神方面的“革命”，即实现在发展观念、精神面貌、工作态度等方面的彻底变革，这是河南建设制造强省的必然要求，也是新时期河南各区域工业发展顺应新趋势、应对新矛盾新挑战的迫切要求，更是尽快解决区域制造业大而不强问题的必然选择。

当前，我国正在大力弘扬企业家精神、工匠精神、科学家精神、劳模精神、民族精神、国家精神等，它们追求的创新创造、艰苦奋斗、开放合作、诚实守信、认真专注、精益求精、乐于奉献等，无一不与新时期我国工业实现质量变革、效率变革、动力变革的历史使命相契合。精神重塑不仅是对工业的要求，也是对为工业提供服务的政府职能部门和关联产业的要求，这必然涉及区域每一个行业、每一个企业、每一个政府部门、每一个人。一种先进精神的培育或重塑，不仅要靠宣传教育，还需要改善社会经济、政治、文化、法治环境，完善激励约束机制，形成有利于精神重塑的制度土壤。河南各地市要着力探索优秀企业家精神、工匠精神、科学家精神等的重塑之道，提升整体人才队伍精神面貌，形成工业转型发展的内生动力，补齐工业发展中的技术短板、质量短板、品牌短板、资本运营短板、国际化短板、竞争力短板，加快推动区域工业高质量发展步伐。

（二）创新驱动支撑工业经济自主发展

创新是工业高质量发展的“牛鼻子”。自主创新能力强，掌握自主知识产权和核心技术，拥有关键设备自主研发和制造能力是区域产业实现高质量发展的一个重要标志，也是我国对中兴事件反思的结果。只有掌握自主知识产权和核心技术，拥有关键设备自主研发和制造能力，企业才能生产出具有核心竞争力的产品，产业才能不受制于人，实现自主发展、高质量发展，这点已经在华为事件中得到了充分体现。从前面评价结果来看，河南各地区尽管创新投入强度有较大差距，但是，与先进地区和全国平均水平相比，创新投入强度低、有效专利少却是共性问题。实现创新驱动的关键在于培育引进创新型人才，在于完善创新的体制机制。各地市在推动工业高质量发展中，要继续高度重视创新型人才的培育，加快建成吸引人才、留住人才、用好人才的体制机制，营造人才成长的良好生态。要深化科技体制改革，坚持自主创新和协同创新两条路径一起走，科技创新、制度创新、管理创新、组织创新四个轮子一起转，通过完善创新决策、创新成果产业化、创新激励、协同创新等机制，形成产业链、创新链、资金链、人才链、政策链等紧密衔接、深度融合的创新生态。

（三）绿色化改造推动工业经济可持续发展

工业特别是制造业作为资源能源消耗和“三废”排放的最主要领域，其高质量发展必须体现绿色低碳环保可持续发展理念，注重提高资源能源利用效率，积极主动处理和利用工业三废，因此，资源能源利用效率、三废处理和综合利用率等也成为衡量区域工业高质量发展的重要标志。尤其是随着环境政策趋严，绿色发展已经成为一些企业必须严肃对待的生死抉择。当前，绿色化改造已经被河南列入经济转型攻坚三个重点举措之一，但是，绿色投入意识不强、绿色发展激励约束机制不完善、绿色化改造实施路径不清晰、绿色化改造金融支持不够等问题也影响不少地区绿色化改造的成效，致使产业体系仍然处于“高耗能、高污染、高排放”的低效率高污染运转模式。各地区应加快完善绿色发展的法律法规和激励约束机制，强化绿色标准，以绿色技术创新驱动引领工业绿色发展，以信息化、智能化改造带动工业绿色发展，以大力鼓励绿色金融发展支持工业绿色发展，以积极营造绿色消费氛围推动工业绿色发展，支持企业探索示范绿色化改造特色模式。

（四）智能化改造为传统工业高质量发展赋能

2019 年 5 月，习近平总书记在推动中部地区崛起工作座谈会上指出，主动融入新一轮科技和产业革命，加快数字化、网络化、智能化技术在各领域的应用，推动制造业发展质量变革、效率变革、动力变革。推进新一代信息技术与实体经济深度融合，已经成为各地区传统产业提质增效的重要手段。受企业信息化基础薄弱、前期投入成本高、对智能化认识不清等内部因素，以及智能制造产业发展滞后、系统解决方案服务供给能力不强、高端人才匮乏、政策缺乏统筹协调机制等外部因素影响，河南部分地市智能化改造工作推进力度偏弱，因此，各地市智能制造发展并不均衡，但大多处于起步阶段。各地市要强化宣传引导工作，深化企业对智能制造模式的认识，探索支持企业建设智能生产线、智能车间、智能工厂、智能化示范区等的有效路径，积极引进智能制造系统解决方案供应商，大力提高对智能化改造的服务推动能力和基础设施支撑能力，为传统工业高质量发展赋能。

参考文献

丁文珺：《构建高质量发展评价体系必须厘清的几个关键问题》，《学习论坛》2019 年第 9 期。

纪玉俊、王雪：《新时代背景下我国制造业的高质量发展评价研究》，《青岛科技大学学报》（社会科学版）2019 年第 2 期。

寇欢欢：《湖北省工业经济高质量发展水平评价》，湖北省社会科学院，2019。

李梦欣、任保平：《新时代中国高质量发展的综合评价及其路径选择》，《财经科学》

2018 年第 5 期。

吕薇:《探索体现高质量发展的评价指标体系》,《中国人大》2018 年第 11 期。

马茹、罗晖、王宏伟、王铁成:《中国区域经济高质量发展评价指标体系及测度研究》,《中国软科学》2019 年第 7 期。

宋瑞礼:《高质量发展绩效评价体系研究》,《经济日报》2018 年 7 月 26 日。

张文会、乔宝华:《构建我国制造业高质量发展指标体系的几点思考》,《工业经济论坛》2018 年第 4 期。

张永恒:《五大发展理念视角下的河南省高质量发展评价研究——基于熵权 TOPSIS 分析法》,《河南科学》2019 年第 7 期。

张震、刘雪梦:《新时代我国 15 个副省级城市经济高质量发展评价体系构建与测度》,《经济问题探索》2019 年第 6 期。

附表 1　河南区域工业经济高质量发展评价原始数据(一)

城市	工业企业R&D 人员(人)	工业企业平均从业人员(万人)	R&D 经费内部支出(万元)	R&D 经费外部支出(万元)	工业增加值(亿元)	有效发明专利数(项)	新产品销售收入(万元)	主营业务收入(亿元)
郑州	43715	102.43	1034011	32245	3520.67	3991	37471179	14738.92
开封	6561	40.63	157521	5410	679.66	336	704014	2908.96
洛阳	21313	54.26	581443	15763	1724.99	5176	6774617	7701.16
平顶山	10945	33.78	286959	14503	870.67	1103	1755615	2683.34
安阳	7495	23.55	162917	5901	926.48	397	1553635	3057.45
鹤壁	3090	18.41	45206	1298	483.49	361	823827	2065.28
新乡	16288	35.25	383181	3578	969.14	1451	3696586	4000.29
焦作	14911	49.90	368833	6229	1259.31	867	2522466	6316.50
濮阳	6056	22.98	150472	3468	798.40	818	814156	3724.13
许昌	15376	46.58	471997	9548	1437.94	1292	4983265	6561.87
漯河	4132	26.30	109769	1072	662.57	568	489782	3410.09
三门峡	4730	17.75	107418	854	728.34	357	356224	2692.77
南阳	14856	42.24	318167	10835	1220.11	1328	3177218	3660.53
商丘	7999	45.49	143349	6373	775.66	499	676900	3931.27
信阳	3235	33.55	77920	1657	686.15	145	357068	2555.09
周口	4987	42.42	103589	2248	980.90	365	588384	4864.35
驻马店	4827	32.01	97620	5669	741.99	212	1374875	3191.07
济源	3107	9.00	122169	1202	367.43	191	2839053	1823.31

附表 2　河南区域工业经济高质量发展评价原始数据（二）

城市	总资产贡献率（%）	产品销售率（%）	非公有制经济增加值占 GDP 比重（%）	废水排放总量（万吨）	二氧化硫排放量（万吨）	一般工业固体废物产生量（万吨）	综合能源消费量（万吨标准煤）	进出口总额（亿元）
郑州	11.6	97.9	58.9	95661.23	3.67	1149.55	1731.81	4025.39
开封	12.2	98.8	63.7	16751.83	0.27	117.13	476.49	37.45
洛阳	16.1	98.6	61.6	35416.44	2.49	4303.2	1570.19	132.64
平顶山	9.2	97.3	56.8	17607.88	2.79	1698.63	1059.86	39.99
安阳	11.2	98.0	61.9	15855.37	4.69	1082.89	1470.53	57.83
鹤壁	11.1	99.3	65.2	8571.65	0.97	334.21	340.62	15.57
新乡	10.7	98.8	67.3	32879.79	0.89	383.99	978.97	69.18
焦作	20.4	99.2	69.7	21851.07	2.03	1141.63	1093.82	148.19
濮阳	16.3	98.4	67.0	13628.60	0.34	117.17	467.36	39.83
许昌	19.4	98.5	73.1	13016.73	1.60	355.31	537.95	115.65
漯河	22.7	100.2	69.5	11869.99	0.69	122.73	252.90	52.54
三门峡	13.7	100.5	54.0	8875.86	0.97	2006.42	890.57	79.16
南阳	8.7	97.4	62.4	25336.29	1.98	442.02	697.14	131.65
商丘	13.4	98.5	64.7	24070.97	0.95	93.83	518.91	19.70
信阳	14.1	98.4	60.7	15929.30	1.48	327.02	488.61	36.50
周口	22.7	98.9	64.1	26975.91	0.42	26.75	124.31	76.81
驻马店	15.3	98.8	63.5	20352.63	1.83	189.53	450.28	23.58
济源	12.8	98.9	70.0	4455.86	0.58	771.34	707.13	139.40

附表 3　河南区域工业经济高质量发展评价原始数据（三）

城市	地区生产总值（亿元）	实际利用外资（万美元）	实际利用省外资金（亿元）	国际互联网用户（万户）	年平均常住人口（万人）	全员劳动生产率[元/(人·年)]	制造业从业人员平均工资(元)	劳动者报酬（亿元）
郑州	9193.77	404969	1071.5	1735.26	980	272759	55661	4147.91
开封	1887.55	66426	582.6	392.29	455	151767	44642	902.30
洛阳	4290.19	269864	765.6	840.18	681	273279	49863	1835.24
平顶山	1994.66	44082	550.3	443.68	499	214956	43052	1024.22
安阳	2249.85	50217	677.8	589.94	513	357520	45217	1036.63
鹤壁	827.65	81739	308.3	171.44	162	246621	39830	441.93
新乡	2357.76	108748	639.4	689.97	576	233390	41427	1169.17
焦作	2280.10	82792	620.9	458.34	355	264701	45566	1227.87

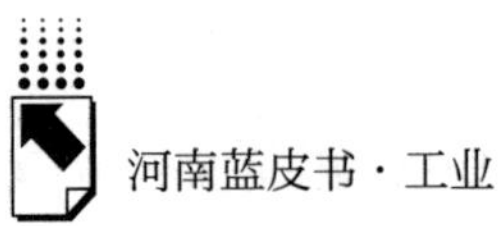

续表

城市	地区生产总值（亿元）	实际利用外资（万美元）	实际利用省外资金（亿元）	国际互联网用户（万户）	年平均常住人口（万人）	全员劳动生产率[元/(人·年)]	制造业从业人员平均工资(元)	劳动者报酬（亿元）
濮阳	1585.47	64246	229.0	401.66	363	350722	37307	631.18
许昌	2632.92	73054	478.1	435.31	439	312475	50033	880.53
漯河	1165.04	90137	240.7	234.19	264	261418	46497	532.90
三门峡	1447.42	107906	381.3	258.23	226	350715	42070	673.00
南阳	3345.30	60297	556.9	705.80	1006	207723	41056	1751.76
商丘	2195.55	36393	697.3	647.75	729	194880	47027	1192.81
信阳	2194.51	53434	264.5	470.88	645	167046	42721	1170.33
周口	2459.70	54095	554.2	583.66	879	247084	37464	1075.07
驻马店	2175.04	39929	283.6	512.81	699	217754	45430	955.63
济源	600.12	34100	204.8	99.42	73	405278	49491	192.46

综 合 篇

Comprehensive Articles

B.3
河南省智能制造发展现状及对策

河南智能制造研究课题组 *

摘 要： 《中国制造2025》明确提出，要以新一代信息技术与制造业深度融合为主线，以推进智能制造为主攻方向，实现制造业由大变强的历史性跨越。本文在深入分析河南省智能制造发展现状、存在问题，总结全省企业智能化改造中成功做法和典型案例的基础上，探讨提出加快河南省智能制造发展的重点工作和相关措施建议，对于加快河南建设先进制造业强省和推动制造业高质量发展具有重要的现实和理论意义。

关键词： 河南 智能制造 智能化改造 先进制造

* 河南智能制造研究课题组，组长：李翔，河南省工业和信息化厅产业融合办主任；成员：李洋，河南省工业和信息化厅产业融合办副调研员；杨志波，上海电机学院商学院讲师。

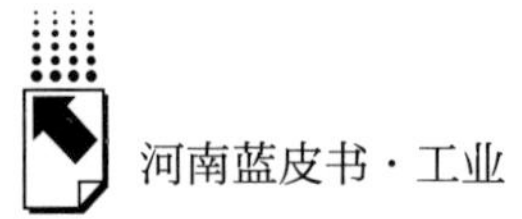

一　河南省智能制造发展现状

本部分重点从全省制造业企业智能制造整体水平分布、企业智能制造基础以及主要业务环节智能制造水平三方面系统分析河南省企业智能制造发展现状。

（一）全省智能制造整体水平状况

从制造业企业智能制造整体发展水平看，全省企业智能制造能力成熟度分布情况如下：处于智能制造能力成熟度一级企业比例为25%，处于智能制造能力成熟度二级企业比例为53%，处于智能制造能力成熟度三级企业比例为18%，处于智能制造能力成熟度四级企业比例为3%，处于智能制造能力成熟度五级企业比例为1%（见图1）。

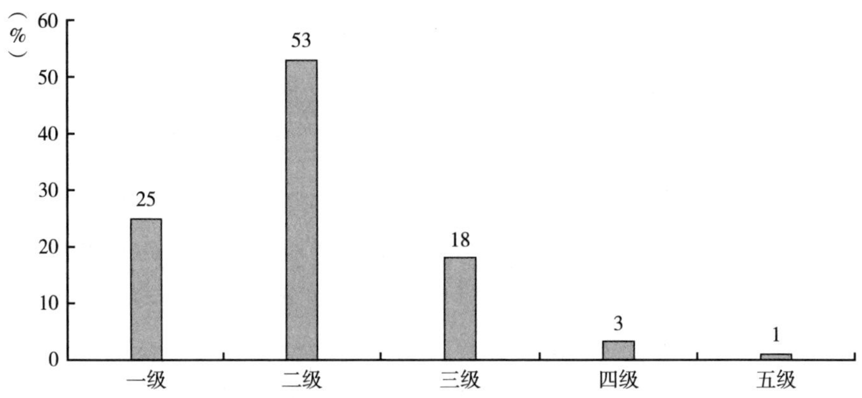

图1　河南省制造业企业智能制造发展水平分布

资料来源：河南省智能化改造诊断平台。

从离散型与流程型分行业来看，全省流程型企业自动化程度普遍较高，分布式控制系统（DCS）等生产过程控制与单业务环节信息化系统应用广泛，企业智能制造下一步建设重点是多系统信息集成与应用。离散型企业多数处在半自动化阶段，人工操作与自动化生产设备、生产单元并存，车间自动化生产线和自动化物流仓储系统应用水平有待提升，车间数据采集系统和制造执行系统建设普及率相对较低，企业智能制造下一步建设重点集中在关键岗位“机器换人”、产线自动化升级以及车间数据采集和制造执行系统建设等方面。

（二）全省制造业企业智能制造基础

企业对智能制造的认知水平，决定了企业智能制造工作是否开展以及开展的力度。从全省制造业企业对智能制造的认知水平看，84%的企业对智能制造的理解处在机器换人或信息化建设层面，对智能制造表示不清楚的企业占6%，对智能制造有全面系统认知的企业仅占8%，选择项为其他的企业占2%（见图2）。全省制造业企业对智能制造的系统性认知水平还需进一步提升。

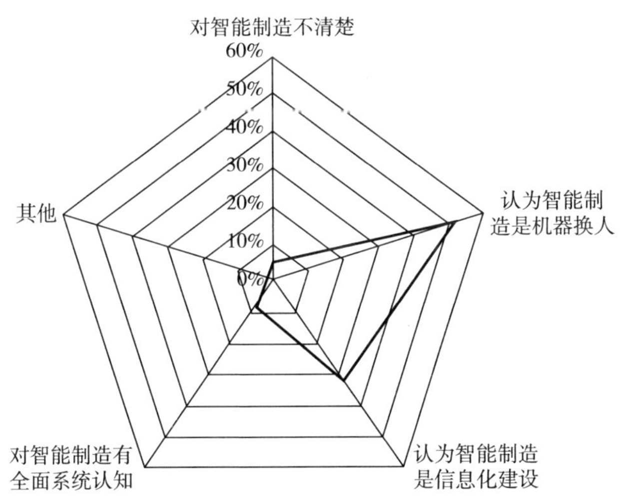

图2　河南省制造业企业智能制造认知情况

资料来源：河南省智能化改造诊断平台。

智能制造是一项系统工程，涉及自动化装备产线、信息化系统、信息集成以及大数据与人工智能技术应用等，智能制造整体规划是保障企业科学合理推进智能制造的基础。从全省制造业企业智能制造规划制定情况看，未制定智能制造规划的企业占23.80%，制定有自动化专项规划的企业占18.90%，制定有信息化专项规划的企业占13.70%，制定有智能制造专项规划的企业占43.60%（见图3）。

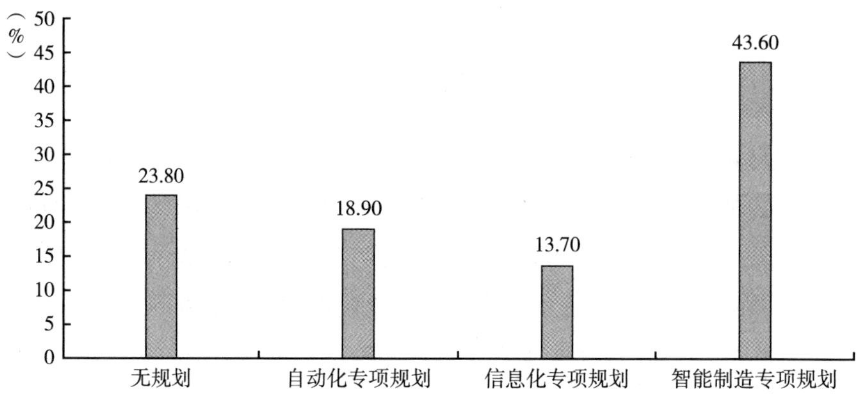

图3　河南省制造业企业智能制造规划制定情况

资料来源：河南省智能化改造诊断平台。

从河南省制造业企业智能制造投入水平来看，智能制造拟投入费用在100万元以下的企业占14%，智能制造拟投入费用在100万~1000万元的企业占43.40%，智能制造拟投入费用在1000万~5000万元的企业占25.40%，智能制造拟投入费用在5000万~1亿元的企业占7.50%，另有9.70%的企业智能制造拟投费用在1亿元以上。全省多数制造业企业开展智能制造计划投入的资金在1000万元以下，说明现阶段企业推进智能制造以既有工厂智能化改造为主（见图4）。

（三）全省制造业企业主要业务环节智能制造发展分析

随着新一代信息技术的发展，企业面临的市场环境正在快速变化。快速响应不断变化的市场需求，缩短新产品研制周期和上市时间，是企业核心竞争力之一。通过应用三维数字化产品设计、工艺设计、仿真技术、产品数据管理以及试验数据管理等技术不断提升研发设计能力，越来越受到企业重

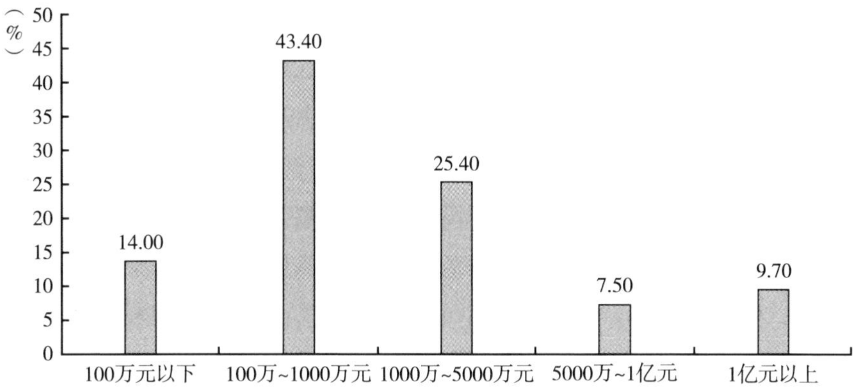

图4　河南省制造业企业智能制造投入水平

资料来源：河南省智能化改造诊断平台。

视。从全省制造业企业研发设计环节基本情况来看，应用计算机辅助三维设计工具进行产品设计的企业占76.3%，应用产品设计仿真的企业占22.4%，应用计算机辅助工艺设计的企业占10.6%，应用计算机辅助制造的企业占15.3%，应用研发管理系统的企业占16.2%（见图5）。

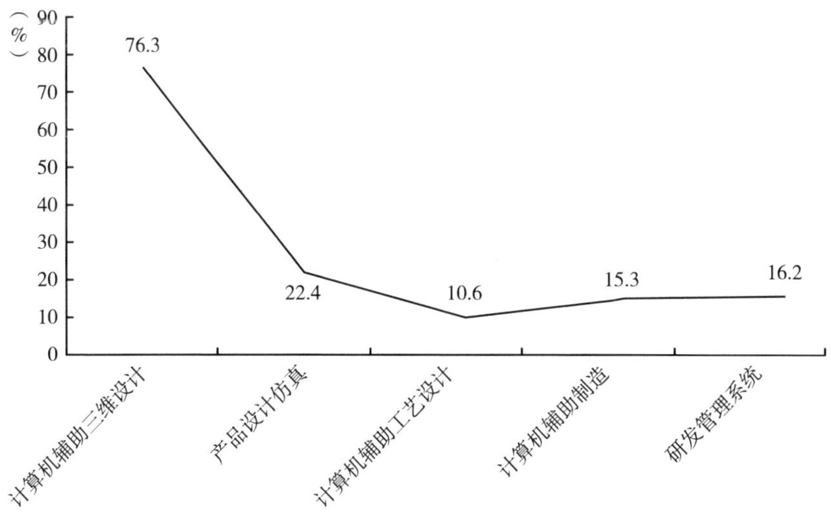

图5　河南省制造业企业研发设计环节基本情况

资料来源：河南省智能化改造诊断平台。

生产制造环节智能化改造是企业实现智能化转型的基础，也是企业智能化改造的重点环节。《河南省智能制造和工业互联网发展三年行动计划（2018～2020年）》中关键岗位“机器换人”、生产线智能化改造以及智能车间建设主要内容都集中在生产制造环节。从全省制造业企业生产制造环节基本情况来看，53.2%的企业生产设备数字化率大于40%，24.1%的企业拥有数字化仓储物流设备，36.2%的企业实现了生产过程数据采集和监控（SCADA系统应用），27.2%的企业实现了生产制造管理（MES系统应用），25.9%的企业实现了基于系统的能源管理，31.6%的企业实现基于系统的环保管理（见图6）。

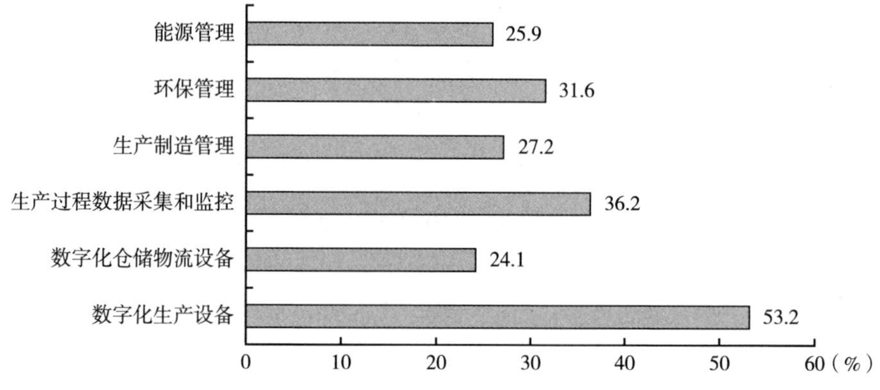

图6　河南省制造业企业生产制造环节基本情况

资料来源：河南省智能化改造诊断平台。

从经营环节来看，经营管理信息化系统应用与集成，是实现打通销售、研发、制造、服务等关键环节数据，实现业务流程与企业决策优化的基础。河南制造业企业经营管理环节信息化系统应用方面，16.2%的企业应用有PLM等研发管理系统，72.8%的企业应用有企业资源管理系统（ERP），大多数基于ERP实现财务管理。20.2%的企业应用有仓储管理系统（WMS），56.3%的企业实现了集散控制系统（DCS）应用（主要集中在流程型行业）（见图7）。

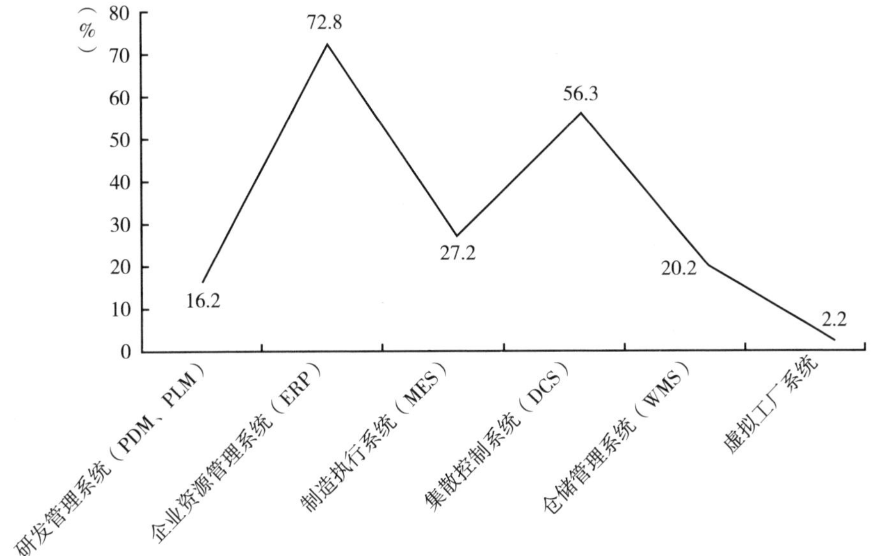

图7　河南省制造业企业运营管理环节信息系统应用基本情况

资料来源：河南省智能化改造诊断平台。

二　河南省智能制造存在的问题

（一）企业实施智能制造的主要制约因素

随着河南省智能制造三年行动计划的持续深入推进，在政府积极引导下，河南省制造业企业智能化改造意愿强烈，77%的企业明确表达了进行智能化改造的强烈意愿。但当前制约企业实施智能化改造的限制因素依然存在，这些限制因素主要包括企业高层缺乏对智能制造的系统认知（52.0%）、缺乏智能制造整体规划（56.4%）、企业智能化改造资金紧张（57.4%）、缺少合格的人力资源（32%）、难以快速找到合适的服务商（23%）（见图8）。

（二）河南省智能制造发展存在的主要问题

结合企业实施智能制造限制因素统计数据，河南省智能制造发展主要存

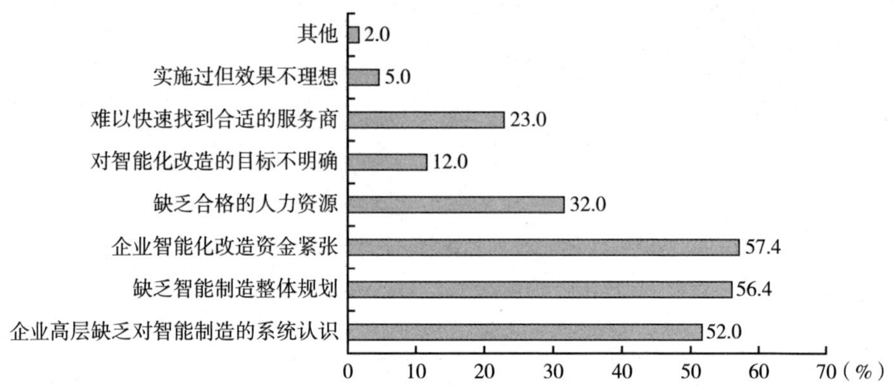

图 8　河南省制造业企业实施智能制造的制约因素

资料来源：河南省智能化改造诊断平台。

在企业实施和政府推进两个层面的八方面问题。

企业实施层面的主要问题包括：第一，缺乏对智能制造的系统认知，多数聚焦于局部环节自动化改造或信息系统建设等；第二，多数缺乏智能制造整体规划，导致智能制造实施步骤不合理、虽实施但效果不理想等情况；第三，智能化改造专业人才相对短缺，多数未建立专业智能化改造团队，成为推进智能制造的主要阻碍因素之一；第四，智能化改造重硬件轻软件，普遍重视设备等硬件投入，忽视信息化建设等软件投入；第五，标准化、精益化等智能制造基础较为薄弱，不应在落后的工艺基础上搞自动化，不在落后的管理基础上搞信息化，不在不具备数字化、网络化的基础上搞智能化；第六，难以快速找到优秀的解决方案供应商，企业与优秀解决方案供应商之间缺乏高效的对接通道或平台。

政府推进层面的主要问题包括：第一，全省智能制造标准体系尚不健全，智能制造发展是由自动化、数字化、网络化、智能化逐步发展演进，从低级阶段到高级阶段的提升过程，当前全省智能制造分级评价体系和分行业推进标准或指南还需制定完善；第二，全省智能制造公共服务平台建设相对滞后，江苏、湖南等国内智能制造推进相对领先的几个省份，普遍建设有功能完善的智能制造公共服务平台。目前河南智能制造公共服务平台还需加快推进和完善。

三　加快河南省智能制造发展的政策建议

针对目前河南智能制造发展中存在的共性问题，本文从企业智能化改造实施、培训宣贯、人才培养、标杆带动、标准建设、平台完善等方面提出推进全省智能制造进一步发展的相关建议。

（一）持续推进企业智能化改造实施

第一，引导企业增强对企业员工智能制造相关知识的培训，提高企业全员对智能制造的认知和理解，有计划地开展智能制造人才培养和团队建设。第二，制定符合企业实情的智能制造整体规划，确保企业智能化改造整体规划分步实施。第三，强化企业标准作业、精益生产等基础建设。

（二）组织企业智能制造培训、现场学习

通过组织企业高层领导赴智能制造标杆企业现场参观和培训学习等方式，不断提升企业高层领导对智能制造的认识和重视。让企业充分认识智能制造对企业和行业发展的重要意义，逐渐借助物联网、大数据、云计算等新技术，对原有生产技术和生产模式实施智能化改造，形成产业形态再造和企业商业模式改造，重塑制造业产业链、供应链和价值链，加快培育形成智能制造新模式，推动产业迈向中高端水平。

（三）持续推进企业诊断服务活动

持续推进河南省企业智能化改造诊断服务活动，为全省制造业企业智能化改造提供咨询支持。并在现有企业智能化改造诊断服务的基础上，综合参考工业 4.0 成熟度评估、中国智能制造能力成熟度评估等开展全省制造业企业智能制造分级评价。

（四）分行业打造全省智能制造标杆

确立分行业推进智能制造的相关机制，组织行业龙头企业、解决方案供

应商、标准化机构共同研制面向行业的智能制造推进指南；打造装备制造、化工、医药、汽车零部件、电子信息等重点行业的智能制造标杆，充分发挥标杆企业的示范带动作用，加快成功经验和有效模式的复制推广。

（五）加大河南省智能制造人才培养和引入

建立满足智能制造需求的多层次人力资源发展体系，大力发展职业教育，培养高层次技术研发、制造、管理、操作等各类人才；通过项目资助、创业扶持等方式，吸引国内智能制造领域的研发团队和研发机构入驻或创业，营造良好的人才聚集环境，为河南智能制造健康发展保驾护航。

（六）建立健全全省智能制造标准体系

充分发挥标准的引领作用，整合国内标准化资源，深入开展全省智能制造标准化工作。结合全省智能制造分级评价和智能制造分行业推进工作，制定河南省智能制造分级评价和智能制造分行业实施标准体系，加强顶层设计，推动新一代信息技术在制造业的集成应用，占领智能制造发展制高点。

（七）持续建设完善河南省智能制造公共服务平台

在平台现有基础上不断扩展和完善功能，增加政策解读、智能制造培训、专家资源、优秀解决方案商对接以及部分工业云服务等。为政府提供数据分析、决策支持，为企业提供政策宣贯、案例推荐，系统解决方案供应商对接问题；同时与工商、税务、信用等数据关联，为进一步完善全省制造业企业评价模型提供依据，为政府开展选优、评级提供科学支撑。

参考文献

杨志波：《我国智能制造发展趋势及政策支持体系研究》，《中州学刊》2017 年第 5 期。

林琳、吴淑燕、林恩辉：《国内外工业互联网发展情况与展望》，《电信网技术》2018 年第 4 期。

刘默、张田：《工业互联网产业发展综述》，《电信网技术》2017 年第 11 期。

杨惠娟：《我国工业互联网战略发展现状及对策分析》，《信息系统工程》2018 年第 3 期。

白文亭：《工业互联网平台带动传统产业实现智能化转变》，《电气时代》2018 年第 6 期。

马岩：《发展潜力巨大智能制造亟待构建统一标准》，《中国高新技术产业导报》2017 年 2 月 13 日。

刘垠：《二〇一七，科技任务清单“连连看”》，《科技日报》2017 年 3 月 6 日。

左世全：《我国智能制造发展战略与对策研究》，《世界制造技术与装备市场》2014 年第 3 期。

汪应洛、刘子晗：《中国从制造大国迈向制造强国的战略思考》，《西安交通大学学报》（社会科学版）2013 年第 6 期。

周济：《智能制造——“中国制造 2025”的主攻方向》，《中国机械工程》2015 年第 17 期。

B.4
河南省制造业数字化转型研究报告

宋 歌*

摘 要： 近年来，河南省以两化融合为主线，以智能制造为主攻方向，不断加大政策扶持力度，推动制造业数字化转型取得了一定进展。河南制造业的数字化转型有利因素与制约因素并存。当前阶段，加快河南制造业数字化转型要以发展战略、研发模式、制造模式、组织形态、产品形态、商业模式等方面为重点，明确转型内容与方向；要充分发挥企业主导作用，注重行业整体提升，依托政府大力扶持，构建企业、行业及政府协同推进的大格局。

关键词： 河南 制造业 数字经济 数字化转型

随着数字经济时代的到来，大数据、云计算、物联网和人工智能等新兴技术的纵深发展给经济社会各行各业带来了巨大冲击。在工业领域，新一代信息数字技术的应用与渗透，不仅模糊了传统产业原有的边界，而且颠覆了以往工业经济的资源配置方式、生产组织方式和价值创造方式等，对制造业的发展形成严峻挑战。河南作为工业大省，制造业仍在产业格局中占据主导地位，制造业的数字化转型迫在眉睫。近年来，为贯彻落实省委省政府的有关决策部署，河南将“稳定工业经济增长”作为全省经济工作的重点之一，“把推动制造业高质量发展作为促进工业稳定增长的重要抓手”，相继开展

* 宋歌，河南省社会科学院工业经济研究所副研究员。

了智能制造引领、重点技术攻坚、传统产业提质、新兴产业培育等系列行动，有力推动了新一代信息技术与制造业的融合，制造业的数字化、网络化、智能化发展水平不断提升。必须看到，河南省制造业的数字化转型尚处于起步阶段，实现制造业高质量发展就要把握数字经济发展新机遇，以提质增效为中心，明确当前河南省制造业数字化转型的重点及方向，由企业、行业及政府共同发力，加快制造业数字化转型，推动制造业价值链向中高端迈进。

一　河南省制造业数字化转型的现状

伴随新一代信息技术革命和产业革命的深入推进，河南也加快了从制造业大省向制造业强省跨越的步伐。“十三五”时期，在市场引导、政府推动下，全省制造业以两化融合为主线，以智能制造为主攻方向，着力于智能化改造项目建设及工业互联网平台培育，加速向数字化转型。

（一）两化融合深入推进

两化融合是企业推进信息化建设，实现数字化转型的根本路径。河南高度重视两化融合的推进，以两化融合管理体系贯标工作为抓手，多策并举，推动全省制造业加快向两化深度融合发展阶段迈进。根据工业和信息化部发布的两化融合数据地图，2018 年河南省两化融合发展水平指数为 51.2，较 2017 年提高 4.3，居全国第 11 位，较上年前移 2 位。根据中国两化融合服务平台河南省评估服务分平台所发布的《河南省两化融合管理体系进展情况》，截至 2019 年 8 月底，全省规模以上工业企业的生产设备数字化率、数字化研发设计工具普及率、关键工序数控化率、应用电子商务比例及工业云平台应用率分别达到 46.7%、73.1%、48.1%、59.2%、40.3%；已有 7333 家企业在河南省两化融合评估系统开通账号，2165 家企业开通了两化融合管理体系贯标工作跟踪服务系统企业账号。在持续推进两化融合过程中，河南围绕重点领域先后争取了一批国家级试点示范项目，如制造业与互联网融合发展试点示范项目、制造业“双创”平台试点示范项目、智能制造试点示范项目、智能制造综合标准化与新模式应用项目等，涌现出中信重工、宇通客车、天瑞集团等具有行业领先水平的优势企业，通过发挥示范引领带动作用推动了制造业两化融合由点及面向纵深推进。

（二）智能化改造初见成效

智能制造作为一种新型制造模式，是制造业数字化转型的必然选择。为推进智能制造，河南从关键岗位、生产线、车间、工厂、园区等不同层面着手，加快了智能化改造项目建设，一些行业、一些企业已走在全国前列。根据河南省工信厅统计的数据，截至2019年8月底，全省投资3000万元以上的智能制造项目达1056个，计划总投资2504.6亿元，已完成投资929.2亿元；从全省企业智能化改造需求看，选择关键岗位“机器换人”的企业占58.5%，选择新增或改造自动化产线的企业占71.5%，选择现有设备或产线数采、联网和集成的企业占55.5%，选择新增或升级信息系统的企业占47%。为加快提升智能化水平，河南大力扶持有条件的企业进行生产线智能化改造、智能车间以及智能工厂建设，一批行业龙头企业率先做出示范，引领了行业发展，推进了产业转型。郑煤机集团、中信重工、森源集团、中原内配、宇通客车、卫华集团等企业通过机器换人、生产换线、系统集成等方式，纷纷发力智能车间、智能工厂建设，如郑煤机集团当前每万名工人中拥有机器人的数量达到495台，森源集团关键设备数控化率达到95%，宇通客车新能源工厂生产效率提升52%……这些改造项目借助信息化、数字化技术的应用，在提高效率，实现自身产品、服务智能化的同时，有力带动了产业链上下游企业的智能化改造，推动全省智能制造由试点示范迈向深化应用、全面推广阶段。

（三）工业互联网平台建设探索起步

工业互联网平台作为工业体系与互联网体系的深度融合，是制造业数字化转型的重要支撑和保障。工业互联网平台伴随新一代信息技术的发展而诞生、成长，于河南而言仍是新事物，截至 2018 年，全省只有卫华集团的“基于工业互联网平台的起重机装备远程运维新模式应用”、中信重工的“矿山装备工业互联网平台”和第一拖拉机股份有限公司的“现代农业装备工业互联网平台”3 个项目入选国家工业互联网平台集成创新应用示范点，仅河南省工业互联网安全监测与态势感知管理平台获得国家转型升级专项资金支持，河南的工业互联网平台建设正处于探索起步阶段。从类型上看，河南的工业互联网平台主要侧重于工业机器设备运行的远程监测维护以及生产过程工艺流程智能化；从发展路径上看，主要通过行业龙头企业搭建工业互联网平台，进而辐射整个行业，改变行业的生产经营模式，以此发展成为带动行业整体向数字化、网络化转型的公共平台。2019 年以来，为推进工业互联网平台建设，河南又提出了综合平台、行业平台“双路突破”的发展思路，跨行业、跨领域的综合性工业互联网平台建设也开始起步。此外，推动企业上云也是河南工业互联网平台建设的重点工作之一，全省已分两批认定了云平台服务商、云应用服务商，构建了“企业上云”服务资源池，成立了河南省“企业上云”推进联盟，为“企业上云”提供了有力支撑。截至 2019 年 8 月，全省累计新增上云企业 2.35 万家。

（四）发展环境不断优化

为推动制造业转型升级，河南省相继出台了一批涉及两化融合、智能制造、工业互联网平台建设以及数字经济发展等内容的战略规划和政策措施，不断优化制造业数字化转型的发展环境。2018 年，河南省政府出台了《河南省智能制造和工业互联网发展三年行动计划（2018～2020 年）》，为全省制造业数字化转型描绘出整体路线图。为贯彻落实行动计划，河南又相继配套出台《河南省支持智能制造和工业互联网发展若干政策》《河南省智能车间智能工厂认定工作方案》《河南省工业互联网平台培育工作方案》等文件，进一步细化了相关的政策措施。如《河南省支持智能制造和工业互联网发展若干政策》提出了 6 个方面 18 条有针对性的政策措施，对相关试点示范项目、智能化改造项目、智能车间、智能工厂、工业互联网平台等明确了相应的奖补政策。近两年，河南省累计发放智能制造奖补资金已达11.1亿元。同时，河南各省辖市也因地制宜出台了相应的保障政策，如《洛阳市支持工业互联网发展若干政策》《三门峡市支持智能制造和工业互联网发展若干政策》《平顶山市支持智能制造和工业互联网发展若干政策》等，纷纷加大了奖励资金规模。2019年7月，《2019年河南省数字经济工作要点》发布，将制造业数字化转型作为重点任务之一，强化了对智能制造、工业互联网平台建设、企业上云等方面的政策扶持。

二　河南省制造业数字化转型面临的形势

河南省制造业数字化转型取得了一定进展。要看到，数字经济的蓬勃发展以及制造业高质量发展的持续推进，是加快制造业数字化转型的有利因素，但数字化转型意识不强、转型进度差异大、数字资源获取整合困难、专业人才匮乏等问题则制约着河南制造业的数字化转型。

（一）河南省制造业数字化转型的有利因素

1. 数字经济时代的到来为制造业数字化转型提供了有利契机

数字经济时代最显著的特征就是数据资源成为驱动经济发展的新动能。大数据、云计算、物联网等信息通信技术与实体经济的融合愈加密切，数字经济衍生出的数据化、平台化、网络化则成为经济发展的新范式，数据资源不仅成为新的生产要素，而且通过解构、应用实现了资源的重新高效配置，在某种程度上完全颠覆了制造业的生产模式、产品研发、销售模式、组织模式等。可以说，数字经济的发展一方面为制造业转型升级提供了新手段和新工具，另一方面，在政策、技术、资本的多重助力下，加快制造业数字化转型正面临前所未有的机遇。从国家到省级层面都将数字经济作为重要发展战略来抓，相继出台了一系列战略规划，在政策扶持下，互联网及信息系统等基础设施建设突飞猛进，工业互联网平台建设纷纷落地，一批工业互联网平台实现了规模化商用，加之大数据、物联网、人工智能等新兴技术的不断突破及成熟，为加快制造业数字化转型提供了有力的保障和支撑。

2. 推动制造业高质量发展为制造业数字化转型营造了有利氛围

党的十九大报告指出，“我国经济已由高速增长阶段转向高质量发展阶段，正处在转变发展方式、优化经济结构、转换增长动力的攻关期”。而推动制造业高质量发展是实现经济高质量发展的重中之重。当前，在国内外经济放缓、人力成本上涨和环境压力渐增等因素影响下，制造业的生存压力不断加大，转型升级的需求比以往任何一个时期都更为迫切，高质量发展的任务格外艰巨。如何推进制造业高质量发展也成为各级政府亟待解决的重大现实问题之一。而基于数字经济在提升全要素生产率、促进传统产业提质增效等方面具有显著作用，加快制造业数字化转型成为推进制造业高质量发展的必然选择。因此，各地均在积极推进互联网、大数据、人工智能与实体经济深度融合渗透，希望借助于数字经济的力量，加快制造业向网络化、数字化、智能化、绿色化转型，进而实现制造业高质量发展。自上而下的多重实践、探索为加快制造业数字化转型营造了有利氛围。

（二）河南省制造业数字化转型的制约因素

1. 企业数字化转型意识不强

当前，受制于制造业发展的传统路径依赖，河南省尚有部分企业意识不到数字化转型的紧迫性，主动转型意识不强。实践中，一些企业尤其是广大中小企业对数字经济的认识不深刻，对数字化转型的理解有偏差，不能充分认识数字化转型之于制造业发展的重要性，或者把数字化转型当成大企业的事，自己得过且过；或者抱有“等一等、看一看”的观望心态，没有实质行动；或者只顾眼前利益，对数字化不愿付出成本与代价；或者把数字化转型仅仅理解为几个软件、设备或生产线的更新、升级，目标导向有误。事实上，中小企业由于自身信息化水平偏低，加之缺乏经营数据，在数字经济时代很难生存，中小企业的数字化转型格外值得关注。

2. 数字化转型进度差异较大

河南省不同区域、不同行业以及不同企业之间的数字化转型进度存在明显差异。从区域来看，郑州、洛阳、新乡、许昌等地一直处于全省两化融合管理体系贯标工作排名前几位，尤其是郑州市一枝独秀，在河南省两化融合管理体系中多项排名位居第一；这些省辖市工业基础雄厚，整体实力较强，在宇通客车、郑煤机集团、中信重工、华兰生物、森源电气等龙头企业带动下，制造业的数字化转型进展相对较快。从行业来看，装备制造业、食品工业等作为河南传统优势产业，产业基础扎实，同样在行业龙头企业带动下，整体的数字化转型优于其他行业。从企业来看，根据中国两化融合服务平台河南省评估服务分平台2018年以来的统计，省内有些企业仍处于提高信息化水平的起步阶段，更多企业集中在信息技术在单项业务环节的应用覆盖阶段，极少数企业步入数字化、网络化、智能化发展阶段。

3. 数据资源获取与整合困难

数字经济时代，数据资源只有被持续采集、海量汇聚、深度分析、智能应用、精确控制，数据资源的价值才能充分体现，作用才能充分发挥。制造业的数字化转型离不开数据资源的支撑，既需要对本企业生产经营及相关业务流程数据进行收集、汇总、分析，同时也需要掌握产业链上下游企业的信息、相关行业的信息、市场监管信息乃至公民基础信息等。目前，除了相关行业及企业信息外，大量的数据资源分散在政府、企事业单位以及公民个人手中，尤其是那些掌握在政府及事业单位等公共部门的数字资源，有些尚处于内部整合阶段，企业根本无从获取，进而也无法被整合、应用。此外，对数据资源的采集受制于企业的数据获取方式，有些企业重视数据资源的采集、分析，能够及时将新兴信息技术植入数据获取方式中，而有些企业仍沿用传统的数据获取方式，采集数据质量不高、效率低下，进而影响数据资源后继的分析和应用。

4. 数字化人才队伍建设滞后

高素质的专业人才是实现制造业数字化转型的重要保障。随着我国数字经济的飞速发展，制造业的数字化转型升级对人才的职业素质与实践技能提出了更高要求。从河南来看，在当前数字化转型的进程中，对拥有专业数字技能人才的需求急剧增长，使得数字化人才匮乏、人才队伍建设滞后成为制造业数字化转型的突出短板。在人才培养方面，从教育部发布的2018年度普通高等学校本科专业备案和审批结果看，截至2019年3月，省内仅有河南理工大学、中原工学院、河南农业大学、黄淮学院、安阳工学院等13所高校获批开设数据科学与大数据技术专业，这意味着从事发现、获取、加工、筛选、集成、分析数据及数据运维的数据工人将在一段时期内缺口巨大；在人才引进方面，河南与北京、上海、深圳等地差距较大，明显“引才难”；在政府层面，对相关院校及企业数字化人才培养尚未在政策导向和资金方面给予有力支持。随着数字技术的深入应用，专业人才的紧缺问题将更加凸显。

三　河南省制造业数字化转型的重点及方向

制造业门类众多，尽管不同行业发展水平参差不齐，不同企业之间技术水平、管理水平差异较大，但加快制造业数字化转型必须抓住关键环节，明确方向，有的放矢，以重点领域的突破带动企业乃至行业的全面转型与升级，才能避免企业在数字经济时代“走弯路”。

（一）发展战略：全面改革优化，向数字化转型

数字经济时代，各种新兴技术层出不穷，但对于制造业的数字化转型而言，不是从技术层面上对某一流程或某一机构进行简单的互联网化、智能化或者信息系统的升级，而是需要将新兴信息技术与现代管理技术、制造技术充分结合，进而应用到企业经营管理各环节以及产品生命全周期，改变制造业原有的生产方式、组织方式、商业模式、价值链分布和竞争格局，最终实现制造业的转型、创新和增长，重塑未来产业格局。制造企业必须认识到，这是一场对制造业具有根本性转折意义的全面、彻底的数字化变革，要以数字化为引领，积极运用新一代信息技术手段和思想对企业的业务结构、工作流程进行全面优化和根本性改革，通过大数据、云计算、人工智能、物联网、机器人、区块链等技术在研发、制造、销售、服务等领域的深度应用，

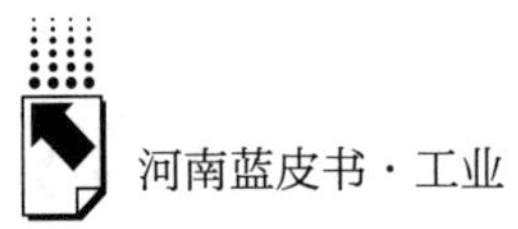

以新的方式（信息化、数字化手段）实现业务活动、业务流程的更新、再造，不仅达到提高企业产品质量以及生产管理效率的目标，更重要的是增强研发创新能力，提高人员素质，改善业务流程，从而实现企业综合竞争力的提升。

（二）研发模式：注重用户参与，向开放创新转型

数字经济时代，消费者也即用户的市场主导地位愈加凸显，其对产品及服务个性化、多样化、差异化的要求日益增多，对制造业的产品研发模式产生了巨大影响，提出了更高要求。制造业在产品开发创新中必须充分利用发达的互联网通信技术及新兴的数字技术，研发重点从“产品”转向“用户”，从对内服务向互联网服务转变，从封闭创新全面转向开放创新。制造企业要打破传统封闭式的创新模式，全面倾听用户需求，对用户的个性化要求迅速给予响应和支撑，真正把用户的声音和需求融入产品设计、开发过程中。实践中，一方面，已经涌现出的协同研发、个性化定制、众包设计、众筹融资等诸多新模式，均以用户的深入参与为基础，将产品的研发设计过程全程对外开放，集聚内外创新资源，最终实现产品优化、迭代；另一方面，制造业要加强虚拟现实（VR）、3D 打印等数字技术在研发环节中的应用，要借助这些技术，实现产品原型在最短时间内的快速交付，然后通过测试并收集用户的反馈，快速迭代，不断修正产品，最终适应市场的需求，以此提升技术创新效率与水平。

（三）制造模式：强化信息技术应用，向数字化、网络化、智能化转型

数字经济时代，随着新一代信息技术与实体经济的深度融合，数字经济对制造业的提升作用显著增强，但实践中，制造环节的信息化、数字化水平明显低于产品的研发设计环节，制造业亟待进一步强化信息技术应用，促进生产制造由资源驱动转向数据驱动，实现传统封闭性的制造系统向数字化、网络化、智能化的新型制造模式转变。传统制造企业首先必须

促进物理世界与网络世界的联通，通过工业互联网、传感器、CPU 芯片、数字平台、制造执行系统（MES）、设备与设备（M2M）及设备与云平台（M2C）数据传输和云服务等数字化技术，将传统工业体系中分散、封闭和独立存在的自动化设备连接起来，形成无缝对接的网络物理系统，实现物理设备彼此间以及与外部网络世界的信息感知、网络通信、精确控制和远程协作，驱动制造系统向数字化、网络化和智能化转变。有条件的企业要利用人工智能、大数据和云计算技术进行制造环节各类数据的全面采集和深度分析，辅助生产工艺优化与控制，推进制造环节的节能降耗、质量提升、运行维护等。

（四）产品形态：以集成、嵌入为重点，向智能互联转型

数字经济时代，技术的交叉与融合越来越明显，对制造业的影响不仅在于产品更新迭代的速度会加快，而且越来越多的产品形态也将被颠覆。尤其在当下，任何一个传统的工业产品把物联网、云端、移动终端等跟 App 结合起来就可能产生新效应，典型的例子就是摩拜单车，其仅用普通的三项技术——云端、GPS 定位和 3G/4G 通信就将传统自行车产业变成了出行服务，实现了产品的跨界。汽车行业亦是如此，互联、自动化、电动化、智能化等技术的交叉融合对传统的汽车产品产生了巨大影响，通过加载软件，并与各种信息、数据互联互通，汽车被赋予的功能越来越多，越来越智能化；汽车行业也从单纯的装备制造转向“平台 + 产品 + 服务”的发展模式。因此，嵌入、集成信息和智能已经成为数字经济时代产品开发的必然，制造业必须把握这一趋势，通过在产品中嵌入传感器、数控装置及软件等，开展关键技术研发和产业化，实现传统产品向智能互联产品的转变。

（五）组织模式：加快变革与重构，向网络化、扁平化、柔性化转型

数字经济时代，新一代信息技术的快速普及打破了不同国家之间的市场边界，有效降低了企业内外的交易成本，全球化市场加速形成，为传统企业摆脱孤立、僵化、封闭的组织模式提供了有利机遇。实践中，诸如海尔

“人单合一双赢”模式、小米极致扁平化组织模式、韩都衣舍“大平台+小前端”的组织模式、华为“铁三角”模式等新型企业组织模式不断涌现，成为数字经济时代企业组织变革的典范。借鉴这些成功经验，制造业要以信息快速传递获取、资源有效配置、生产协同创新为目标，利用大数据、互联网、人工智能等新兴技术加快管理机制的变革以及组织形态的重构。要通过打造互联网平台，集聚产业链上下游，构建起以协作关系为基础的协同制造、协同创新网络，推动企业的结构形态向边界无限延展的网络化转变；要通过减少管理层级、增大管理幅度，以满足客户需求为核心设计运营流程，以完成流程节点要求为导向设定岗位，推动企业的管理机制向层级缩减的扁平化转变；要通过新一轮信息技术的应用，适应数字经济时代多品种、小批量、个性化定制的生产方式，推动企业的运行方式向灵活高效的柔性化转变。

（六）商业模式：不断创新，向以用户为中心、以服务为导向转型

数字经济时代，制造业的商业模式将更多依靠数据和数字技术驱动，商业模式也将从现在的B2B、B2C逐步变为C2B或C2M，企业要加快商业模式创新步伐，推动其从以产品为中心转向以用户为中心、以服务为导向。以用户为中心，一是要求企业通过分析用户的需求、消费决策、消费方式、用户体验要求等，重新定位用户，在此基础上，通过微信、微博、App、电商等多渠道多终端接入、多屏融合方式重新建立起企业与用户的“连接”。二是围绕用户需求，提供客户化、定制化的产品和服务，国内一些传统制造企业在这方面的探索已较为成熟，如红领的西服定制、洋河的O2O及宴会服务、蓝月亮的洗衣服务等。三是建立订单为导向的流程体系，将供应、研发、生产、销售、售后整个价值环节都围绕用户展开，全程基于用户体验、全程用户可参与。以服务为导向，要求企业从销售产品转变为提供服务，通过为不同的客户建立不同的服务渠道，如微信、微博、交互设计、在线订单、在线客服等，大力拓展基于互联网的质量诊断、远程运维、故障预警等在线服务，深化“制造+服务”模式。

四　河南省制造业数字化转型的对策建议

数字经济时代，制造业的数字化转型并非普通的、简单的技术改造，也不是某一方面的修修补补，而是涵盖企业战略、管理、组织、运营等各个方面的全方位转型升级，仅仅依靠企业的力量难以实现，因此，还要充分发挥政府及行业的作用，形成政府、行业及企业协同持续推进的大格局。

（一）企业：发挥主导作用

要发挥好企业在转型升级中的主导作用，围绕思维创新、智力支撑、硬件更新、创新应用等方面加快转型升级的步伐。数字经济时代，对于不同的企业来说，具体路径的选择是不同的，但一定要遵循循序渐进的原则。企业首先必须明确为什么要转型，进而将转型落在实处。企业要重新认识数字经济之于制造业发展的重要意义，不能为了赶潮流而转型，而要以转型升级提升企业核心竞争力、实现可持续发展为目标，重新设计转型升级策略。在具体实施过程中，企业要做的不仅是完善数字化基础设施建设、更新设备、升级系统等，而且更重要的是通过软硬件的升级，打通数据在各个环节的流通，以数据运营平台支撑起各个部门的高效协作，实现以数据驱动业务流程的运转，打造数据集成和数据驱动的自组织、自适应、协作性制造企业。在这一过程中，企业不仅要加大技术改造和设备更新力度，还要大力培育引进数字经济及先进制造业等领域的跨界人才，尤其是那些既掌握先进制造技术同时又具备工业数据分析能力的人才。

（二）行业：注重整体提升

要从行业整体出发，围绕资源共享、协同创新、协同制造、融合发展、构建新型产业生态系统等方面推进制造业加快转型升级。依托工业云、大数据等技术的集成应用，政府及行业协会、龙头企业、骨干企业等要积极组织搭建资源与服务共享平台、产业合作平台等，促进不同企业间创新链、供应链和服务链的互联互通，全面提升制造行业的产业资源共享服务水平、协同创新及协同制造能力。尤其是行业龙头骨干企业，要发挥领军作用，积极与互联网企业、工业信息工程服务商、软件企业等进行合作，打造具有专有技术、专业知识、开发工具的行业级工业互联网平台，通过“专有云+大数据”服务，将行业中的各种知识通过软件化数据模型帮助企业解决问题，为中小微企业提供专业、精准、适用的服务，实现中小企业间的融合协同发展。要通过各种平台搭建，为数字经济时代的制造业构建起数字化的产业生态系统。

（三）政府：大力推进扶持

政府要发挥引导和推动作用，主要从政策支持、示范推广、平台搭建、基础设施建设、网络安全等方面推动制造业加快数字化转型。政府要抓好制造业在数字经济时代转型升级的顶层设计，要结合数字经济时代的发展趋势，为制造业的数字化转型进行战略性、前瞻性、方向性的规划与布局。各级政府要充分重视并持续推进转型升级示范项目，培育、扶持、打造一批示范企业、行业标杆企业，着力推广应用其先进技术及经验。政府要强化信息技术在服务企业中的应用，搭建科技创新与成果转化、金融服务、人才引进等多种公共服务平台，通过“互联网+”，为大中小企业提供便捷、高效的服务。要持续推进互联网电信基础设施共建共享，统筹网络数据中心等云计算基础设施布局，同时，充分认识网络安全的重要性，树立主动防御理念，与网络安全企业、第三方机构等共同构筑产业互联网安全生态。

参考文献

王磊彬：《河南智造硬核升级》，《大河报》2019年10月10日。

唐朝金：《智能车间“慧”字当先》，《大河报》2019年10月10日。

吴春波:《工业互联网拓展“智能+”》,《大河报》2019 年 10 月 10 日。
贾永标:《云端上的河南制造》,《大河报》2019 年 10 月 10 日。
石耀东:《我国制造业数字化转型升级的趋势与路径》,《智慧中国》2018 年第5 期。
李丽:《数字经济重塑制造业核心能力》,《中国社会科学报》2017 年 7 月 26 日。
苗圩:《大力推动制造业高质量发展》,《现代企业》2019 年第 4 期。

B.5 河南工业绿色转型发展的路径与对策研究*

王中亚**

摘　要： 绿色转型是工业经济高质量发展的重要动力。近年来，河南工业绿色转型发展成效显著，能源资源利用效率持续提升，污染物排放水平不断降低，节能环保产业蓬勃发展，绿色转型发展典型案例不断涌现。与国内其他省份相比，受自然资源禀赋因素的影响，河南工业结构偏重、发展方式偏粗放的问题依然十分突出。加快工业绿色转型发展是一项复杂的系统工程。要以绿色制度创新实现环境规制目标，以绿色技术创新提升资源利用效率，以绿色管理创新提高企业核心竞争力；在宣传引导、产业培育、资金支持和开放合作方面下功夫。

关键词： 工业绿色转型　制度创新　技术创新　管理创新

中国经济由高速增长转向高质量发展阶段。工业是立国之本，工业经济是国民经济的重要组成部分。绿色转型是工业经济高质量发展的重要动力，以工业绿色转型发展为出发点，带动产业体系转型升级，推动制造业质量变革、效率变革和动力变革。河南是工业大省，加快工业绿色转型发展，推动工业大省向工业强省转变，是推动工业经济高质量发展的重要举措，是转变

---

* 本文系河南省社科院基本科研费项目（编号：19E14）阶段性成果。

** 王中亚，河南省社会科学院工业经济研究所副研究员。

河南工业发展方式的必由之路，是优化河南产业结构布局的基本途径，也是培育河南经济增长新引擎的迫切需要。

一　河南工业绿色转型发展成效

2018 年，河南规模以上工业企业资产总计 50431.7 亿元，居中西部地区第一位、全国第五位，利润总额 3053.4 亿元，居中西部地区第一位、全国第七位，工业经济大省的地位不断得到巩固。近年来，河南坚决打好污染防治攻坚战，持续推进制造业绿色化改造，生态环境保护和工业污染治理力度不断增大，河南工业绿色转型发展迈出坚实步伐。

（一）工业能源资源利用效率持续提升

从 2014 年到 2018 年，河南万元工业增加值能耗持续下降，分别比上年下降 11.29%、11.54%、10.98%、9.10%、7.97%。2017 年，河南全省规模以上工业企业综合能源消费量为 13857.47 万吨标准煤，与 2013 年的 15447.22 万吨标准煤相比，减少了 1589.75 万吨标准煤。2017 年，河南全省工业增加值 18452.06 亿元，与 2013 年的 14937.72 亿元相比，增加了 3514.34 亿元。工业企业综合能源消费在不断降低的同时，工业增加值持续提升，说明工业能源资源利用效率越来越高（参见表 1）。

表 1　2011～2017 年河南工业增加值和规模以上工业企业能源消费量

单位：亿元，万吨标准煤

年份	2011	2012	2013	2014	2015	2016	2017
工业增加值	13949.32	15017.56	14937.72	15809.09	16062.97	17042.72	18452.06
能源消费量	15782.47	15017.78	15447.22	15375.62	14949.36	14396.83	13857.75

资料来源：相关年度《河南统计年鉴》。

（二）工业污染物排放水平不断降低

2013 年，河南全省废水排放总量 412581.82 万吨，废水 COD 排放量

135.42 万吨，废水中氨氮排放量 14.42 万吨，二氧化硫排放量 125.40 吨，氮氧化合物排放量 156.56 万吨。2017 年，河南全省废水排放总量 409107.39 万吨，废水 COD 排放量 43.07 万吨，废水中氨氮排放量 6.21 万吨，二氧化硫排放量 28.63 万吨，氮氧化合物排放量 66.29 万吨。在保持工业增加值稳步提升的前提下，全省废水排放、废气排放总量都有不同程度的降低。

（三）节能环保产业蓬勃发展

2016 年，河南打响了污染防治攻坚战，传统产业提标改造、制造业绿色化改造等重大工程加速推进，环保基础设施建设市场呈现爆发式增长，生态保护和环境治理方面的投资年均增长 50% 以上。据有关部门统计，2017 年河南全省环保产业规模达到 1300 亿元。另据《河南省环保装备和服务业发展行动方案》，到 2020 年，引进和培育并重，打造大约 20 家产值超过 10 亿元的骨干企业，全省环保装备和服务产业主营业务收入将突破 2000 亿元大关。

（四）绿色转型发展典型案例不断涌现

省辖市层面，郑州于 2019 年 6 月 17 日出台《推进工业结构调整打赢污染防治攻坚战工作方案》，拟通过 3 年多时间的努力，城市建成区内重污染企业分类完成就地改造、退城入园、转型转产或者关闭退出。洛阳积极构建“五强、六新、五特”的“565”现代产业体系，充分发挥企业主体作用，始终不渝贯彻落实绿色发展理念，成功创建了一批国家级绿色工厂。焦作围绕建设中原经济区高端制造业先进基地，实施大企业集团培育工程，深入推进“三大改造”，做强优势产业，做大战略性新兴产业，做精传统产业，推动产业素质整体提升。

企业层面，截止到 2019 年 7 月，我国已经公布了四批国家级绿色工厂，河南先后共有 86 家企业入选。河南平棉纺织集团，利用厂房屋顶建设太阳能光伏板，年发电量约 520 万千瓦时；建成景观式消防水池收集雨水，实现了节约用水、循环利用的目的。河南心连心化肥有限公司，通过投入 8000 多万元资金，对原有的 12 台锅炉进行改造升级，大幅度降低了污染物排放，为企业实现可持续发展奠定了基础。河南顺成集团作为一家从煤焦公司演化而来的民营企业，加快资源转化，延长产业链条，以绿色生产、安全生产为抓手，加快实现企业向创新型、高端集约型和绿色环保型华丽转身。

二　河南工业绿色转型发展存在的问题

毋庸置疑，河南工业经济发展所依赖的资源能源消耗和污染物排放呈现逐年下降的良好势头。但是，与发达省份相比，受自然资源禀赋因素的影响，河南工业结构偏重、发展方式偏粗放的问题依然十分突出。工业绿色转型发展，依然任重而道远。

（一）河南工业绿色转型发展水平较低

权威机构对全国各省份进行的绿色发展评价排名，在一定程度上可以客观反映各地区工业绿色转型发展水平。比如，中国人民大学国家发展与战略研究院专家团队撰写的《绿色之路：中国经济绿色发展报告》显示，河南绿色发展得分仅为39.21，在全国除港澳台之外的31个省（区、市）中位列第19，与浙江的72.92分、广东的71.66分和江苏的63.77分相比，河南绿色转型发展的任务依然十分艰巨。在中部六省中，河南绿色发展得分仅高于山西（见表2）。

表2　省（区、市）绿色发展得分及排名（节选）

地区	绿色发展得分	排名	地区	绿色发展得分	排名
浙江	72.92	1	四川	50.53	11
广东	71.66	2	湖北	49.95	12
江苏	63.77	3	安徽	47.21	13
北京	61.23	4	陕西	46.53	14
上海	61.20	5	湖南	46.36	15
福建	53.86	6	江西	45.04	16
重庆	53.28	7	黑龙江	41.94	17
天津	52.90	8	河北	41.46	18
山东	51.81	9	河南	39.21	19
辽宁	50.96	10	山西	34.73	24

资料来源：中国人民大学国家发展与战略研究院（2018）。

另外，根据中国社科院工业经济研究所出版的《中国产业竞争力报告（2018）》，在22国绿色化排名中，中国位居第14；全国部分地区绿色化排名中，河南位居第11，与北京、江苏、广东等省份差距较大。

（二）河南工业绿色转型路径相对模糊

一部分河南企业对开展绿色化转型的重要性和迫切性认识不足，对绿色转型的成效和风险评估存在模糊认识，不了解绿色转型所依赖的关键技术支撑，对如何开展绿色转型也感到束手无策，不知从何处下手。有关专家开展的调查研究结果显示，河南一些造纸企业在开展节能节水技术改造时，由于工艺技术的不稳定性，一些先进技术在先期投入及后续设备保养方面投入巨大，很难平衡投入与收益，没有实现预期的经济效益。与企业合作的高校以及科研院所在绿色关键技术突破方面进展缓慢，导致企业在绿色化转型中对于路径选择感到十分困惑。一些企业对节能减排技术改造的认知水平不高，长期停留在直接购买技术装备的层面上，投入过高、维护成本巨大、经济效益不佳，与节能减排服务商之间开展的合作模式尚未得到推广应用。

（三）河南工业绿色转型投入相对不足

人才投入方面，河南工业绿色转型人才队伍建设存在一些突出问题。比如，制造业人才结构性过剩与短缺并存，领军人才和具有工匠精神的优秀工人紧缺，基础制造、绿色制造领域人才供给不足，支撑工业绿色转型升级的能力较弱。工业生产一线职工，尤其是专业技能人才的社会地位和经济待遇普遍偏低，未来发展空间有限，人才培训培养投入相对不足，制造业人才发展的社会环境有待进一步改善。

资金投入方面，工业企业普遍面临融资难融资贵难题，贷款账户第三方监管、不能直接续贷等一系列难题，给企业绿色改造带来较大风险。工业企业绿色化转型发展存在资金投入大、回收周期长、运作不确定性因素多等问题，大部分工业企业融资资金到位后，经常会用于能够快速增加企业利润的项目。当前，经济下行压力也在很大程度上加大了企业推行绿色制造的难度，将资金直接投入绿色转型发展的动力不强。

（四）河南工业绿色转型产业技术支撑不力

一方面，节能环保产业发展水平相对较低，不能满足河南工业绿色转型的需要。与绿色制造相关的产业发展大多处于起步阶段，节能环保产业“星星多、月亮少”，相当大一部分企业规模偏小，产业集中度偏低，大规模的骨干企业尚未充分发挥示范引领作用。此外，市场秩序有待进一步规范，阻碍产业发展的行业垄断、地方保护主义以及恶性竞争等难题亟待破解。另一方面，绿色制造共性和关键技术创新能力较弱。河南工业绿色转型的核心技术大多掌握在发达国家或者国内发达省份手中，本土企业创新能力不强，一些自主生产的节能环保设备性能不稳定，运营效率需要进一步提升。地方政府财力有限，对基础共性技术投入相对不足。大数据时代，基础数据积累有限，行业和产品标准不一致。

三　河南工业绿色转型路径分析

创新是第一动力。统筹推进绿色制度创新、绿色技术创新和绿色管理创新，三路并进，确保河南工业绿色转型发展取得新成效。

（一）以绿色制度创新实现环境规制目标

绿色制度创新，主要通过规划编制、环境影响评估、监督管理、环境影响考核等方式实施环境规制，提高工业企业生态文明建设意识，引导企业进行产品创新、技术创新和工艺创新，提高资源能源利用效能，在生态环境保护的前提下达到可持续发展目标，实现工业经济发展中的“金山银山”与“绿水青山”的辩证统一。一是健全工业经济绿色转型的法规和标准体系，加大环保法规执法力度。二是制定和实施环境友好型产品和技术的财税优惠激励政策。三是倡导绿色消费方式。开发以生态节能为导向的绿色建筑，生产以营养健康为导向的绿色低碳食品，打造以低碳环保为导向的绿色交通，宣扬以经济适度为导向的绿色生活。四是构建工业经济绿色转型服务平台，提升信息服务水平。

（二）以绿色技术创新提升资源利用效率

在工业绿色转型系统工程中，充分发挥企业的主体作用，紧盯绿色产品开发、绿色工厂创建、绿色工业园区发展等关键环节。在开发绿色产品方面，按照能源消耗最低化、生态环境负面影响最小化原则，着力开发具有无害化、节约能源、低碳环保、性能稳定和易回收等特征的绿色产品。开展绿色设计示范试点工作，以点带面，发挥示范试点的引领作用。在创建绿色工厂方面，引导企业遵循绿色工厂建设标准建造、改造和管理厂房，集约节约利用厂区。鼓励企业采用先进的清洁生产技术和生产工艺，安装高效节能的末端治理装备，营造良好的制造业卫生环境。不断提升工厂清洁以及可再生能源的使用比例，在厂区建设光伏电站、储能系统、智能微电网和能源管控中心。在发展绿色工业园区方面，要不断优化工业用地布局和结构，提升可再生能源使用比例，实现园区能源梯级利用。运用新一代信息技术，推进资源环境统计监测基础能力建设，建立健全园区绿色发展公共服务平台。

（三）以绿色管理创新提高企业核心竞争力

积极推进供应链创新与应用，大力倡导绿色转型，推广产品全生命周期绿色管理，在汽车、电子信息、通信、大型成套装备等行业开展绿色供应链管理示范。强化绿色供应链的绿色监管功能，探索建立统一的绿色产品标准、认证和标识体系，鼓励各级政府和企事业单位采购绿色产品和绿色服务，积极扶植绿色产业，推动形成绿色制造供应链体系。构建以资源能源节约、生态环境友好为导向，涵盖采购、生产、营销、回收、物流等各个环节的绿色供应链。在重点行业率先建立绿色原材料、绿色产品可追溯信息数据系统。

四 加快河南工业绿色转型发展的对策建议

加快河南工业绿色转型发展是一项复杂的系统工程，要在宣传引导、产业培育、资金支持和开放合作方面下功夫。

（一）着力强化绿色转型宣传引导

要不断强化舆论宣传引导功能，开展形式多样的工业绿色转型发展宣传教育活动，大力传播绿色发展理念，让绿色发展、环境友好、工业文明与生态文明和谐共生的理念深入人心。充分发挥各类媒体、社会公益组织、专业学会、行业协会、产业发展联盟的积极作用，调动社会公众参与和媒体舆论监督的积极性，引导广大消费者树立绿色消费理念，为工业绿色转型发展营造良好的环境氛围。

（二）着力培育壮大节能环保产业

鼓励和支持官产学研用合作，组建节能环保产业技术创新战略联盟，加快技术集成创新研究与应用，集中突破一批关键共性技术，加快形成成套装备、核心零部件及配套材料生产能力，推动污染防治技术装备水平迈上新台阶。加快先进适用技术工艺推广应用。鼓励示范园区和重点企业推进节能技术系统集成，推动工业企业能源管控中心建设。加快环保产业与新一代信息技术、先进制造技术深度融合。加强先进适用环保装备在有色、化工、建材、食品制造等重点领域的应用。培育发展节能环保服务新业态、新模式。支持合同能源管理、合同节水管理、合同环境服务、特许经营等新业态快速发展，推广节能环保服务整体解决方案；利用信息网络技术加强信息自动监控和智能分析能力，建立各行业污染物大数据库，搭建绿色融资服务平台，推动开展环境治理信息服务。

（三）着力拓宽绿色转型发展融资渠道

充分发挥财政税收政策的调节功能，通过税收减免等行之有效的方式，支持高附加值、低能耗、低污染产品的生产、技术工艺和装备研发设计和产业化，推动河南煤炭、钢铁、有色、建材等高载能产业之间的循环式布局组合，实现资源、能源梯级利用和循环使用。谋划设立推进工业经济绿色转型发展专项资金。探索利用政府和社会资本合作（PPP）模式，支持高载能企业转型转产，优化产业布局。拓宽工业绿色转型的其他资金来源。对高载能企业环保搬迁、兼并重组、淘汰落后产能等置换的土地，探索利用土地开发收益优先用于支持企业绿色转型发展。

（四）着力促进工业绿色转型开放合作

加强国际合作方面，全面融入国家“一带一路”建设，提升工业绿色转型发展领域的国际交流层次和开放合作水平。在国际合作中，要立足于资源在世界范围内优化配置，采用境外投资、工程承包、技术合作等途径，推动绿色制造和绿色服务率先“走出去”。加强节能减排、气候变化、清洁能源开发等方面的交流对话，积极参与相关国际规则制定，推动建立全球绿色发展新秩序。加强区域合作方面，在工业绿色转型中，要积极开展与京津冀、长三角、粤港澳大湾区等合作与交流，积极承接相关产业转移，提升河南工业绿色化水平。

参考文献

董秋云：《供给侧结构性改革背景下的制造业绿色转型路径探讨》，《生态经济》2017 年第 8 期。

付保宗：《我国推进绿色制造面临的形势与对策》，《宏观经济管理》2015 年第 11 期。

高燕、王佳凝：《工业绿色发展存在的问题及工作举措思考》，载《河南省制造业高质量发展课题研究成果汇编》，2018。

河南省人民政府办公厅：《河南省“十三五”战略性新兴产业发展规划》，2017 年 1 月 6 日。

李博洋、顾成奎：《中国区域绿色制造评价体系研究》，《工业经济论坛》2015 年第

2 期。

盛朝迅：《加快推动制造业高端化品牌化绿色化转型》，《经济日报》2018 年 7 月 19 日。

孙薇、侯煜菲、周彩红：《制造业绿色竞争力评价与预测——以江苏省为例》，《中国科技论坛》2019 年第 4 期。

许宪春、任雪、常子豪：《大数据与绿色发展》，《中国工业经济》2019 年第 4 期。

中华人民共和国工业和信息化部：《工业绿色发展规划（2016 ~ 2020）》，2016。

中国人民大学国家发展与战略研究院：《绿色之路：中国经济绿色发展报告》，2018。

B.6
未来制造的工业政策逻辑与国际观察

张玉峰*

摘　要： 本文提出了工业政策的内在逻辑并建立了工业政策制定的系统框架。在此基础上，分析了英国和中国的未来制造战略导向，讨论了其异同及可相互借鉴之处。本文特别指出了动态工业政策演变的不连贯性、不稳定性和不平均性。这些论述为河南省未来制造业政策的制定奠定了理论基础，也对中国和世界上其他国家未来制造业的发展有政策指导价值。

关键词： 未来制造　中国制造　先进制造

一个工业体系的形成，在其自身条件之外，与其历史发展路径相关，与其战略定位相关，也与大国之间相互博弈的过程相关。要分析这些静态的和动态的关联，我们就得了解工业政策的内在逻辑，并需要建立一个系统的框架去鉴定核心的政策要素及其演变进程。

工业政策服从内在的逻辑，这一逻辑适用于各个领域，包括未来制造。该逻辑的要点是分析未来制造与其经济环境的相互关系。具体说来，一个国家（或地区）的经济结构会影响该国家（或地区）治理机构的组织、范围和优先权设置。如果某地的制造工业很强，当地政府就要在工作中关注相关行业的利益，并在部门设置和人员配置中予以体现。反过来说，政府也可以

---

* 张玉锋，英国剑桥大学博士，伯明翰大学运营管理学科终身教授，博士生导师，英国高等教育学院院士，河南省特聘研究员。

通过政策导向和基础建设调整或重新规划当地的经济结构。简而言之，未来制造直接影响经济的稳定、繁荣和发展，经济环境也会影响未来制造的发展路径。二者相互作用，决定了一个国家（或地区）的工业经济形态。本文首先比较分析国际制造业政策的动态演变过程，然后基于河南省情提出系统化的建议。

一　中国和英国未来制造战略规划

制造业已成为大国博弈的重心。中国制造正向智造和创造转型，向高端和高价值升级。未来制造业的发展和培育是制造业体系中的前瞻环节，也是国家经济发展中的重中之重。为实现从制造大国到制造强国的跨越，我们就不得不思考：世界未来制造业的发展趋势是什么？中国未来制造业的发展方向是什么？中国未来制造业将面临哪些机遇以及挑战？如何利用具有前瞻性的理念指导河南制定未来制造工业政策？

（一）英国未来制造：预见2050

英国围绕未来制造业开展了一系列的预见研究。这些工作于 2013 年发表的一份总结报告中有完备的体现（The Future of Manufacturing：A New Era of Opportunity and Challenge for the UK，简称 Foresight 2050）[①]。预见 2050（Foresight 2050）是由英国政府科技办公室（the UK Government Office for Science）完成，并由国家首席科技顾问（the Chief Scientific Adviser to HM Government）指导。参与者共同收集证据，分析数据，花费两年时间进行研究，并完成报告撰写来指导未来制造业发展。其研究团队在业界组建了一个高级别工作组，成员来自不同领域（包括企业、大学及其他研究组织、政府部门和具有政策影响力的组织）。工作组在刚开始的 3 个月内统一观点并

① 这份报告是公开的政府文件，网址：https：//www. gov. uk/government/collections/future - of - manufacturing。

提出36个研究问题。然后把这些研究问题打包成分支研究项目，并派送到相关领域的专家，让他们在半年内进行研究并完成报告。该小组也跟其他国家的研究团队合作，例如德国工业4.0、美国国家先进制造战略/领导全球制造战略、日本工业结构规划等。这些国际合作对英国来说非常重要，因为政策制定者要系统了解国际制造业的主要力量并及时掌握其发展动态。

预见2050的指导理念是价值创造。研究团队以价值导向为基础，系统分析了如何创造并获取价值，如何区别制造产品和创造价值，如何合理计算经济附加值，如何产生最大的经济附加值，如何让产品、服务与技术使用者和提供方都能够从价值创造中受益。基于价值理念，执政者认为未来制造业可以带来财富，提供就业机会，同时也需要技术专长，需要和其他支柱行业紧密结合。在预测前景的研究过程中涉及新材料/技术、新兴工业、老龄化、医疗健康、未来城市、可持续发展、社会凝聚力、国际发展等未来制造业需要面对的问题。

预见2050认为政策和技术是整个产业变革的重要力量，到2050年时制造业会成为创造价值的主要产业，在世界各大经济体中会占据重要地位（我们需要对基于传统电子产品制造业的附加值分布曲线，即微笑曲线，有个重新的认识）。英国拥有大量科研机构和高级智力资源，可以用于推动制造业的变革。为了实现科研成果向生产力转化，英国计划建立技术成果转化中心，成为连接大学科研机构以及制造业企业的桥梁。目前全世界大约有10家世界领先的创新中心帮助英国提高创新能力，英国的大学新建了近20所创新制造的中心为未来制造业培养人才，并建立了一系列的高价值制造促进中心并通过这些中心向企业投资。

未来制造业对于员工技能的要求非常高，特别是要有在人机交互环境中工作的技能。英国需要确保有足够的技术工人能够满足未来制造业的需求。在发生这些变化之前需要深刻理解新型制造业的内涵，从而制定更合适的政策（包括高等教育政策、学徒培训政策和高技能人才引进/移民政策）。如何培养人才和如何持续地为未来制造提供劳动人口，是涉及工业可持续性发展的问题。英国十分重视优秀技能工人的培训，确保人力资源实现高效利用。近年来有赖于技术工人的贡献和服务，英国制造服务业得到了极大发展。随着生产效率的提高、产业规模的增大，需要培养多领域知识融合的技术人员和跨学科人才。英国希望吸引最优秀的年轻人参与到未来制造业的发展当中，并希望通过制造业的转型，带动金融业和其他知识密集型服务行业的发展。

英国制造业将呈现更积极的贴近消费者的趋势。消费者可以根据个人喜好定制产品和服务，即大批量个性化定制生产。该商业模式得到了相关技术支持，特别是物联网、大数据、人工智能和网络平台技术。新一代的互联网技术将各个生产单元紧密联系在一起，使得产品不再由单一工厂生产。生产方式从传统的集中式向分散式转变。消费者更加容易、有效并享受参与设计和生产的过程。很多智能产品和设备以及数据相关的服务和特性不断融入价值创造网络当中，并逐步实现虚拟制造与实体制造的集成与融合。

预见 2050 认为将产品和服务结合起来非常重要。企业要非常重视制造业中的服务价值，并实现先进制造与现代服务的融合。很多大公司在销售产品的同时提供有偿服务。著名的劳斯莱斯公司不只销售引擎发动机，还提供很多诸如飞机位置追踪和飞行能力保障等服务。信息技术在制造业中的作用不断累积，激发人们用新的思路重新构建生产方式和商业模式。未来将不断涌现基于虚拟生产的企业，并实现产品的再生产、跨领域生产和跨产业生产。此外，产品及服务的个性化、个人财富增长以及老龄人口增加是未来的主要趋势，气候变化也将成为影响制造业和经济发展不可回避的问题。英国希望通过制造业服务化更好地进行高价值生产。通过制造业的人口集聚效应，带动周围人们的经济活动，让现代制造业朝着更加清洁、更加可持续的绿色方向发展。

预见 2050 旨在描绘未来制造为政府指出制造活动的变化规律和不确定性因素，为政府决策做出前瞻性的智力支撑。该报告指出目前全球人口老龄化程度不断提高，制造业生产成本不断提升，信息通信技术不断发展，全球价值链继续呈现碎片化趋势。与此同时，国际贸易在未来制造业发展中仍然会扮演非常重要的角色，国际关系以及国家间的经济、文化差异会决定出口的走向及资源的配置。在此背景下企业应首先提高效率，积极参与到全球价值网络构建的过程中，力争在全球价值网络当中占据更有竞争力的地位。

整体来说，英国政府在未来制造业发展的计划中扮演着制定原则和指导方向的重要角色。政府通过搭建桥梁帮助企业从科研学术机构获得智力成果，通过技术更新推动产业发展从而满足社会需求。

（二）中国未来制造：制造强国愿景

中国制造业已经取得了巨大成就，在整体规模上超越美国成为世界第一。然而中国制造业目前大而不强，面临很多问题，特别是缺乏创新能力、缺乏核心技术、附加值偏低、工业体系老化、社会矛盾日渐突出，以及环境问题日益严重。在此背景下，国务院于2015年部署全面推进实施制造强国的战略规划。中国未来制造通过“三步走”实现制造强国的战略目标。第一步，到2025年迈入制造强国行列。制造业整体素质大幅提升，创新能力显著增强，全员劳动生产率明显提高，工业化和信息化融合迈上新台阶。第二步，到2035年我国制造业整体达到世界制造强国阵营中等水平。创新能力大幅提升，重点领域发展取得重大突破，整体竞争力明显增强，优势行业形成全球创新引领能力，全面实现工业化。第三步，新中国成立一百年时，制造业大国地位更加巩固，综合实力进入世界制造强国前列。制造业主要领域具有创新引领能力和明显竞争优势，建成全球领先的技术体系和产业体系①。

中国未来制造业的发展要顺应制造业智能化、网络化、国际化、定制化、服务化、绿色化的趋势。未来制造业的内涵是相对于传统制造业而言的，是指制造业不断融合吸收相关领域的高新技术成果，并将这些技术综合应用于制造业的产品研发设计、生产工艺、在线检测、营销服务和制造管理的全过程，以达到更好的经济、社会和市场效果，并最终实现具有国际竞争力的制造业的总称。与传统制造相比，中国未来制造的四大主要特点是可持

---

① 相关的政策文件在公共领域有详尽的介绍，以上战略规划出自中央政府网页：http：//www. gov. cn/zhengce/content/2015－05/19/content_ 9784. htm。

续性、可定制性、综合性、系统性。

可持续性：未来制造的基础是优质、高效、低耗、绿色工艺，在此基础上实现优化并与新技术结合，形成新的可持续的制造工艺和技术。

可定制性：传统制造一般单指加工制造过程的工艺技术，而未来制造技术覆盖了从产品设计、加工到产品销售、使用、维修整个过程，进而能够直接为客户需求提供定制的解决方案。

综合性：传统制造技术学科专业单一，界限分明。而未来制造技术的各学科之间不断交叉集成，形成了综合的学科体系（特别是工程和社会科学的交叉集成）。

系统性：传统制造一般只能驾驭生产过程中的物质流和能量流，随着信息技术的融入，未来制造技术成为能够驾驭生产过程中的物质流、能量流、信息流和价值流的系统工程，因而实现虚拟制造和实体制造系统的深度融合。

中国未来制造的第一个十年的行动纲领的基本指导原则是：驱动创新，质量为先，绿色发展，结构优化，人才为本。其战略任务和重点是不断加强国家制造创新能力。为了不断增进国家制造业创新的基础设施，需要建立一系列国家制造业创新中心和产业技术研究机构，为制造业发展提供更高的附加值，同时不断加强信息化与工业化的深度融合，建立智能或者智慧型的制造业项目。中国需要不断强化工业基础能力，建立加强工业基础能力的项目，其中包括公众服务平台，用以提供关键材料、设备、组件、加工能力等来支持广大中小企业。中国还需要加强质量品牌建设，全面推行绿色制造，基于回收、减排、再利用等原则，不断发展精密的加工技术、轻量级材料处理技术、精密和超精密机器工程技术等。大力推动重点领域的突破发展，建立创新项目，包括下一代通信产业、工业机器人、海洋工程项目、新能源汽车等，深入推进制造业产业结构调整，由低级向高级不断迈进，提高附加值。积极发展现代生产性服务业，以网络设计为基础，促进制造业和服务业深度融合，加强制造业国际合作，提高创新能力。为了推动制造业发展，中国还建立了一系列法律法规，力争使中国制造业早日实现前面描述的目标和任务，早日建成制造强国。

二 中国和英国未来制造政策比较

表1简要概括了中国和英国的未来制造战略并比较了二者的基本政策导向。应该特别指出的是，两国政府都希望跟企业进行紧密合作，以提高企业的技术实力和创新能力。英国制定了一系列工业战略，同时在经济各个领域建立了合作伙伴关系，造就了一系列先进制造供应链项目，并通过制造业顾问服务为企业提供专业支持。中国也通过重点领域示范项目和重大技术平台和企业共同提升制造实力和创新能力。另外，两国也都非常明确地指出了员工技能、可持续发展、先进制造和现代服务融合、工业化和信息化融合对未来制造业的影响，并在未来制造战略规划中有所体现。

表1 中英未来制造工业政策对比

未来制造工业政策	中国:制造强国愿景	英国:预见2050
社会环境	有些相关描述,没有清晰的政策导向	指出影响因素,倾向于无为政策导向
供给网络	提供纲领性内容,没有清晰的政策导向	提供具体的场景描述,倾向于主动政策导向
生产网络	提供具体的条款和行动计划,有很强的主动政策导向	提供参考性建议,有适度的主动政策导向
消费网络	提供纲领性内容,有一定的主动政策导向	指出影响因素,倾向于制动政策导向
基础设施	提供具体的条款和行动计划,有很强的主动政策导向	提供参考性建议,有适度的主动政策导向

然而两国对未来制造的战略规划也有着明显的差异。首先，英国政府对未来制造的政策干预倾向于场景描述或引领性建议，而中国政府的政策干预就显得比较明显和具体。其次，英国未来制造特别关注社会环境和社会需求，中国虽对这些方面有所提及但其具体规划则更关注技术和生产环节。最后，相对而言，英国未来制造战略有更明确的价值理念并对国际制

造价值网络的发展趋势有着更系统的分析。这些差异或许来源于两份报告不同的定位，或许来源于两个团队不同的工作方式，又或许是两个国家不同的国情所致。本文对其原因不再赘述，希望这些国际观察对读者有所启发。

三　河南省未来制造工业政策创新对策建议

（一）围绕先进制造模式落地场景创新政策举措

首先，河南应准确把握工业未来发展趋势，加强对未来工业的研究，目前来看，未来制造业发展的个性化定制、网络化协同、分布式制造等趋势将会逐步增强，河南应积极利用现代信息技术，加大云计算、大数据、物联网、人工智能、移动互联网和区块链等现代信息技术对制造业的渗透和深度融合力度，围绕个性化定制、分布式制造、共享制造等先进制造模式打造一批先进典型，带动整个河南工业向未来制造模式转变。其次，在政策的制定过程中，应对政策达到的预期目标和场景进行设定，突出政策的场景性，提供具体的场景描述。最后，要有更明确的价值理念并对国际制造价值网络和国内制造价值网络的发展趋势有着更系统的分析，积极对接国内国外两个价值网络，促进河南工业创新发展。

（二）针对细分行业创新差异化产业政策

首先，应强化对未来产业的细分研究，精准判断河南工业的现状，借鉴国际产业发展趋势和国内现实情况，对河南产业进行细分，识别挑选长期和短期应重点发展的产业门类，平衡好工业长期和短期的发展。其次，应针对未来工业，加大信息技术、人工智能等专业人才的培育力度，为产业可持续发展提供动力。最后，未来产业的制定不仅要关注技术和生产环节，更要关注社会环境和社会需求，在优质、高效、低耗、绿色工艺基础上实现优化并与新技术结合，形成新的可持续的制造工艺和技术。

（三）聚焦创新能力提升完善研发支持政策

河南未来工业政策应从现在的关注产品和技术提升，向关注创新能力提升转变。首先，应强化创新基础设施的建设，围绕目前和未来工业关键技术短板和共性技术，在增材制造、区块链+制造、智能制造、新材料等领域建立技术弹射中心和技术成果转化中心，不断强化工业基础能力，建立加强工业基础能力的项目，用以提供关键材料、设备、组件、加工能力等加快知识的创新和转化。其次，应积极借助开放式创新、创新资源共享等新模式，积极连接和汇聚国内外创新资源，搭建国际网络创新平台，提升河南工业创新能力。最后，随着信息技术在制造业中的作用不断累积，新的生产方式和商业模式的出现，未来河南工业创新能力的提升不仅要重视技术，还应注重商业模式的创新，使技术创新和商业模式创新构成河南工业创新能力的基础力量。

（四）按照竞争中性原则创新市场化产业政策

创新是推动先进制造发展的首要动力，但是未来工业的创新面临技术可行性的不确定性、商业上的不确定性、互补技术的不确定性三大不确定性，由此也导致未来工业演进的动态随机性和复杂性。原有的以某种共识的存在和创新的可预期性为前提的政策制定模式，已经无法适应先进制造未来发展的需要。在政府没有信息优势，更多依靠市场试错的情况下，需要坚持市场友好、普惠包容、竞争中性与开放协调原则，从过去对特定工业行业、优势企业的选择性倾斜政策，向以基础能力建设和激励创新为核心的功能型和普惠性工业政策转变，使所有商业主体在经营中都能获得公平竞争的权利。

四　结论

本文首先分别对中英两国未来工业政策进行了详细阐述，然后从社会环境、供给网络、生产网络、消费网络和基础设施等方面进行了对比分析，最后为河南未来工业政策的制定从围绕先进制造模式落地场景创新政策举措，针对细分行业创新差异化产业政策，聚焦创新能力提升完善研发支持政策和按照竞争中性原则创新市场化产业政策四个方面提出了相关政策建议。

附注：

1. 本文工业政策框架部分内容基于 Yufeng Zhang 和 Mike Gregory 于 2018 年发表的英文原著：Value Creation through Engineering Excellence：Building Global Network Capabilities，Palgrave macmillian，Springer Nature，Switzerland，Chapter 14 – An Industrial Policy Framework for High Value Engineering authored by Chris Collinge，pp. 351 –369。

2. 中国制造强国和预见 2050 部分的讨论得益于 2015 年 3 月在北京举办的中英先进制造论坛和 2019 年 9 月在杭州举办的中英未来制造论坛。

B.7
提升河南科技创新水平的思路与对策研究

杨梦洁*

摘　要： 新一代科技革命与产业革命和中国经济关键转型期适逢其会，不仅带来前所未有的创新变革，也对地区经济空间格局造成深远影响，科技创新水平成为关系地区能否在激烈的竞争中脱颖而出，实现经济高质量发展的关键。经过多年的努力，河南科技创新发展成效显著，创新主体不断壮大，创新载体发展加快，开放创新水平明显提高，但仍面临着科技创新环境建设不足，科技创新水平差距较大等问题。综观全国，杭州、贵州等地在发展新经济、凝聚新资源、布局新产业等方面有许多值得河南学习的先进经验。在充分结合省情的基础上，未来河南要理顺发展思路，从推动开放合作完善创新体系，主抓重大项目夯实科研基础，深化制度改革破除发展瓶颈等方面着手，全力提升河南科技创新水平。

关键词： 河南　科技创新　经济转型

当前新一代科技革命和产业革命在全球席卷而来，在颠覆了传统产业发展模式的同时，推动新技术不断突破，新动能不断形成，新产业不断出现，新经济蓬勃发展。与此同时，中国经济社会进入关键转型期，经济在高速增长多年之后，原有的人口红利逐步减弱，粗放的要素投入驱动模式影响经济

* 杨梦洁，河南省社会科学院工业经济研究所研究实习员。

可持续发展，经济增长动力亟待转换，经济发展质量亟须提高，给中国经济带来了更多的机遇和挑战。这一时期关键问题是新的发展动力问题，党中央对当前经济发展形势敏锐判断，党的十八大指出要实施创新驱动发展战略，党的十九大明确创新是引领发展的第一动力，提出加快建设创新型国家，科技创新的重要性日益提高，成为各地能否紧抓机遇实现跨越发展的契机。对于河南而言，要顺应时代形势，真正发挥创新作为引领发展第一动力的作用，必须把解决创新动力和能力不足问题作为基础性、战略性任务加以长期推进，全力提升科技创新水平。

一　河南科技创新发展现状分析

2018 年 4 月 16 日全省科技工作会议确定正式启动实施创新驱动发展提速增效工程。2019 年 2 月，河南省政府发布《关于实施创新驱动提速增效工程的意见》，提出做优做强一批创新引领型企业，加快发展创新引领型机构，大力实施创新引领型项目等 8 项重点任务助推科技创新发展。政府多措并举，经过近年来的努力，河南科技创新水平明显提高，2019 年前二季度全省战略性新兴产业和高技术产业增加值占比同比分别提高 3.8 个和 0.6 个百分点，但存在的问题短板也依旧突出。

（一）河南科技创新发展成绩卓著

1. 科技创新主体不断发展壮大

企业是从事科技创新活动、参与科技创新成果转化应用的直接主体，河南采取一系列政策措施培育多种类型的科技创新企业。一是河南省“科技小巨人”企业培育工程成效显现。2018 年，省科技厅按照《河南省“科技小巨人（培育）”企业评价办法》要求，新培育 258 家“科技小巨人（培育）企业”，这些企业中有 225 家高新技术企业，并均为国家科技型中小企业，为河南储备了一批创新能力强、发展速度快的科技创新企业。二是高新技术企业认定数量不断创新高，政策奖励幅度不断提升。2017 年河南共认定高新技术企业 1115 家，2018 年共认定高新技术企业 1584 家，新增 469 家，增速高达 42.1%（见图 1）。从 2018 年开始，河南省专项资金对首次认定的高新技术企业给予最高 30 万元的配套奖补。三是国家科技中小型企业成长迅猛。截至 2018 年，河南国家科技中小型企业注册数量达到 12490 家，全国排名第 7，当年企业登记入库数量 7161 家，居中部地区第一位（见图 2）。四是树立一批科技创新行业优秀标杆。河南汉威科技、新天科技入选 2018 年国家技术创新示范企业名单。2019 年 9 月 16 日，河南认定 24 家省级技术创新示范企业，其中包括中铝洛阳铜加工有限公司、郑州市钻石精密制造有限公司、郑州天迈科技股份有限公司等。

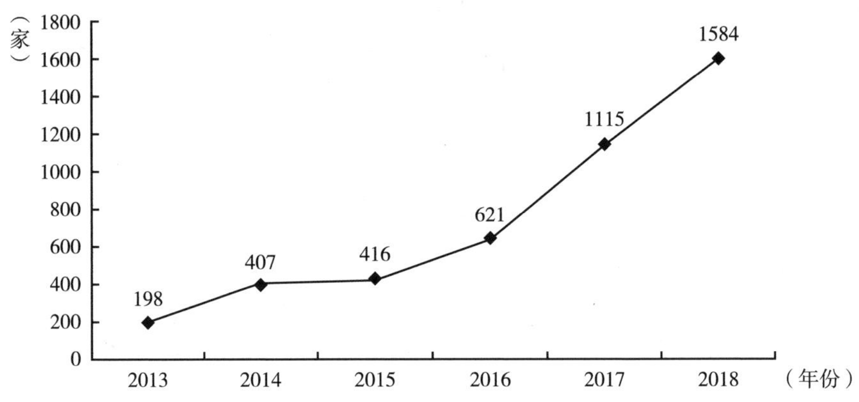

图 1　2013～2018 年河南高新技术企业认定备案数量

资料来源：国家科技部火炬高技术产业开发中心网站统计。

2. 科技创新载体建设步伐加快

科技创新载体是构建完整科技创新生态的关键一环，包括能够为科技创新主体提供各类技术服务、公共服务的专业平台，也包括科技创新水平突出的科研机构、企业技术研发中心、工程技术中心和创新创业孵化器等多种形式的现代科技服务业载体，近年来河南在科技创新载体建设上亮点频现。一是科技创新载体建设从数量到质量上进步明显。2018 年 12 月，郑州、洛阳、新乡、平顶山四地的高新区被认定为国家级“创新创业特色载体”，分

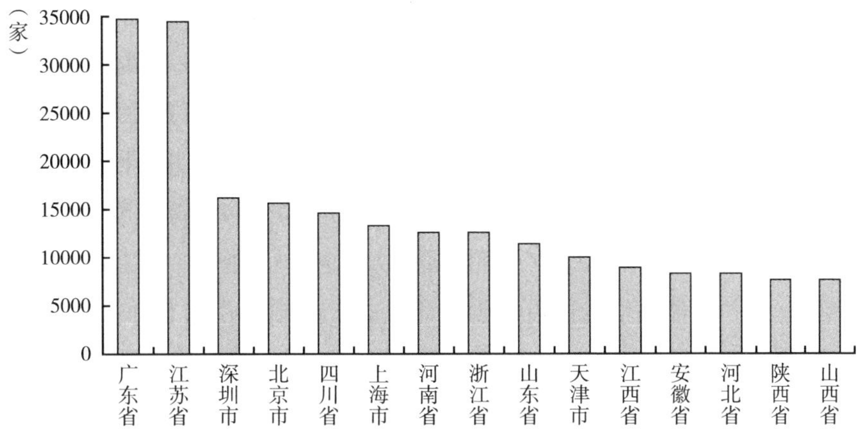

图 2　2018 年国家科技型中小企业注册数前 15 名地区

资料来源：国家科技部火炬高技术产业开发中心网站统计。

别为科技资源支撑型、高端人才引领型、专业资本集聚型和大中小企业融通型，将获得共计 1 亿元的财政资金支持。2017 年，包括国家级科技企业孵化器和国家级众创空间在内，河南新增 30 家国家级孵化载体，其中，国家级科技企业孵化器 6 家，数量居于中部地区之首。2018 年底，河南全省各类孵化载体在孵企业和团队达 2.2 万余家。截至 2019 年 9 月，河南共有 36 家国家级科技企业技术孵化器，在中部地区仅次于湖北，处于全国领先位置。二是科技创新载体级别不断提升。2018 年 2 月 3 日，河南首家制造业创新中心——河南省智能农机创新中心在洛阳挂牌成立，是国内该领域唯一经过认定的创新中心。2019 年 6 月，河南在该创新中心的基础上成功申报获批国家农机装备创新中心，是全国正式批复建设的第 12 家国家制造业创新中心，也成为河南首个成功获批的国家级制造业创新中心。2019 年，河南共有 7 家企业入选国家制造业“双创”平台试点示范项目。

3. 科技创新开放水平显著提升

河南加快内陆开放高地建设，坚持以开放促发展，以开放促创新，在培育本土创新资源的同时，利用国内外先进创新资源，推动科技创新水平不断提升。以开展多种项目带动、园区共建、创新联盟等形式，吸引更多创新资源，转化为河南科技创新驱动力。一是地方与全国知名高校、研究机构广泛交流，建立合作关系。积极吸纳高端创新资源，建设郑州中科新兴产业技术研究院（中国科学院过程工程所郑州分所）、洛阳中科信息产业研究院（中国科学院计算技术研究所洛阳分所）、清华大学天津高端装备研究院洛阳先进制造产业研发基地等一批高端研发机构。在河南公布的首批10家重大新型研发机构中，有4所是采取合作共建的方式。其中洛阳与中科院自动化所合作设立的“机器人与智能装备创新研究院”创新产学研合作方式，已经成功孵化5家产业化公司。二是龙头企业以开放创新增进研发实力，提高发展质量。森源集团与清华大学、西安交通大学等知名高校合作，在北京中关村清华科技园设立电动汽车技术研究院和战略发展部门，聘请清华大学多名院士和教授组建专业研发团队，形成核心研发力量，助力企业营业收入多年增速保持在30%以上。

4. 科技创新发展效果持续显现

随着创新主体不断壮大，创新载体建设加快，开放创新不断推进，创新机制不断完善，河南科技创新发展成效也逐步显现。一是科技创新成果在质与量上取得飞跃。2017年国家科学技术奖励大会，河南共有27项获奖，7项主持，20项参与，河南推荐项目获奖数量居全国各省份第四位。2018年，国家奖励数量大幅缩减，河南依然保持了较高的获奖数量，共有17项获奖。2017年，河南万人有效发明专利拥有量3.02件，增长25.8%，2018年，河南万人有效发明专利拥有量3.52件，超额完成“十三五”规划目标。发明专利申请数量46868件，增速为31.6%，发明专利授权量7816件，增速为10.3%。2016～2018年，河南高技术产业增加值增速稳定在10%以上，在全省规模以上工业中占比从8.7%提升到10%。2018年包括新入选的河南省兽用生物制品专业化众创空间和智能制造专业化众创空间在内，河南拥有4家国家专业化众创空间，该数量排名全国第二。二是科技创新助力产业升级效果凸显。2019年全国农业产业化龙头企业500强中，前十河南占据三个，分别是万邦国际、双汇发展及其母公司万洲国际，这些公司都设置专业的科技研发部门，其中万邦国际农产品物流股份有限公司是国家级供应链创新与应用试点企业，双汇拥有国家级技术研发中心，国家认可的实验室和博士后流动站，有专业研发人员 200 多人。

（二）河南科技创新发展面临的问题与挑战

1. 科技创新水平差距较大

河南科技创新发展水平近年来快速提升，但是和全国先进地区以及一些中部地区相比，仍然存在较大的差距。一是从单一指标来看，2018 年国家科技部统计数据显示，河南高新技术企业认定备案数量为 1584 家，2017 年、2018 年增速分别为 79.5% 和 42.1%，实现了自身的快速发展，但是对比其他中部地区落后明显，2018 年认定备案数量相当于湖北的 62.5% 和安徽的 71.8%，在中部六省中仅高于山西省（见图 3）。近年来河南 R&D 投入占 GDP 比重、规模以上工业企业研发投入强度等相关指标均相当于全国水平的一半左右。二是从综合指数来看，中国科学院大学中国创新创业研究中心设计包括知识创造、知识获取、企业创新、创新环境、创新绩效 5 个指标体系囊括百余个指标对全国 31 个地区进行比较分析。《中国区域科技创新评价报告 2019》显示，从 2018 年到 2019 年，河南在全国的排名依然是第 15 位，没有发生变化，处于全国中等的水平。而部分中部省份科技创新水平崛起速度正在超过河南。湖北从第 9 名上升到第 8 名，安徽保持在第 10 名，湖南第 13 名，河南在中部六省排名第 4 位，其他西部地区如四川，综合创新能力连续 3 年保持在全国第 11 位，贵州排名上升了两位。

2. 科技创新环境建设不足

一是传统创新发展路径依赖有待打破。我国从 1949 年成立初期科技发展大片空白到如今在世界科技领域崭露头角，依靠的是超强学习能力带领下的模仿式改进与微创新，充分将后发优势凸显到极致。这种“后发优势”为提升发展速度、缩小发展差距贡献良多，但随着差距越来越小，在当前生产要素、劳动力成本上升之时，该创新方式明显动力不足，不能帮助地方经济发展实现赶超，“后发劣势”将逐步显现。但是传统创新方式的路径依赖使得大多数地区对研发投入特别是基础性研究重视不足，尤其是河南这样传

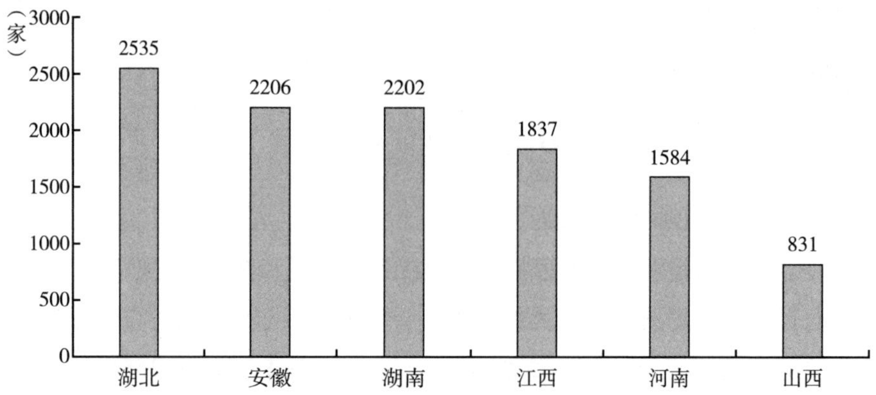

图3　2018年中部六省高新技术企业认定备案数量

资料来源：国家科技部火炬高技术产业开发中心网站统计。

统经济占比很重的地区，政府和企业之间，没有形成支持基础研究的良好环境与氛围，基础研究长期被压抑，应用研究不够系统深入，更缺乏协调稳定的长效投入与保障机制。二是创新体系构建与体制机制改革不协调。放管服改革后，科研机构改革迟迟不能到位，并出现流于形式的现象。科研管理机制偏向行政化，行政干涉过多，人才交流不畅，科研成果绩效评价偏向数量化，利益分配机制不完善，进一步致使许多科研人员不愿从事基础研究，转而偏向在市场上从事科技成果转化等工作。三是科技创新人才短板突出。2017年河南拥有的"两院院士"、国家"千人计划"专家、国家"万人计划"专家、长江学者数量分别仅占全国总数的1.7%、0.31%、1.16%和0.24%。河南各地市为招财引智开展一系列行动，例如"智汇郑州·1125聚才计划""河洛英才计划"等，但收效有待提升。以郑州大学为例，2017年毕业生省内就业人数约占七成，2018年则仅占50.43%，人才流失问题严重。

3. 区域创新发展竞争激烈

创新是时代发展大趋势，各地对创新资源的竞争也越来越激烈。一是围绕争夺产业布局的科技高地战早已打响。2017年底，北京出台《加快科技创新发展新一代信息技术产业的指导意见》，将新一代信息技术、集成电路等十大高精尖产业作为未来发展重点，并提出要培育一批领先国内技术、跻身国际前列的领军型企业。几乎与此同时，山东也发布了创新型省份建设实施方案，瞄准高新技术产业，对数量和质量均提出明确的发展目标，同期全国已有20多个省份发布类似战略部署。河南相对而言传统产业占比过高，转型压力较重，起步较晚，上海、广东、江苏、宁波等地对于智能制造技术改造攻坚方案早已开始进行系统性全局谋划，成立专业的平台服务机构和公司，为企业一对一量身定做智能化改造诊断方案，河南这一工作才刚刚开展。二是近年来围绕创新人才的竞争也趋于白热化。北京和上海等地享有经济发展和区域位置的“先发优势”，先后出台《关于优化人才服务促进科技创新推动高精尖产业发展的若干措施》和《加快实施人才高峰工程行动方案》，旨在吸引各领域高层次人才和顶尖人才。其他二线城市如南京、武汉、西安、成都等也积极参与到人才争夺战中，从放宽户籍政策和加大住房补贴等角度出招。河南在这场竞争中拥有人口众多的优势，但是科教资源占有过低，高水平人才吸引力和培育力明显不足。

二　部分地区科技创新发展先进经验分析

我国东部地区率先从“要素驱动”迈向“创新驱动”，科技创新水平遥遥领先。而部分中西部地区站位高远，充分发挥比较优势和后发优势，在此轮创新驱动发展中脱颖而出。

（一）杭州新经济领跑全国树旗帜

杭州创新创业指数近年来一直稳居全国前五位。经过多年培育谋划，在发展信息经济等方面跻身全国前列。2018年杭州数字经济核心主营业务收入突破1万亿元。2019年正式做出“倾力打造全国数字经济第一城”的战略部署。

1. 新技术产业布局日趋完善

杭州新技术、新经济发展积累了大量先发优势，产业布局不断完善。在网络建设、应用服务等方面拥有一批领先国内国际的龙头引领型企业，例如信息软件行业有浙大网新、恒生电子等；智慧安保设备行业有世界排名前三的海康视威、大华股份、大立科技；电子商务行业有龙头企业阿里巴巴、网盛生意宝、网易等。2014 年 7 月，杭州推出“一号工程”，将“产业智慧化”与“智慧产业化”深入渗透。为助力数字第一城建设，夯实数字经济发展基础，杭州适时提出建设区块链之都的计划，到 2022 年将打造“中国区块链之都”。根据《杭州市区块链产业报告》，2018 年 11 月，杭州区块链产业园正式开园，DFCI 数字货币（中国）实验室、区块链视频项目全球视频聚合交易平台等首批入驻。隐藏在数字经济第一城背后的还有发达的算力，2018 年 9 月 12 日，浪潮集团联合 IDC 发布《中国 AI 计算力发展报告》，杭州超越北京、深圳、上海成为中国算力排名第一的城市，算力经济成长为经济发展新引擎。

2. 积极构建完整产业生态

杭州全力为新经济发展构建良好的产业生态。培养诞生了阿里巴巴、网易等一批市值数千亿美元的龙头巨鳄，吸引带动数万家互联网相关企业落户发展，完善的配套和齐聚的行业类型，以及多年重视互联网产业培育形成的政策土壤，使之具备发展新经济产业的良好环境，常年保持互联网产业高增速和人才流入高增速。从 2018 年二季度至 2019 年二季度，杭州人才净流入率为 8.82%，持续居于全国第一位。杭州针对大数据、云计算、人工智能等积极打造各类特色小镇。从 2014 年着手建设的梦想小镇致力于打造世界级互联网创业高地，是杭州市构建完整产业生态的出色一笔。截至 2018 年已吸引创业人才 13700 名，集聚创业项目 1466 个，另集聚 1317 家金融机构，金融生态环境良好。2017 年中国（杭州）人工智能小镇正式开园，截至 2019 年 9 月，小镇已吸引浙大—阿里前沿技术研究中心、浙江省智能诊疗设备制造业创新中心、百度（杭州）创新中心、北航 VR/AR 创新研究院等 17 个研究机构或创新平台，计划用五年时间构建更加良好的人工智能产业生态系统。

3. 突出打造适宜营商环境

杭州遵循社会主义市场经济规律，重视服务型政府职能作用，突出营商环境建设，形成独特的“杭州模式”。不同于“温州模式”和“苏南模式”，“杭州模式”介于两者之间，走政府加企业双轮驱动的发展路径，充分重视和发挥企业主体作用，政府主要工作是打造适宜的营商环境，尊商重商，为企业发展集聚资源，搭建平台，提供便利，清除障碍。政府对企业的服务意识及“店小二”精神，成为杭州经济发展的独特驱动力，使得杭州成功培育吸引一大批实力强大的科技创新引领企业。在中国民营企业500强中，杭州企业入选数量连续16次蝉联国内城市第一，同时知识型、科技型创业成为杭州民营经济的突出特点，如阿里巴巴、浙江金控、富通集团、每日互动、连连充值等，都是其中的佼佼者。

（二）贵州数据产业转型发展谋跨越

在抢占新一代科技革命的发展先机中，贵州成功抓住了大数据产业发展机遇，充分发挥了后发优势，呈现后来居上的赶超态势。在凭借大数据产业带动实体经济转型发展的同时，为新经济不断注入活力，新旧动能转换加速，2017年贵州省大数据产业规模总量逾1100亿元。2018年，贵阳市大数据产业相关企业数量超过5000家，主营业务收入突破1000亿元，同比增长22.4%。

1. 全面优化顶层设计

2013年在许多省市对大数据产业保持观望态度之时，贵州真正抓住了其中的机遇布局谋划。数据中心对环境要求苛刻，其营运最大成本是电费，贵州水电资源丰富，欠发达地区电费廉价，气候终年凉爽，进一步降低了机器能耗和营运成本。贵州省政府把握自身优势，及时抓住时代赋予的发展机遇，从2014年开始正式进军大数据产业。当年《关于加快大数据产业发展应用若干政策的意见》和《贵州省大数据产业发展应用规划纲要（2014～2020年）》等相继出台。2016年1月，中国首部大数据地方法规发布，《贵州省大数据发展应用促进条例》开中国在这一领域立法的先河。贵州省政府坚持以政府数据开放共享引领大数据产业发展，“云上贵州”是中国第一个将省级政府数据开放共享的系统平台，2018年贵阳市政府数据指数在全国地市级（含副省级）排名第一。2016年，国家批复贵州省成立首批国家大数据综合实验区，在探索大数据资源统筹、构建政策法规体系、培育骨干

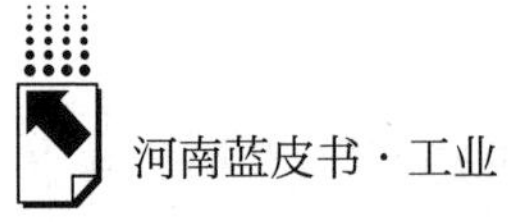

企业、创新先进产品、汇聚专业人员等方面进行规划安排。

2. 加速集聚创新资源

随着顶层设计不断完善，产业规划日趋明晰，大数据产业创新资源加速向贵州汇聚。2018 年大数据综合实验区落户贵安新区，这是国家首批唯一一个大数据综合实验区，也是全国第八个国家级高新区，贵安新区成为发展大数据产业的内陆开放新高地，吸引了华为、腾讯、苹果等来此设立大数据中心。2015 年，“中国数谷”正式落户贵阳，贵阳市以此为契机统筹布局产业生态示范基地、数字经济产业及应用创新基地，瞄准构建完整大数据产业链条的目标，吸引了高通、英特尔、微软等一大批世界500强企业，还有中电科、阿里巴巴、华为、科大讯飞等一批国内领先企业来此落户。中国国际大数据产业博览会即数博会也成为贵州打响大数据产业的响亮名牌，2019年数博会期间，贵阳市与中国信息安全测评中心、深圳光启高等理工研究院等40 家企业或研究机构签订了合作协议，签约了 125 个大数据及相关项目，签约金额 1007 亿元。

3. 推动产业深度融合

贵州发展大数据产业各项条件已初步具备，基础设施不断完善，行业龙头及知名研究机构、创新平台落户发展，海量数据加速集聚，贵州大数据产业发展已经进入 2.0 阶段，以大数据与实体经济融合发展为主要特征和方向。2017 年，贵州实施“千企改造”和“大数据 + 产业深度融合 2017 行动计划”，对 4000 多家传统企业进行了信息化、数字化改造。引进华为、SAP 等知名企业组建“大数据 + 产业深度融合服务队”，为贵州涵盖农业、工业、服务业的各个行业定制了 318 个典型应用解决方案。并建设 10 个公共服务平台，培育 100 个典型示范项目，打造了一批融合应用技术标准，为产业深度融合创造全方位的条件。2018 年，贵州全面推进“万企融合”，支持1822 家企业运用大数据进行改造升级，“万企融合”也成为推进工业领域供给侧结构性改革的重要措施之一。贵州还在大数据产业融合发展评价指标上加以规范，贵州省大数据发展管理局与国家工业信息安全发展研究中心合作，创建全国首个专业评估体系。

三 提升河南科技创新水平的总体思路

为紧抓新一代科技革命和产业革命的历史机遇，解决河南在科技创新中存在的问题和挑战，应当把握科技创新活动性质，理顺科技创新发展思路，为提升科技创新水平做出正确指引。

（一）区分科技创新成果的准公共产品性质

科技创新成果多以专利发明、论文、技术突破等形式呈现。一方面，部分论文类成果公开成本很低，且许多科技创新成果可以循环使用，一名消费者的使用并不能阻止其他消费者付出很小的代价同样使用，专利保护法规定的专利保护也有期限，过期可以不限制使用，因而部分科技创新成果具有非竞争性；另一方面，对于一些技术创新类成果，一旦一个企业率先取得技术突破，技术创新成果应用于产品中之后，经常在不断地被使用和模仿的过程中产生微创新，进而突破边际限制以相对极低的成本仿造或产生新的创新成果，因而部分科技创新成果具有非排他性。当科技创新成果是准公共物品时，政府参与科技创新活动可以视作提供准公共服务的行为，加之科技创新活动伴随不确定风险、不确定时间的高投入，市场经济在部分科技创新领域运行效率较低。

（二）辨别科技创新活动性质合理定位政府职能

从全世界范围来看，技术创新主要有两个驱动因素：军工研发驱动和商业市场驱动，分别对应提升科技创新水平的不同路径。一是军工研发是受到政府主导推动的基础研究领域主要参与力量，基础研究活动探寻事物和现象运行的基本原理与规律，是获得前瞻性、引领性原创成果重大突破的前提，十分重要但是其成果公共物品性质明显，政府应主动作为。二是应用研究是衔接军工研发驱动和商业市场驱动的关键，也是衔接基础研究与试验发展的重要轴线，探寻科技成果转化可能性，为科技成果运用开辟各种道路。隶属于政府、高校和实力雄厚的部分企业的各类研发中心、科研院所是应用研究的主要供给者，应用研究成果具有准公共物品性质，政府应当充分搭建平台，做好协同工作。三是试验发展活动其成果公共物品性质很弱，是综合利用基础研究和应用研究的成果产生可以直接应用的新技术、新产品，与商业市场的生产活动紧密相连，不增加科学知识，创新成本和创新风险相对较低，企业参与意愿较高，政府应加强服务，减少干预。

（三）科学把握“一个中心、双轮驱动、三条路径”的思路

一个中心即激发创新动力活力，这是提升科技创新水平的关键；双轮驱动即军工驱动和商业市场驱动；为实现双轮驱动，需要政府在基础研究、应用研究、试验发展三条不同路径上各司其职，充分且合理地发挥作用，全方位激发创新动力。一是在基础研究路径上政府要主导驱动。加大政府性资金直接投入比重，参与建立长期充足有效的规范化资金投入机制。就河南情况而言，要强化基础研究，仅靠政府长期大量的资金投入难以为继，并且投入产出效率不能得到有效保证，但是河南拥有大量科技实力雄厚的军工企业，军工技术优势转化潜力巨大。二是在应用研究路径上政府要扮演好平台提供者的角色。改革传统科研机构，培育引进新型科研机构，建设各类创新平台和创新基地，鼓励支持有实力的企业设置技术研发中心，构筑技术和产业沟通的桥梁，建立协作健全的发展体系，打破创新体制机制障碍。三是在试验发展路径上政府要履行好服务职能。全力为企业提供良好适宜的营商环境，减少干预，提供便利，成为企业创新活动的有力支持者和保障者，这对于传统经济占比较重的中部省份而言，河南要从根本上转变政府职能与定位还有很长的路要走，和东部地区相比还存在极大的提升空间。

四　提升河南科技创新水平的对策建议

借鉴部分地区先进经验与河南省情相结合，在“一个中心、双轮驱动、三条路径”思路的框架下，河南应遵循社会主义市场经济规律，在基础研

究、应用研究、试验发展研究三个领域依据不同角色定位合理充分发挥政府作用，全面激发创新动力活力。

（一）推动开放合作，完善创新体系

河南传统经济占比较重，科技创新水平在全国相对落后，借助打造内陆开放高地的机遇，扩大开放，深化合作，是集聚创新资源，构建高层次开放创新格局的重要选择。一是推动地方与央企、各类中央科研院所合作丰富创新载体模式。建设好与科技部省部会商，与中国科学院省院合作，与清华大学等高校省校共建，与中关村园区合作的现有平台。目前郑州、新乡、洛阳在这方面已经取得了一定优势，注意总结郑州中科新兴产业技术研究院、清华大学天津高端装备研究院洛阳先进制造产业研发基地等建设经验，主动出击，推进中国航天郑州军民融合产业研究院、中国（新乡）小麦产业研究院等加速落地，发挥创新引领示范作用，布局一批高层次新型创新载体。二是支持省内一批实力雄厚的创新引领型企业带头推进开放创新合作进程。学习汉威科技开放国家级企业技术中心、智能制造产业化平台，建设孵化园区，扶持初创企业，拓展自身创新边界的经验，在有条件的企业进行推广与奖励。鼓励企业与高校、研究机构广泛开展多重模式合作，吸引高端创新资源组建技术研究院、战略发展部门等，壮大科技创新实力。

（二）主抓重大项目，夯实科研基础

科技专项和创新项目是联合创新主体、创新人才和创新载体多方力量，开展科技创新活动，取得科技创新成果突破的有效途径。围绕河南装备制造、食品制造、新型材料、电子信息、汽车 5 大优势主导产业和智能终端及信息技术、节能环保和新能源装备、生物医药及健康等 12 个主导产业布局实施一批重点专项。一是对产业发展共性、基础性技术问题，由政府主导并参与投入，组织一批创新平台和创新机构申请重大科研项目。利用郑洛新国家自主创新示范区、各类国家高新技术开发区、国家经济开发区、省级产业集聚区等，谋划一批产业集群专项，发挥创新载体科研基础扎实、协调创新资源便利的优势，集中力量攻关，获取一批技术成果重大创新突破。二是对与市场结合紧密的应用技术问题，在科技创新中突出企业的主体作用，鼓励具备创新实力的企业牵头，政府扶持搭桥，建立企业与高校、国家重点实验室、产业技术创新联盟等创新平台沟通合作的桥梁，形成企业与创新平台间高效的信息沟通渠道，产业链与科技链深度联合实施一批与经济社会发展联系紧密的应用研究项目。

（三）军民深度融合，突出资源优势

河南拥有一批实力强大的军工企业，如中国空空导弹研究院、713 所、725 所、洛阳船舶材料研究所、洛阳光电技术研究所、郑州机电工程研究所等，这些国防军工企业在重大原创性、前瞻性基础研究领域占据领先地位，研究资源丰富，科技创新能力突出，为弥补河南在基础研究领域经验不足、投入不足的缺点提供了良好的机遇。一是把握河南军民融合发展委员会成立的契机，探索军地会商机制，全面优化军民融合领域顶层设计，将更多政策实施细节制度化、规范化。合理扩大军工融合范围，提升融合层次，加强军工企业外部协作，统筹军工企业与民营企业资源双向流动、优势相互转化，推动军工经济与民用经济共同繁荣。二是加快郑州、洛阳、新乡、信阳等地的军民融合创新基地建设步伐，抓住国家开展政策先行先试，打造一批军民融合创新示范区的机遇。指导河南军工资源丰富的地区因地制宜制定实施建设规划方案，在产业培育、项目引进方面给予支持，形成具有地方特色的以军工企业强势带动、配套企业共同发展、上下游产业链相互协作的集群化融合发展格局，建成一批经济效益好、融合带动效应突出的军民融合创新基地，并争取从中创建一批国家级军民融合示范区，持续扩大军民融合在科技创新上的优势。

（四）深化制度改革，破除发展瓶颈

深化制度改革，完善创新体制机制建设，是优化创新环境，打造创新生态的重要环节和制度保障。一是强化力量协同抓落实。科技创新工作具体实

施牵涉国家经济管理部门、科技部门、财政部门等一众部门，要推进多部门间横向协作，上下级联动，联合多方力量形成推进工作的协同机制。同时，注意政策配套协同，对于制定的科技、财税、金融、贸易、人才等政策要注意衔接，加大政策宣传力度，使得目标群体熟知政策内容，对于制定的政策狠抓落实、务求实效。二是改革创新体制机制添活力。鼓励支持专业科研机构和企业、高校下属研究院所等进行管理制度改革，使科研人员与行政人员各司其职，集中科研人员精力从事研发工作。完善科技成果转化机制，探索合理的利益分配激励机制，切实提高发明创造者在科研成果转化中的获益比重，发挥发明创造者从事科技创新工作的主观能动性。三是深度转变政府职能准定位。发挥政府在科技创新工作中把握政策大方向、制定普惠性政策、建立综合评价反馈机制、系统优化营商服务的作用，从事无巨细的管理者向统筹大局的领导者、热心体贴的服务者转变。

（五）重视人才建设，补齐创新短板

创新人才是科技创新的核心资源，拥有充足创新人才的企业、研究机构和研究平台才具备形成创新能力的可能。河南高校资源相对匮乏，加之处在内陆地区，传统经济占比较大，创新人才无论同经济发达的东部沿海省份，还是科教资源丰富的武汉、西安、合肥等内陆地区相比，都是限制河南科技创新水平提升中最为明显的短板。一是要加大人才引入力度。为高端人才落户、居住提供实实在在的便利和福利，为其开展科研工作提供具备竞争力的启动资金保障等优厚条件。二是规范人才培养流程。构建合理有效的机制，使得创新人才能够在企业、机构和平台中充分发挥自身创新价值。特别针对新经济领域专业人才匮乏，需由政府主导，平台发挥积极作用，帮助企业开展深入的校企合作，采用多种形式的人才实训，建立人才与企业沟通的桥梁。三是优化人才培养环境。高端人才对创新环境有着较高的要求。针对创新引领型人才，要注重引进服务其发展的创新团队，培育以高端人才为核心的创新人才队伍。

参考文献

孔令池：《提升开发区科技产业创新功能》，《经济日报》2019年10月4日。

殷李松、贾敬全：《长江经济带科技创新对经济增长的空间溢出效应检验》，《统计与决策》2019年第16期。

马红麟：《我国主要城市科技创新发展模式演化（2005～2017）》，《特区经济》2019年第9期。

尹曼琳：《政府投入能提升科技创新企业利润效率吗？——基于深圳市上市科创企业的实证分析》，《财会通讯》2019年第24期。

B.8

河南弘扬优秀企业家精神助推制造业高质量发展研究

林风霞*

摘　要：　新时期企业家精神是经济高质量发展的内生动力。当前，河南制造业企业家整体面貌与优秀企业家精神尚有差距与不足，如创新创业意愿薄弱，风险、诚信、合作、国际化、社会责任等意识不强。2018年以来，河南实施了企业家精神弘扬工程，着力改善企业家成长环境，目前取得初步成效，但是对弘扬企业家精神工作重视不够、相关机制政策措施不完善、营商环境不优等问题，仍然对制造业高质量发展形成制约。河南需要大力弘扬优秀企业家精神，造就一批优秀企业家群体，带动制造业高质量发展。

关键词：　制造业高质量发展　企业家精神　企业家作用

新时期我国经济发展的重要特征就是由高速增长转向高质量发展。推动经济发展质量变革、效率变革、动力变革，根基在经济体系中的微观市场主体——企业。习近平总书记指出："市场活力来自于人，特别是来自于企业家，来自于企业家精神。"企业家作为经济活动的重要主体，是生产的组织者、创新的引领者、转型升级的主要推动者，对高质量发展有着至关重要的

* 林风霞，河南省社会科学院工业经济研究所副研究员，主要研究方向为产业经济、企业管理。

作用，只有具有优秀企业家精神的企业家，才能使各类人才的智慧和活力得到充分释放。2018 年 8 月，河南省委省政府出台《关于营造企业家健康成长环境弘扬优秀企业家精神更好发挥企业家作用的实施意见》，以期通过着力营造企业家健康成长环境，重塑新时代豫商精神，造就一批具有优秀企业家精神的现代化、国际化企业家队伍，助推经济高质量发展。新时期制造业高质量发展呼唤更具时代特征、更富民族特色地域特色、更有影响力感召力的企业家精神。我们要立足实现制造业高质量发展的目标要求，审视河南企业家精神现状，承认其与优秀企业家精神的差距与不足，大力弘扬和激发优秀企业家精神，壮大优秀企业家队伍，为河南制造业高质量发展注入源源不断的活力和动力。

一　新时期河南制造业高质量发展亟须弘扬优秀企业家精神

由于受传统文化、经济社会运行环境等影响，目前，河南制造业部分企业管理者创新创业意愿薄弱，风险意识不强，诚信、合作、国际化、社会责任等精神缺失等，既影响企业可持续发展，也对制造业高质量发展形成制约。

（一）大力弘扬优秀企业家精神是河南制造业高质量发展的迫切需要

当前，河南制造业高质量发展面临许多困难：增长方式粗放、创新能力不强、高端产品供给不足等的状况尚未根本改变，发展新动能不足，转型发展任务仍然艰巨。新时期提倡的企业家精神将实现质量变革、效率变革和动力变革作为主要目标，这与河南新时期实现制造业高质量发展的历史使命高度契合。面对当前转型升级内生动力不足的问题，更需要通过激发企业家精神这种稀缺的无形资源，提升企业家在产业转型升级中的积极性、主动性和创造性、带动性、引领性，提高产品和服务供给质量，优化资源配置效率，勇于承担社会责任，引领开创河南制造业高质量发展新局面。

（二）大力弘扬优秀企业家精神是河南制造业实现发展动能转换的必然选择

培育新动能是制造业高质量发展的关键。2019 年前三季度，河南新产业、新业态、新产品、新模式等新动能成长，其中规模以上工业中战略性新兴产业增加值增长 15.7%，高于规上工业整体水平 7.8 个百分点；新产品快速增长，工业机器人产量增长 102.2%，新能源汽车增长 49.6%。但是，由于历史基础较弱，河南创新能力不强的问题依然突出，新产业、新业态、新模式依然占比较少。2018 年，河南省研究与试验发展（R&D）经费投入强度仅为 1.4%，低于全国平均水平（2.18%）0.78 个百分点，万人发明专利拥有量 3.07 件，远低于全国平均水平（11.5 件）；高技术制造业约占规模以上工业增加值的 8.6%，远低于全国平均水平（13.9%）。在新旧动能转换的关键时期，企业家作为企业的统帅和灵魂，更应该以“实业兴邦、产业报国”的责任感，担负起企业创新与变革的重担，以培育壮大新动能为目标，通过企业技术创新、产品与服务创新、业态创新、模式创新、组织变革、管理创新等，推动全省新技术、新产业、新产品、新业态、新模式等蓬勃发展，成为贯彻落实创新驱动发展战略的成功践行者。

（三）大力弘扬优秀企业家精神是河南制造企业增强竞争力的现实需要

企业竞争力是企业占领市场、获得长期利润的市场竞争能力的综合体现。当前，河南多数制造业企业存在核心技术缺失、产品附加值普遍较低、融资能力不强的问题，一些企业尚未建立现代企业制度、盈利水平偏低等，企业竞争力亟待提升。而且，由于当前经济下行压力加大，市场需求增长放缓，能源、原材料、人工、用地成本较高，企业盈利空间受限，河南部分企业经营困难加重；在去杠杆大环境下，一些企业专注度不够，跨界融合步伐太大，面临再融资受阻、资金链断裂风险，竞争力进一步下滑。作为企业的经营管理者，企业家必须弘扬创新精神、工匠精神、责任担当精神等，积极提高自身综合素质，通过提升核心竞争力，改善产品和服务质量，提高管理效率和企业效益，提高产品市场占有率等增强企业竞争力。

（四）大力弘扬优秀企业家精神是国企打好改革攻坚战、增强活力的必然要求

目前，河南省国企改革攻坚战已经取得了阶段性成效，产权结构、组织结构日益完善，但是，增强国企市场化活力、提高管理效率仍然是河南国企改革下一步要完成的任务。弘扬优秀企业家精神是增强国企活力的重要抓手，也是国有企业改革的根本遵循。国有企业家要增强创新与变革的主动性，敢于迎难而上，敢为天下先，敢于承担风险，不断增强市场活力和核心竞争力，做大做优做强国有企业。

二 近阶段河南弘扬优秀企业家精神的做法

党的十八大以来，河南在企业家人才队伍建设方面进行了积极探索，着力突破企业家培养、选用、激励、评价等难题，激发和释放了企业家创新创业活力。2018 年 8 月，河南省委省政府出台了《关于营造企业家健康成长环境弘扬优秀企业家精神更好发挥企业家作用的实施意见》，实施了企业家精神弘扬工程，着力改善企业家成长环境。多地（市）也结合本地实际出台了具体措施，对弘扬优秀企业家精神进行了有益探索，相关工作已经取得阶段性成效。

（一）强化激励与舆论引导，企业家社会地位得到认可

通过激励引导、政治关心、舆论引导等，弘扬优秀企业家精神，激发企业家干事创业的热情，企业家的社会地位逐步得到提升。一是强化物质、精神激励措施。2018 年以来，河南以优秀企业家精神作为基本的参评标准，对评出的“经济年度人物”、“优秀创新型企业家”、“河南卓越贡献企业家”、“中原出彩优秀建设者”以及行业“优秀企业家”等进行表彰奖励。

许昌、南阳、驻马店等地通过大力表彰优秀企业家、授予各种荣誉称号等途径，强化对优秀企业家的表彰激励。二是政治关心。焦作市把优秀企业家推荐和协商为“两代表一委员”（党代表、人大代表、政协委员）职务候选人，纳入劳动模范、经济功臣、优秀建设者、“创业明星”等评选范围，提升其荣誉地位。三是运用新闻媒体开展优秀企业家、经济年度人物等的评选，专版、专栏宣传优秀企业家自主创业、兴办实体的典型事迹和先进经验；开展优秀企业家精神进企业、进校园等巡回宣讲活动。在调查中我们发现，河南大多数企业家对自身的社会、经济和政治地位比较满意，满足感较强。

（二）改善营商环境，微观主体的活力增强

2019 年，河南持续深化“放管服”改革，通过大力实施减税降费，启动营商环境评价，创新政企互动机制，建立企业家参与涉企政策制定制度，畅通企业家投诉渠道等，着力改善营商环境，构建亲清的新型政商关系，对激发企业家精神、助力企业家健康成长起到了积极作用。2019 年前 8 个月全省共实现减税降费 564 亿元，政务服务事项网上可办率达到 90% 以上，济源在全省率先推出政务服务“秒批模式”。河南探索启动营商环境评价，把评价权交给服务对象，倒逼各地进一步改善营商环境。例如，南阳市以民营企业为评价主体，围绕企业生产经营所需的要素环境、政务环境、法治环境、市场环境、社会环境、创新环境等，采取线上、线下两种方式评价政府相关职能部门的服务水平。随着营商环境的改善，市场主体创新创业活力进一步增强，前三季度全省新登记各类企业 31. 25 万户，同比增长 24. 4%。

（三）强化教育培训，引导企业家领悟树立优秀企业家精神

河南安排专项财政经费，组织工信、发改、工商联、金融、团委、妇联等相关部门，依托中原大讲堂、豫商课堂、行业领军人才培训班、高级管理人员培训班等载体，分层分类强化对企业家进行培训。许昌多次组织全市优秀企业家和高成长型中小企业负责人到欧美地区世界 500 强企业、东部发达

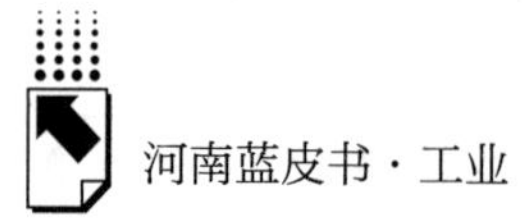

地区中国500强企业考察，让企业家走进名企，与优秀企业家面对面交流考察，引导企业家拓宽视野，提升综合素质，领悟树立“优秀企业家精神”。

（四）搭建合作平台，激发合作共赢意识

企业家之间的交流切磋学习对弘扬企业家精神发挥着重要作用。巩义市搭建了巩义大讲坛、企业家论坛等平台，南阳市开办了宛商大讲堂，许昌市举办了企业家学习论坛、企业家沙龙、企业家座谈会，漯河、濮阳等地成立年轻一代非公经济人士联谊会等，这些平台成为企业家之间交流合作、提升企业家精神的重要载体。目前，河南企业家已经具有较强的合作共赢意识，能够主动参与各类社会组织并积极参加各种活动，企业间建立了广泛的合作关系。

（五）强化责任担当，企业家社会责任意识增强

河南省建立了企业社会责任促进中心，定期发布民营企业社会责任报告，宣传社会责任优秀案例，大力弘扬企业家履行责任、敢于担当、服务社会的精神，引导企业家积极履行社会责任。此外，各级政府也积极创新企业家精准扶贫、公益慈善、应急救灾等的方式和路径，如长葛市鼓励企业家把承担社会责任与企业长远发展结合起来，在“千企帮千村”活动中，选取帮扶意愿和责任心强、规模大、效益高的企业与帮扶村签订帮扶协议。

（六）加强企业家精神研究，深度挖掘新时代豫商内涵

在省哲学社会科学规划项目、省政府决策研究项目等对企业家队伍建设方面的课题研究予以了倾斜，加强了对企业家成长规律的研究。支持围绕中原企业家和不同地域的企业家群体，挖掘企业家精神的特色内涵，运用新闻媒体、新媒体等塑造新时代豫商品牌。

三　河南弘扬优秀企业家精神工作中存在的问题

在充分肯定取得成绩的同时，我们也应清醒地认识到，河南在弘扬企业

家精神工作方面，还存在重视程度不够、教育培训机制不完善、激励约束机制仍不健全、合作载体平台建设相对滞后、营商环境不优等问题，企业家成长环境与江苏、浙江、广东等沿海发达地区具有较大差距。企业家精神的缺失已成为河南新时期企业成长和经济高质量发展的重大瓶颈，在未来的工作中亟须解决和完善。

（一）政府重视程度不够

与企业家精神、企业家在经济社会发展中的重要作用相比，河南社会各界对其重要作用的认识却远远不够，相关政策措施机制不完善，已制定的政策落实不到位，难以起到弘扬企业家精神的效果。如激励政策覆盖范围比较窄，多集中于高层次、科技型、创业型等小范围企业家，发挥作用较为有限；促进企业履行社会责任的“千企帮千村”行动，缺乏长效帮扶机制，导致有的地方产业扶贫带动能力不强，最终影响企业家在群众心目中的形象；国有企业的管理者尚没有完全摆脱行政任命制，对高级管理人员的激励和容错机制不足，影响企业家精神的发挥；等等。沿海发达地区已经深刻认识到企业家精神的重要作用，广东、江苏、山东、浙江等地都把弘扬企业家精神作为企业家人才建设的重心，出台了弘扬企业家精神、发挥企业家作用的相关意见和政策措施，政策落实也比较到位。

（二）培训教育机制不完善

针对企业家开展的教育培训缺乏顶层设计，有限的培训资源被分散在科技、人社、工商联等部门，系统性、整体性、精准性、专业性、实践性不足，培训资源存在低效浪费现象。各地市在教育培训时，多选择去国内高校进行授课，较少选择国内外的高端专业培训机构，培训机构专业化程度不高，难以满足企业家对高端培训的需求。培训内容精准性不高，缺少对特定企业家群体的订单式培训。授课教师缺乏企业工作经验，培训内容以课堂教学为主，以理论讲解为主，实地参观少，研讨交流少。培训覆盖面不广，只有一部分企业经常参加政府部门组织的企业家培训。

（三）激励约束机制尚不完善

针对企业家群体的激励约束机制尚不完善，影响企业家精神的形成。例如，国有企业经营管理者的薪酬尚未完全市场化，企业家缺少来自外部竞争对手的竞争压力，极大地降低了企业家创新创业的热情；对国有资产监管机制、违规经营追责机制不健全。社会信用体系相关法律法规和制度有待完善，失信惩戒机制发挥的作用有限。

（四）载体平台建设相对滞后

河南在企业家交流合作平台以及一些政府服务平台等建设方面均与沿海发达地区存在较大差距，影响企业家精神的发挥，并制约了企业家成长。当前，虽然各地都搭建了各种形式的企业家合作交流互动平台，但缺乏一个相对规范的平台管理机制，客观上制约了企业家合作互动、对接交流的有效性，影响优秀企业家精神示范作用的发挥。政府设立的各种产业基金服务平台由于缺乏专业化、市场化运作，发挥作用十分有限，难以破解中小企业融资难困境。

（五）营商环境不优问题仍然存在

从整体上看，河南营商环境还有待优化，营商环境不优成为影响企业家精神的最重要因素，表现在公平竞争的市场环境有待优化，亲清新型政商关系还未真正形成，政府服务效能还有待提升，保护企业家合法权益的法治环境还待健全机制，尊商重商的社会环境也尚未形成，企业面临“成本高、创新难、融资难、办事难”等问题。一是一些行业、产业与市场对民营经济进入还存在制度性障碍，即使在已经开放的领域，也存在“玻璃门”，在个别地区，外商投资企业享受的优惠政策超过本土企业，不公平的竞争环境最终影响企业家精神的发挥。二是制度化的政企互动平台尚未搭建，政企关系在不同程度上存在权力寻租、制度性交易成本过高等问题，企业诉求渠道不畅，企业家也无法及时获取相关政策信息。三是受官本位思想、现行政府管理体制等因素影响，一些涉企部门服务意识不强，对企业遭遇知识产权保护等问题缺乏主动性，与广东等沿海发达地区提出的要对企业家进行“保姆式”“店小二式”的服务相比，河南服务效能整体不高。四是企业经营自主权、知识产权以及企业家的财产权、人身权益受到非法侵害的事件还偶有发生，影响企业家创新创业的积极性。五是公众包括一些政府人员对企业家还存在一些偏见，不能正确看待他们对经济社会发展的影响。

四 对河南弘扬优秀企业家精神，助推制造业高质量发展的建议

在创新驱动发展、制造业高质量发展等战略中，企业家精神发挥着独特的作用。推进河南制造业高质量发展，必须重视优秀企业家精神这一稀缺资源，厚植企业家精神成长的土壤，培养造就出一大群本土优秀企业家，引领制造业高质量发展。

（一）提炼新时代豫商精神的内涵，打造优秀豫商精神展示载体

河南是我国商文化的发源地，从中国商人的始祖王亥到商圣范蠡，从经济学家、政治家管仲再到情商政治家吕不韦，从吃苦耐劳的师史到爱国典范弦高，一代代豫商从不同层面展示了河南人勤俭、诚信、仁义、爱国等优秀品质。新的时期，河南制造业面临新环境新问题新挑战，其高质量发展呼唤新时代豫商精神的重塑，河南要践行新发展理念，创新性继承豫商精神，不断丰富豫商精神的内容，赋予豫商精神新的内涵。建议省社科院、郑州大学等科研院所深入挖掘不同时期、不同地域河南企业家独特的精神品格，全面诠释豫商精神的现代价值，精准提炼新时代的豫商精神。广泛利用新闻媒体、微信平台、电视、电影以及豫商大会等载体展示豫商风采，传播豫商文化，弘扬豫商精神，扩大豫商影响。

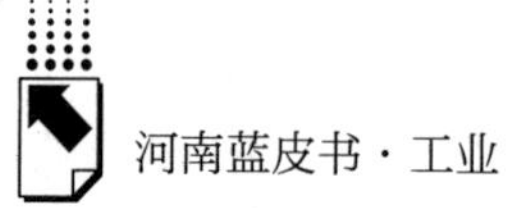

（二）完善教育培养机制

强化顶层设计，统筹全省国有企业家和民营企业家教育培训工作，建立常态化、精准化、专业化、全覆盖的企业家培训机制。创新培训方式，定期组织企业家、高层管理人员到高校和专业培训机构进行理论培训和各类专业知识培训，到国内外知名企业进行考察学习交流提升等。以党建工作教育引领企业家履行好社会责任，引导他们积极投身"一带一路""三区一群"等建设，积极参与精准扶贫、社会公益等活动。把新生代企业家吸收到党的队伍中来，着力在教育培训中引导传承老一代优秀企业家精神，帮扶新生代企业家成长。

（三）创新激励约束机制

适当的物质和精神激励，有利于促进企业家精神持续发挥作用。一是创新优秀企业家评选表彰机制。鼓励公众参与各类优秀企业家评选活动，对评选出的优秀企业家加大物质奖励和精神激励力度，通过多种形式宣传报道优秀企业家的先进事迹和精神经验，树立优秀企业家榜样标杆，让优秀企业家精神在更大范围内发挥作用。将民营企业家纳入工会、妇联等群团组织开展的各项创先评优活动。二是强化对企业家的政策激励。对优秀企业家，在重点项目、资金扶持等方面给予倾斜。三是强化政治地位激励。积极推荐符合条件的优秀企业家作为人大代表、政协委员和劳动模范人选，为其参政议政提供可能。四是完善对国有企业家和高管人员的薪酬激励制度，探索市场化的薪酬分配制度。五是健全企业家诚信经营激励约束机制。强化企业家信用、契约精神宣传，尽快实施企业诚信承诺制度。整合工商、财税等职能部门信息，利用河南省信用信息共享平台，建立企业家诚信档案，实行守信联合激励和失信联合惩戒，根据信用信息分别在政府投资工程招投标、重点项目、财政资金安排等方面实行倾斜或限制。六是建立容错机制，对企业家在合法经营中出现的失误失败给予更多的理解和帮助。

（四）创新交流合作机制

搭建多层次、宽领域的互动合作交流平台。一是拓宽企业家之间的合作交流渠道。例如，支持优秀企业家牵头组建“领军企业产学研创新联盟”，引领产学研合作创新。鼓励建立新型智库，吸引优秀企业家和国内外专家学者等加入，为本地企业发展出谋划策。组织企业家到沿海地区、“一带一路”沿线国家考察学习，拓宽视野，寻求更多合作机会。二是鼓励企业与院校联合，共建专业人才培训基地，开展产学研合作创新等。三是发挥好商会、协会、学会等的平台作用，定期组织企业家座谈、走访活动和沙龙，帮助企业家分忧解难，促进企业家合作交流、资源共享。

（五）营造良好的营商环境

一是持续深化“放管服”改革。坚持把企业发展的痛点、堵点、难点作为政府持续改进服务的重点，努力为企业提供主动服务、精准服务、高效服务，不断降低企业制度性交易成本。二是建立制度化的政企联系沟通机制，坚持问需于企，急企业之急，解企业之难，把帮助企业、服务企业作为分内之事、应尽之责，拓宽、畅通渠道听取企业家的诉求，完善涉企政策和信息集中公开机制和推送机制；坚持问计于企，健全企业家参政议政、建言献策的机制与工作程序，培养涉企政策专业咨询的企业家队伍，提高企业家在涉企政策制定中的话语权。三是创新企业家合法权益保障机制。落实完善知识产权等相关法律法规，建立完善涉企收费、监督检查等清单制度，研究制定商业模式创新、文化创意等知识产权保护办法，建立由政法委、工商联等相关部门组成的企业家合法权益联合保障机制，严厉查处侵犯企业家合法权益的各种违法行为，积极营造依法保护企业家合法权益的法治环境。四是强化政策落实，打通政策落地的“最后一公里”。各级政府部门要全面梳理政府改善企业家成长环境的相关政策措施，检查各项政策措施在本地区、本部门的落实情况与存在的问题，对存在的问题以改革创新的思维研究解决办法，确保政策落实到位。

参考文献

河南省统计局、国家统计局河南调查总队：《2018 年河南省国民经济和社会发展统计公报》。

国家统计局：《中华人民共和国 2018 年国民经济和社会发展统计公报》。

国家统计局、科学技术部、财政部：《2018 年全国科技经费投入统计公报》。

朱佳：《企业家精神是推动经济高质量发展的重要动力源》，《中国建设报》2019 年 10 月 2 日。

袁思源：《“康百万”对现代豫商文化的启示》，《河南商业高等专科学校学报》2015 年第 2 期。

B.9

推动河南产业集聚区“二次创业”的思考与建议

刘晓萍*

摘　要： 近年来，受国内外经济增长放缓、实体经济发展低迷、数字经济蓬勃发展、市场需求变化等多种因素影响，河南产业集聚区发展普遍遇到瓶颈。尤其进入2019年，产业集聚区发展面临土地财政向税收财政转变、房地产驱动向产业驱动转变、重资产向轻资产转变等巨大变化和挑战，集聚区“重开发轻运营”的模式难以为继，园区发展亟待在管理体制、运营模式上深化改革、创新思维、扩大开放，实现“二次创业”，顺利实现从“创业期”到“创新期”的转型升级。

关键词： 产业集聚区　二次创业　河南

当前，全国产业园区纷纷进入以增强创新能力、提升运营水平、实现内涵式发展为特点的“二次创业”新阶段。面对新常态、新变化、新要求，产业园区也呈现新的发展趋势。聚焦河南，全省产业集聚区也从“创业期”走入“创新期”，推进集聚区“二次创业”，进一步把集聚区建设成为全省高质量发展示范区、先进制造业引领区和改革开放先导区迫在眉睫。

* 刘晓萍，河南省社会科学院工业经济研究所副研究员。

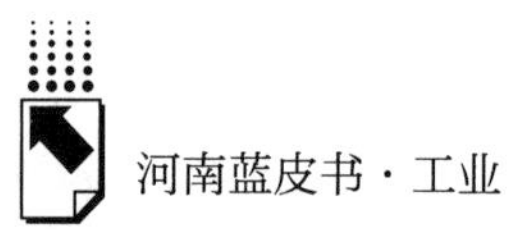

一　产业园区发展的前沿趋势

（一）产业形式生态化

早期粗放式的招商模式主导了产业集聚区的开发建设，产业定位同质化、产业招商盲目化的现象多有存在，导致后期集聚区发展普遍陷入“有企业无产业”“产业点多链散”的产业困境。然而回顾我国产业园区发展脉络，在产业形态上园区发展整体呈现出“无主导产业”—“产业无序集聚”—“产业链式发展”—“产业生态完备”的演进规律。尤其聚焦国外发展经验及我国沿海地区发展趋势，产业定位精准、产业链条完整，运营商、政府、企业、科研机构、中介服务等各类主体紧密关联有机融合的“产业生态完备型”园区将成为产业集群区转型升级的主流方向。下一阶段，加快河南产业集聚区“二次创业”必须按照“构建产业链、形成产业集群、完善产业生态”的创新发展模式持续推进。

（二）产业主体高级化

在着力实现经济高质量发展的大背景下，推动产业高端化发展是产业集聚区“二次创业”的根本。结合对江浙地区产业园区发展的调研，园区产业的转型升级主要聚焦在“瘦身”和“增高”两条路径上。一是产业门类的“瘦身”。就像当前很多企业进行轻资产发展转型一样，很多沿海地区园区受到土地指标的限制都在进行产业整合，结合本地产业发展基础和前沿产业发展趋势，围绕主导产业节点补链、延链、强联打造产业链经济。二是产业效益的“增高”。以提升亩均效益为目标，立足园区产业结构，尤其是结合传统产业占比较大的特点，加大对传统产业的技术改造力度进而实现园区的转型升级，其中以浙江的“亩均论英雄”改革最为典型。与此同时，借助产业融合来实现园区产业“增高”，例如苏州工业园等通过深化制造业与互联网、服务业的深度融合，以智能化、服务化来拓展产业链，提升产业链竞争力。

（三）产业招商精细化

产业招商是园区发展的“生命线”，涉及产业规划、招商接洽、项目入驻、运营维护、服务政策等诸多环节，从产业园区的招商引资模式来看，先后经历“优惠政策主导”—“投资环境主导”—“产业生态主导”三个阶段，产业招商也从野蛮粗放式逐渐发展到精准招商，招商引资与产业基础、集群规划、前沿趋势结合越来越紧密，点、线、面的立体招商体系愈加清晰。此外，综观中关村、张江等国内一流园区，我们看到很多产业园区在关注“招商引资”的同时，对“引智招商”日益重视。各地园区纷纷出台针对性政策措施，积极吸引科学家工作室、博士后工作站以及科研院所外派机构等落户园区。尤其针对大数据、文化创意等新兴产业，更加注重人力资源的开发培养，通过完善人才引进、人才培养和人才维护等系统性策略安排，以人才集聚为引领带动整个产业生态圈建设。因此，未来园区的发展，招商引资、招才引智手段的不断创新将为新兴产业培育和园区产业升级提供持续动力。

（四）园区运营多样化

在产业园区蓬勃发展的当下，“运营软实力”已经成为园区发展的核心竞争力，打造精品园区、品牌园区也成为各地政府实现经济高质量发展的重要抓手。当前国内也不乏成功运作的产业园区，像中关村、张江高科、苏州工业园等历经多年打造，在国内拥有响亮的品牌知名度，近些年受土地资源限制积极发展“飞地”园区模式，开始了园区的品牌化输出之路。此外，也有诸如华夏幸福、招商蛇口等民营园区运营商，采取“连锁经营”的园区开发模式，在全国各地布局复制园区运营模式。如表 1 所示，由中国工业合作协会等联合承办的 2019 年第五届中国产业园区大会重磅发布了“2019 年度中国产业园区运营商 50 强”榜单，前 10 强企业既有上海临港、中关村发展等传统明星园区运营商，也有华夏幸福、招商蛇口等近些年崛起的专业地产运营商。总体上而言，产业园区的运营从开发主体到运营主体、盈利模式都在呈现多元化趋势，运营模式也从“基地 + 基金”升级为“产业 + 基金+运营”，入驻企业对产业园区的要求，不再是仅仅满足办公设施物理空间提供、人力培训、法律咨询、投融资支持等，还要求园区发挥依靠龙头联动的集群效应以及适合产业链上下游发展的产业生态。下一阶段，产业园区在充分发挥集群效应的基础上，更要形成一个有效顺畅的资本投融资机制和运营服务机制。

表1　2019年度中国产业园区运营商10强榜单

排名	获奖企业
1	招商蛇口
2	华夏幸福
3	中新集团
4	中国宏泰发展
5	上海临港
6	中关村发展
7	联东集团
8	中节能实业
9	张江高科
10	星月投资

资料来源：方升研究《2019年产业园区年度报告》。

（五）平台要素战略化

产业园区发展到一定阶段，资源要素的升级换代是必然趋势。随着产业高质量发展的不断深入，智能化、产业资本、服务平台成为园区战略转型的重要支撑。一是“智能+”推动园区战略化升级。随着数字经济的发展及国家宏观政策的引导，未来我国产业园区智慧化建设需求会持续高速增长。一方面，园区通过物联网、大数据以及云计算、边缘计算的运用，构建互联互通互感的全域智能化体系，实现万物数据化、智能化互联，形成从“链接”到“赋能”的“智能+”产业生态系统，让园区运营变得更加“智慧化”；另一方面，园区智慧化建设与产业规划相融合，通过引入新兴智慧产业逐步形成从“智慧制造”到“智慧服务”全链条的园区产业格局。二是产业资本推动园区战略化发展。从土地开发、物业建设、产业孵化到园区运营全过程都需要资本的推动，尤其随着金融市场的不断创新，园区产业资本也涌现诸多新的模式，例如在园区开发领域，除了财政拨款、银行贷款、上市融资、BOT 等传统模式，又出现了基建基金、融资租赁、信托融资等新模式；在产业孵化领域，涌现了科技银行、私募股权基金、风险投资等资金模式。产业资本对园区发展的支撑已经从单个企业的“金融扶持”延伸升级为整个产业的“金融孵化”。三是公共服务平台塑造园区战略化优势。园区运营模式的升级实现了园区从重资源导入向轻资产运营的转变，战略咨询、技术转化、风险投资、人才服务、产业生态建设等服务平台建设备受关注。例如中关村、张江在早些年就明确提出了系统服务集成商的园区定位，可以说在日益激励的园区竞争中公共平台规划建设的完备程度成为影响产业园区竞争力的重要指标。

（六）承载功能多元化

根源于早期空间布局的规划，产业园区多设在城市郊区，发展初期也得益于土地的低廉成本和政策的优惠扶持，进而吸引企业入驻，集聚大量产业工人，快速地形成功能较为单一的产业园区。但随着多年来产业园区的发展和演化，园区承载功能日益多元化，城市生活要素和产业生产活动在园区内聚集并存，产业园区的城市化进程不断加快，园区与城区在市场、技术、资金、人才等领域的联系越加密切，园区经济与城区经济日益融合。因此，为了顺应园区承载功能多元化的发展趋势，一些先进地区产业园区积极推动园区从单一生产型向生产生活复合型升级，依托于信息流、人才流、资金流、技术流和物流等社会资源，创造与城市功能和生态环境相协调的生态产业，从专业园区发展为城市综合功能区，逐渐成长为城市空间的新地标。

二　河南产业集聚区发展的突出问题

（一）政府主导市场缺位，模式久而不新

河南产业集聚区自 2008 年建立至今，采取自上而下的推进模式，具

有典型的政府主导特色，市场化运作水平不高，发展模式较为传统。在开发建设布局上，成立省级领导小组，筛选 180 家园区进行统一管理；在集聚区内部成立管委会，并由政府派驻相关部门机构。集聚区建设采取全省统一建设、管理、考核，将集聚区建设作为全省经济发展的中心，举全省之力打造。当然，这在集聚区建设初期充分显示出了政府集中力量办大事的制度红利，各种资源的快速集聚、优惠政策的大力扶持，使全省产业集聚区呈现出一片欣欣向荣的发展态势，集聚区也迅速成为全省经济的主力引擎、工业发展的核心支撑、释放内需的主要阵地以及农区赶超的关键动力。但随着集聚区发展的不断推进，政府专权市场缺位的弊病全面暴露出来，主导产业同质性强、各地园区恶性竞争激烈、主导产业不突出、产业链接度低、自主创新能力弱、资源集约节约发展水平不高、园区运营模式落后等阶段性矛盾和问题逐步凸显。虽然政府在意识到集聚区发展的诸多问题后也积极地进行应对，针对集聚区的开发、运营成立引进投资开发公司，对产业布局、产业招商、服务平台也积极引入市场手段，但对比国内一流园区整体上来看，市场经济水平不高、企业主体地位不高、园区运营模式落后等问题依旧存在。从近些年全省出台的一系列产业集聚区工作实施方案等文件可以看出，市场化运营和企业家精神体现不足，集聚区的建设仍是政府主导，“强势政府、弱势市场、落后模式”的现状未得到根本性扭转。

（二）统一推进偏重考核，园区多而不强

产业集聚区建设作为近些年河南经济发展的头号工程，从推动之初就是采用统一推进、集中考核的方式。在省级层面确定谋划集聚区发展战略后，各地市一哄而上，积极运作本地园区能够进入全省发展的大盘子。在此背景下，进入省级层面的 180 个产业集聚区按照政府指导统一建设，同步式的推进促使产业集聚区在极短的时间上规模、出效果，形成了一批颇具规模的集聚区。与此同时，为了更好地推进产业集聚区建设，全省实行星级评价考核办法，通过各项指标来量化管理集聚区。但

是综观不断完善的集聚区考核管理办法，评价标准都是以经济体量为核心来衡量园区发展。因此，基于齐头并进的建设模式和偏重体量的考核推进方式的双重影响，产业集聚区在多年的发展中更加注重上规模、扩体量。但是对比全国一流园区以及中西部省会城市，河南产业集聚区大而不强的特点显著。2018 年同济大学发展研究院公布的《2018 中国产业园区持续发展 100 强》榜单显示，从入选园区总量来看，江苏、山东、广东、浙江分别以 20 家、11 家、9 家、7 家位列前四，河南仅以 3 家的数量位列 12（见图 1）。

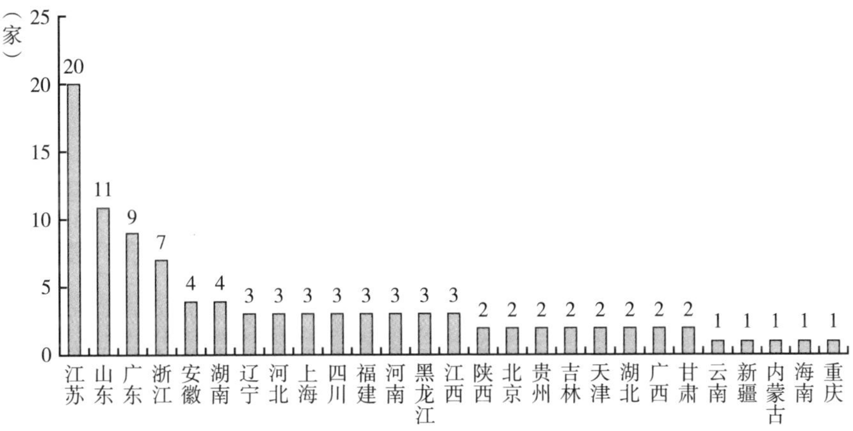

图 1　2018 年度中国产业园区持续发展 100 强省份分布

资料来源：同济大学研究院《2018 中国产业园区持续发展蓝皮书》。

从入选园区排位看，对比周边省会城市成都、西安、合肥、武汉、长沙，武汉东湖（5）、成都高新（6）、合肥高新（8）、西安高新（12）、长沙高新（29），而郑州高新区仅列第 51 位（参见表 2）；武汉经开（16）、合肥经开（18）、西安经开（27）、成都经开（30），而郑州经开区列第 32 位。整体来看，河南产业集聚区园区数量众多，但在全国的综合竞争力还较低，尚未形成具有影响力的精品园区，园区在创新发展、公共服务、主导产业等方面都有待强化。

表 2　2018 年度中国产业园区持续发展 10 强榜单

排名	园区	区域
1	中关村国家自主创新示范区	东
2	上海张江国家自主创新示范区	东
3	苏州工业园区	东
4	广州经济技术开发区	东
5	武汉东湖国家自主创新示范区	中
6	成都高新技术产业开发区	西
7	北京经济技术开发区	东
8	合肥高新技术产业开发区	中
9	深圳高新技术产业开发区	东
10	天津经济技术开发区	东

资料来源：同济大学研究院《2018 中国产业园区持续发展蓝皮书》。

（三）注重规模忽视效益，企业多而不精

经过十多年的快速发展，全省产业集聚区规模得到迅速扩张，截至 2017 年，全省产业集聚区建成区面积达 2100 平方千米，完成固定资产投资 2.2 万亿元，占全省比重达 49.9%；实现工业主营收入 5.5 万亿元，占全省工业总量的 68%。但从整体上看，全省产业集聚区的经济效益及发展质量还不高，“中型企业多、上市企业少”“外地知名企业多、本土明星企业少”“传统产业企业多、现代产业企业少”等现象普遍。以作为全省创新高地的郑州高新区为例，相比武汉、合肥、成都等高新区，郑州在上市企业、入驻世界 500 强企业数量方面都低于周边省会城市（见图 2）。

与此同时，我们也注意到，近些年受招商形势的影响，园区在企业培育中，更加注重外来企业引进，对本土企业的关注较少，使得本土企业发展空间狭窄，尤其是中小企业很难得到快速发展，但事实上本土企业在发展稳定性、长期性和适应性方面都更优于引进企业。此外，在产业类别上，园区企业仍然以传统产业居多，现代新兴产业企业占比较小。以郑州市 16 个产业集聚区为例，除了航空港、高新区以及经开区在航空物流、高端装备、生物

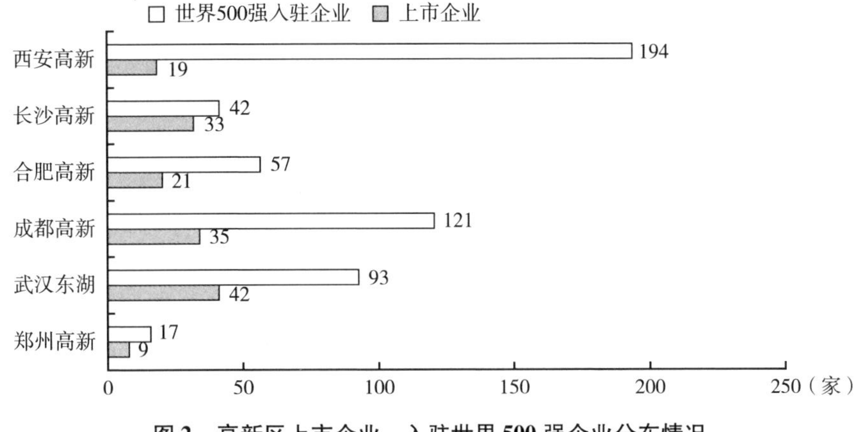

图 2　高新区上市企业、入驻世界 500 强企业分布情况

资料来源：作者根据网络资料整理。

医药、电子信息等产业拥有一批企业，其他多家集聚区企业仍是以铝精深加工、纺织服装、食品加工等传统产业居多。

（四）注重企业忽视产业，产业聚而不群

截至 2018 年底，河南依托产业集聚区已经形成了 18 个千亿级产业集群、142 个百亿级产业集群，产业集聚发展进一步加强。但是聚焦产业集群内部，产业链环节不完整、本地配套率低仍是产业集群发展的主要制约。在产业集聚区建设中，主管部门长期是重“项目”轻“产业”、重“大块头企业”轻“小体格配套企业”、重“生产制造环节”轻“服务增值环节”，导致产业链条环节缺失，产业发展缺乏配套，产业集群以“堆”代“链”，集群效应发挥不足。在调研中我们发现，很多企业是生产环节在河南，但是核心材料、关键技术、主要设备都是来自外地。以河南光远新材料公司为例，其主营产品电子级玻璃纤维纱、纤维布在国内具有绝对竞争力，其原材料石灰石、高岭土等矿产资源来源于河南本地，耐火材料等关键材料来自美国、核心技术来自日本、机器来自英国和德国，可以说关键材料、关键技术、主要设备等关键点都是由国外把控，产业链关键环节缺失，本地配套率低现象突出。与此同时，产业链整合难度大的问题也较为突出，当前在多个产业集

聚区中，能真正充分发挥培养行业核心竞争力、引导中小企业进行配套供应生产、进行产业链式发展的领袖型龙头企业较少，一些行业的龙头企业与中小企业的关系还处于松散型的状态，甚至有些还存在较为激烈的竞争关系。

（五）注重招商忽视运营，效益低而不高

一是重开发轻运营，河南产业集聚区相对于国内一流园区而言，多年的发展重点都在基础设施建设、企业招商上，可以说把招商作为终极目标，工作重心就是围绕将企业引进来而完善环境建设，但是针对企业入园后的后续配套服务跟不上，根植于河南本土的园区运营企业匮乏，包括工商注册、信贷申请、审计咨询、行业服务、园区企业活动、专利申请等专业物业运营服务水平较低。这个现象由一组数据可以充分显示出来，在中国工业合作协会等联合承办的2019年第五届中国产业园区大会上，主办方在收集到的149家产业园区运营商数据中，华东区域数量最多，达到74家，华南区域企业数量最少仅有15家，但是营业收入却排名第二，平均营业收入高达159.97亿元。中西部区域相比于沿海地区，无论是营业收入总量还是平均营业收入都处于垫底的位置。

二是追求高端忽视传统，高端、先进、智能产业成为各地聚焦的重点，这对于产业转型升级而言确实是方向和趋势，但是作为中部省份园区，产业高端发展的生态还不健全，高端项目并不一定带来高端效益。相反对于已经有了多年积累的传统产业以及中小项目，如果加大扶持力度，助推其实现向资本密集、技术密集转型升级，将更快更好地为园区实现规模效益。

三　加快河南产业集聚区“二次创业”的对策建议

（一）提升创新能力，加强集聚区的核心动力

进一步强化集聚区的创新发展能力，积极打造以国家级高新区为引领、以多元化创新创业高地为支撑的“1+N”梯级创新载体体系。一是强化国

家级高新区的创新能力，激发其对全省产业园区创新发展的引领作用。引导高新区突出“高”“新”，统筹研发机构、服务平台、人才资源等重大科技资源进一步向高新区倾斜，重点布局战略性新兴产业和高新技术产业，支持高新区建设科学管理体制和高效灵活的创新机制，切实增强自主创新能力和内生发展动力。二是加强园区创新创业平台建设，精准把握河南产业优势，大力发展包括互联网创业平台、制造业创新中心、科技企业孵化器加速器、创新创业综合体、全球资源对接合作平台等在内的梯级创新创业平台，力争在高端装备、新能源汽车、新材料、冷链食品等领域率先实现国家级创新中心突破。

（二）提速集群升级，聚力集聚区的关键支撑

立足产业集群发展基础，对标世界最先进水平突破短板，不断探索产业集群转型发展的新路径，加快培育具有核心竞争力和特色优势的先进制造业集群。一是持续壮大优势产业集群，提升装备制造、食品制造、智能电力等优势集群在关键技术、关键基础材料、核心零部件、工艺装备、专业人才、标准等方面的发展能力，对标国内外一流集群强化河南产业集群品牌建设。二是推动产业集群智能化、服务化、绿色化改造升级。培育一批工业互联网应用标杆和产业示范基地，着力引进全国综合性工业互联网平台和骨干龙头企业行业性平台在豫布局，建设“工业大脑”，实施“万企上云”工程，推动各集群建设一批智慧园区、智能工厂、数字化车间。充分发挥郑州国家级服务型制造示范城市的引领作用，推动集群企业与信息服务、数字创意、智慧物流、现代供应链等生产性服务业融合发展。聚焦钢铁、建材、化工、有色、造纸等重点行业，以安全生产、中水回用、余热余压利用、废水处理等领域为重点，全面推行清洁生产，加快建设一批绿色工厂、绿色企业、绿色供应链。

（三）加快企业培育，强化集聚区的基础架构

加快培育优秀的企业群体，提升集聚区竞争力。一是培育壮大世界一流

企业。实施领军型企业培育工程，支持重点企业瞄准产业链关键环节和核心技术实施兼并重组，加快产业链关键资源整合，形成一批根植河南、具备产业链整合能力和世界级影响力的大型骨干企业，培育一批高成长的独角兽企业和瞪羚企业，力争培育1~2家灯塔工厂。二是做精做优“隐形冠军”企业。实施中小企业“专精特新”和单项冠军、隐形冠军培育工程，支持中小企业加强与大中企业的协作，加强对专精特新“小巨人”企业的产权保护、技术创新、品牌建设、融资增信等方面的支持和服务。三是引进培育新兴企业主体。顺应数字产业化、产业数字化和新一代信息技术发展趋势，加快培育和引进一批产业链横向、垂直整合能力强的平台型企业，推动产业融合发展。支持郑州市强化总部经济，加大国内外500强和行业20强企业总部、区域总部引进力度，培育一批行业整合力强、区域或国际影响力大的总部型企业。

（四）提高运营水平，完善集聚区的制度保障

在产业园区进入4.0时代背景下，集聚区发展已经进入“运营为王”的时代，深耕产业、精细运营将是推进集聚区提质增效的主要路径。一是创新集聚区运营模式。因地制宜鼓励集聚区采取政企合作型开发模式和企业主导型开发运营模式，积极引入华夏幸福、招商蛇口等国内一流园区运营商，从土地开发、企业引入、产业培育、园区运营、平台服务等全流程关键节点提升集聚区发展水平。二是提升园区运营效益。着力提升土地产出率，提高亩均产出效益，提升资源循环利用率。三是加快智慧园区建设。结合大数据、云计算和边缘计算、5G通信等信息技术，建设智能化示范园区，根据集聚区产业发展、资源分布、空间布局等方面的特点，明确集聚区智慧化建设的细分场景、技术环节、软硬件采购需求及建设方案。加快大数据平台建设，推动企业间资源共享，打造园区工作、生活生态圈，推进产业集聚区向平台节约化、应用智慧化、运营社会化发展。

（五）完善产业生态，重塑集聚区的品牌价值

产业生态圈是指一定区域内，人才、技术、资金、信息、物流和配套企

业等要素有机排列组合，通过产业链自身配套、生产性服务配套、非生产性服务配套以及基础设施配套，形成产业自行调节、资源有效聚集、企业核心竞争力充分发挥的一种多维生态系统。完善产业集聚区生态圈，关键是围绕主导产业个性需求、企业生产辅助功能、人才资源配套需求、园区高端生活功能，构建产业要素设施平台、科研型功能平台、生活性服务平台。通过突出要素保障精准供应、功能导向策划项目和政策引领放权赋能，完善产业链的上下游协作、左右岸协同关系，共享、匹配、融合形成若干微观生态链，推动产业园区从单一的生产型园区经济，向生产、服务、消费等多功能的城市型经济转型。

参考文献

前瞻产业研究院：《我国产业园区发展的十大趋势》，https://f.qianzhan.com/yuanqu/detail/180613-c8d918f4.html。

河南省政府办公厅：《河南省推进产业集聚区高质量发展行动方案》。

龚绍东、王俊本、刘晓萍等：《2014 年河南产业集聚区发展报告》，《河南日报》2015 年 2 月 4 日。

经世民：《建设产业功能区　构建产业生态圈》，《成都日报》2019 年 5 月 15 日。

B.10 金融支持河南制造业高质量发展现状及对策研究

冶伟平　仝宝琛　张　凯　王　壮*

摘　要： 随着近年来传统产业盈利持续下降，金融风险集中暴露，银企互信受到严重冲击，加之资金面持续偏紧，企业融资难融资贵问题突出，实体经济长期“失血”运行，制造业投资持续低迷，稳增长压力很大。金融和实体经济是一对矛盾共同体，融资难融资贵问题由来已久、根深蒂固，在全国甚至全世界范围内都是顽固性问题，不仅涉及银行和企业两方主体，还牵涉政府部门、担保机构和金融监管等诸多方面，更与金融体制和金融生态的建立健全息息相关。针对金融支持制造业高质量发展的现状及问题，本文坚持问题导向，通过深入的实地调查和研究分析，同时借鉴省内外先进经验，提出符合实际的政策措施建议。

关键词： 河南　金融　制造业

“经济是肌体，金融是血脉”，金融通，实体兴；资金堵，企业苦。长期以来，河南金融供给总量偏少，供需严重失衡。特别是当前全省工业贷款总

* 冶伟平，河南省工信厅运行监测协调局副主任科员；仝宝琛，河南省工信厅运行监测协调局副局长；张凯，河南省工信厅运行监测协调局科员；王壮，国网郑州供电公司变电检修室员工。

量偏少、占比偏小、增速趋近于零，金融在支持制造业高质量发展方面发力不足、用力不够。长期的“金融缺位”导致民间投资意愿下降、制造业投资长期低迷、企业经营资金紧张、链条断裂问题频发，理应引起我们深度反思。

一　金融支持河南制造业高质量发展现状

（一）工业信贷总量偏少

近年来，全省工业企业在转型升级中持续投入，传统行业在环保改造中投入了巨额资金，龙头企业动辄付出几个亿、几十亿，实施改造和搬迁入园的工业企业也需要新增投入大量建设性资金，资金需求量大增，资金缺口急剧扩大。而与之形成鲜明对比的是，全省工业贷款增长速度却趋近于零，增长极其缓慢。2019 年 8 月末，全省工业贷款余额 7471.9 亿元，同比下降 0.1%，占各项贷款的 13.9%；工业贷款余额较年初增加 76.4 亿元，占各项贷款增量的 1.3%。分行业看，电力、热力、燃气及水的生产和供应业贷款余额为 1900.3 亿元，同比增长 12.5%，较年初增加 139.3 亿元，同比多增 46.2 亿元；制造业贷款余额 4545.9 亿元，同比下降 2.1%，较年初增加 11.4 亿元，同比少增 124.8 亿元；采矿业贷款余额 1025.7 亿元，同比下降 10.2%，较年初减少 74.3 亿元，同比少减 21.5 亿元。通过贷款数据分析，发现三点明显问题：一是全省工业增加值占 GDP 的 40% 以上，工业贷款占全部贷款比重却仅为 14%，且年初以来持续下降；二是工业增加值平均增长 8%，工业贷款增速却不断下降甚至低至零以下，较全部贷款低 17 个百分点；三是前 9 个月，工业贷款新增额占全部贷款比重仅为 1.6%，不足住房贷款的零头。工业企业融资总量严重不足造成工业长期缺血发展，严重制约了全省工业转型升级和高质量发展。

（二）贷款结构明显失调

一是金融供给长期畸形。制造业占比过低，房地产占用比例高；国有企业占比过高，民营、中小企业占比低；短期流动资金多，中长期项目资金少。金融供需严重错配，国有企业仍是银行最爱，“三煤一钢”占据了近两成的贷款资源，新兴产业的企业却很难获得贷款，而支撑未来河南经济高质量发展的新动能基本集中在轻资产、高风险、长周期、初创型的电子信息、新一代信息技术、工业互联网、智能制造等领域，这与银行业金融机构低风险、重押品、短周期的贷款投放取向存在明显差异，这也是新旧动能转换乏力的重要原因。二是过度授信问题层出。一些传统优势产业如食品行业存在过度授信的现象，如今风险频发。近期，部分重点骨干企业账务违约、财务暴雷问题频发，其中众品食业主业转型不力、资金极度紧张再遇金融监管收紧，导致债务违约、银行抽贷，资金链断裂。雏鹰农牧业务扩张过快又逢非洲猪瘟，资金链断裂，近日遭遇强制退市。科迪乳业涉偏离主业、挪用资金，不稳健经营，导致资金链断裂，遭证监会调查，陷入空前危机。明星企业暴雷给相关银行尤其是中小地方性银行带来了巨大的灾难，导致当地金融生态恶化。三是贷款期限长短失调。项目建设挤占流资，贷款到期还不上、各种作难，项目建好了，企业也垮了。企业生产经营中的流动资金紧张，却需要固定资产抵押，存在矛盾，应该以企业生产经营中的订单、流水、应收账款做抵押。

（三）直接融资发展偏弱

完善多层次资本市场体系，推动企业积极对接。简化辅导监管流程，督促中介机构归位尽责，提升 IPO 申报质量和效率，推动河南企业特别是高新技术企业和先进制造业企业上市、挂牌融资。加大资本市场政策培训和宣传力度，分类施策，积极引导河南企业充分利用资本市场的平台和工具进行融资，加快发展。截至 2019 年 9 月，全省共有 A 股上市公司 80 家，居全国第 12 位，中部六省第 4 位。其中主板公司 40 家、中小板公司 26 家、创业板公司 13 家、科创板公司 1 家。新三板挂牌公司 361 家，居全国第 8 位，其中创新层企业 43 家，占比 12%。河南历年上市公司总数不及 2018 年广东、浙江新增上市企业数量，直接融资发展总体偏弱。

（四）融资问题分化明显

多次调研中发现，企业融资问题呈现明显的分化：针对国有企业、上市企业、大中型优质企业的融资，银行主动上门、优先服务；高新技术企业、征信良好纳税及时的小微企业，得益于金融大数据的挖掘支持，享受到普惠金融优惠政策，能够以信用方式快速拿到贷款且利率较过去明显降低；传统行业融资难度依然很大，尤其是“两高一剩”行业，信贷额度一直在压减；民营企业受限于“终身追责”，仍旧难以与国企服务均等，多数中小企业融资还是艰难且偏贵；过度依赖银行贷款，保理、融资租赁等非银机构融资偏少，发债、上市等更少。

二　存在的突出困难与问题

金融与实体相爱相杀，共荣共生，可谓合则两利、分则俱伤。从规律层面来看，当前的企业融资难题是经济运行周期波动与金融市场供求规律综合作用的体现，涉及政、银、担、企、保等诸多主体。

（一）担保抵押困难突出

一是抵押物范围太窄。贷款过度依赖抵押物，且仅限不动产，应收账款质押保理业务居然还要抵押物增信，其他新方式如商标、专利、知识产权基本没有银行愿做。抵押率太低，土地一般为50%，有的甚至降至30%。九棵树食品公司，主要生产香椿酱，于2017年建成投产。由于没有抵押物，企业难以获得银行贷款，致使目前公司的主要业务走不出漯河周边地区，连续两年亏损。二是担保机构萎缩。经济下行，企业债务风险爆发，政策性担保机构受冲击很大，多处于半死不活状态。洛阳金财、鑫融基、洛阳中小3家主要担保公司由于前期担保业务多，代偿更加集中，目前已不具备担保能力。政策性融资担保放大效应不足，全省性担保机构很少开展业务，极少数在运转的担保公司普遍要求100%的反担保措施，且只要不动产。三是担保圈风险频发。新乡、巩义等地担保圈系统性风险仍旧存在，金融生态较差。很多担保企业被银行起诉，惨遭法院冻结账户甚至查封工厂，造成生产受限、经营受阻，订单流失、市场萎缩，企业陷入困境。新乡反映，部分企业为保住信用，持续为担保企业代偿，如力之星、华洋铜业、华星药厂等企业，近几年来为担保企业代偿均已超过亿元。还有部分企业被迫代付利息，将担保贷款转为自身贷款，利息支出大幅增加，互保问题已严重制约该市企业转型提升和健康发展。

（二）金融创新机制僵化

一是金融创新乏力。各种创新型业务很少应用，融资租赁、商业保理机构很少，企业很难通过这些途径融到资。供应链金融、订单融资、应收账款融资、财务公司融资应用不足，特别是针对中小企业的普惠性产品缺乏。金融科技创新不足，区块链、大数据等前沿智慧科技应用不足，信用信息共享平台建设缓慢、运用不充分，远不能发挥对小微贷款的增信作用。企业贷款手续过于烦琐，贷款流程耗时长，企业到银行办理贷款业务时，普遍存在排队现象，尤其是国有商业银行表现得较为突出，要全面查看甚至多次查看企业资质、生产效益和项目好坏，耗时一般在2～3个月。二是体制机制僵化。银行基层机构权力有限，尤其是国有大行县级行基本没有任何信贷权限，一般市级分行也只有1000万元左右的额度。产业基金效果有限。政府性基金手续烦琐、尽调复杂、门槛高、责任大，多数基金处于空置状态，不能用于产业发展。三是直接融资滞后。河南金融多层次支持实体经济的格局和体系尚未形成，产业基金、融资担保、金融租赁、风险投资、股权投资、债券融资等不同领域和风险偏好的金融支持方式未有效发力，导致企业融资过度依赖银行贷款。全省工业企业融资总量中，九成以上来自银行业金融机构，以间接融资为主，发债、上市等直接融资发展缓慢，比重多年来一直不能明显提升，截至2019年9月，上市公司仅80家，不及浙江一年新增数量。座谈中多地反映，直接融资渠道狭窄，现代金融知识欠缺，不能有效“试水”融资，加之上市流程复杂漫长，多数企业望而却步，个别企业甚至倒在了上市路上。

（三）企业管理问题凸显

一是企业经营管理效率不高。调研中发现，很多企业现代管理和法人治理制度尚未建立，内部管理问题突出，财务制度不健全、现金流管理缺乏、资金使用计划性差，应收账款和存货周转效率低。经济下行周期，企业利润下滑严重，亏损面较大，应收账期太长，有的下游核心企业过于强势，在三个月账期之后再给一个半年的承兑，还需要企业再进行贴现，加上环保改造花费较多，普遍缺乏资金。二是中小民营企业财务不规范。小微企业财务不规范、制度不健全，不签合同与现金交易比比皆是，生存周期仅 2～3 年，叠加环保高压，银行信贷人员担心其贷款不到期就倒闭关门。濮阳某县羽绒企业集聚区 8 家企业仅共用 1 个会计。中型企业通常在融资方面“缺抵少担”，却又不是国家普惠金融的照顾对象，融资渠道窄、方式少、难度大，资金获取出现新难。私营企业主公私不分、随意担保、相互欠账。法院查封民营企业的账户，账户受限，正常生意往来不成，市场、客户、订单逐步流失。三是企业信用观念不强。部分企业多头开户，多头贷款，以套取银行信贷资金，逃避银行的监督。一些中小企业信用观念淡薄，欠息现象严重，这也使银行在对中小企业发放贷款时顾虑重重。一些获得信贷资金支持的企业担心银行抽贷惜贷，到期不还贷倒逼银行“借新还旧”，少数企业甚至违约失信隐瞒资金用途，逃废银行债务，进一步损伤了工业企业整体资信状况。

（四）信贷政策“不接地气”

一是新兴产业信贷政策与实操风险背离。银行信贷政策虽然将新兴产业列为优先支持类，但新兴产业轻资产、不确定性强，不好界定其发展前景和资产价值，专利、商标、商誉等无形资产也难以估值，实际工作中信贷人员一般不愿介入。郑州市智云信息、华兴通信等科技型企业缺少抵押物，融资渠道少，只能依靠企业每年自向利润空间的再投入及大股东个人借款或个人不动产抵押，严重制约企业发展。二是传统产业受歧视。传统产业在银行信贷政策普遍被列为压缩类，只能减量维持或者退出，不得新增授信，“一刀切”的政策给传统产业下了信贷禁令，造成大批企业因缺血死亡，也无差别打击了优质企业转型升级的积极性和信心。舞阳新和车业有限公司2009年建成投产，高峰时职工400多人，2016年因二期扩建，被银行抽贷1000万元，资金链断裂，融资无门，致使企业发展困难，处于停产状态。信阳反映，受政策影响，银行对钢铁、建材等行业多次发布行业风险提示，对这些行业授信政策持续收紧，到期压减成为常态。“退出之剑”常悬头上，昔日的传统优势产业渐呈萎缩之势。

（五）金融政策落实不力

一是上级政策难以下传。货币政策传导不通畅，宽货币不能化为宽信用，实体经济没有获得感。无还本续贷等有利于实体发展的政策，多数银行不能有效落实，小微企业享受不到，大中企业更是沾不上边，需要为续贷支付高额周转费用，续贷困难成为融资“共痛”。郑州市反映，中小企业很难按国家基准利率贷款，常规都会上浮30%～60%，有的甚至达到100%。二是有效奖惩落地很难。多数银行在落实监管政策时仍旧“一刀切”、偏严偏紧，不能做到对民营企业放贷人员尽职免责，不能做到对小微企业贷款不良容忍度适度提高，不能做好对普惠金融的有效激励。当前，商业银行一般都采取贷款责任追究终身制，信贷经办人员即使放贷时风险不大，但也担心企业经营过程中出现问题，因此普遍具有“惜贷”“惧贷”心理，往往采取“宁可错过一千，不愿通过一个”和“抽贷”的极端做法。

（六）政府产融服务“缺位”

一是银企互信更增难度。银行和企业之间信息严重不对称，缺乏有效平台和沟通桥梁，交流少、不熟悉，造成银行对企业经营不放心、企业对银行业务不了解，相互匹配难。中小企业管理不够科学，信息缺乏真实性且透明度不高，获得中小企业信息难度大、成本高，大量有用信息被人为有意或无意地疏漏、过滤、屏蔽，导致企业经营管理不规范与银行信贷业务规范性之间存在较大冲突；企业对银行相关产品的了解不够深入，一两次融资失败后，态度消极，阻碍金融机构与中小企业之间业务的发展。尤其当前经济下行周期，企业盈利恶化，债务违约不断暴露，有的地方居然出现企业老板抱团不还贷款的恶劣现象，导致银企互信变差，区域生态恶化。二是政府部门服务不到位。座谈中多个企业反映，不动产证件办理问题较大，环节多、进展慢，存在多头管理、多头扯皮的乱象，无法正常抵押。这个问题在产业集聚区比较明显，招商时的很多承诺，随着时间变化，部门之间相互扯皮、地方财政吃紧等各种问题层出不穷，很难兑现。

（七）融资贵明显分层

一是融资费用呈现分层。除了国有、上市、大型企业及个别普惠金融照顾到的优质小微企业能享受到较低利率之外，多数地区多数企业利率明显上浮，起始利率已在6%以上，加上一些综收，普遍在7%～8%；小企业找不来担保企业，一般需要担保公司附加担保，加上担保费率2%～3%，已超10%。部分银行贷款变承兑需要再次贴现，多出4%的成本；个别地区存在放款后要求购买理财产品，甚至个别银行要求存款1∶1配比，需要企业把贷款全部存上，形成大额存单，再以存单进行质押贷款，实际上出了双份利息，造成部分企业贷款综合成本高达15%以上。二是综合成本普遍偏高。郑州市反映，企业综合融资成本一般在8%～10%，东大科技等企业综合融资成本年化达18%。超硬刀具制造企业钻石精密2019年通过浦发银行、渤海银行、广发银行、平顶山银行共贷款1.2亿元，均需1∶1配套存款。新乡反映，银行机构普遍存在贷款转存款、承兑汇票等附加业务，企业综合贷款成本在7%～13%。安阳部分中小企业反映，企业85%左右的资金来源于商业银行信贷资金，其他15%的资金分别来源于小贷公司、社会融资、亲友借款等渠道。贷款利息加各种中间费用，银行融资成本一般在10%～12%，社会融资成本通常在15%～25%，少量社会融资成本超过30%。

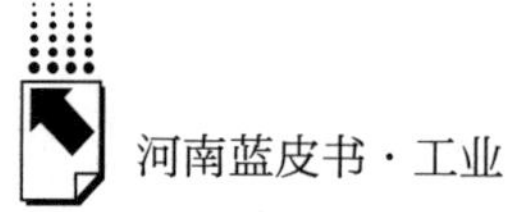

三　典型经验借鉴

（一）广东“资金池”助力中小企业融资

典型经验。为降低业务门槛，让更多的中小企业受惠，广东省政府与银行、企业共同建立风险保障机制，组建三方风险池专项用于弥补银行对中小企业的网络银行贷款损失。在广东省政府的支持下，广东省中小企业信用再担保有限公司作为政府委托的资金代管方，与中国建设银行广东省分行、阿里巴巴（中国）有限公司共同组建网络银行信贷业务风险池，专项用于弥补建设银行对中小企业的网络银行贷款损失。风险池由三方共同组建，并按照支持发展与风险补偿相结合的原则，以同比例出资、同比例分摊的方式，专项用于补偿网络银行“e贷通”产品贷款损失。如出现一定范围内的不良贷款损失，由三方共同确认损失贷款，并对风险池资金按同比例扣减原则进行扣划。

剖析问题。自银行信用产生以来，融资的核心难点就是第二还款来源——担保抵押的问题，而中小企业通常都是轻资产、缺抵押，融资难历来都是世界性难题，河南近几年尤为突出。银行和中小企业之间缺乏桥梁和保证，造成银行对中小企业的回款来源没有信心，从而不愿放款给中小企业。因此，需要政府部门建立“助贷资金池”对中小企业融资予以“增信”支持。

有关思考。一是组建“助贷资金池”。在各地“转贷资金池”支持企业“还款过桥”的同时，进一步推进政府服务“前置”，加快组建“助贷资金池”，助力中小微企业顺利融资贷款。二是扩大信用倍数。由政府和银行筛选符合商业银行信贷条件的企业进入“中小微企业池”，由企业缴纳部分资金和政府部门、合作银行按照一定比例组建资金池，由银行按照风险补偿金扩大10～20倍向企业发放贷款，贷款发生损失时由资金池按比例代偿。三是加大创新力度。推广建立政府部门、担保机构或平台、合作银行共同参与的资金池机制，按照4∶4∶2的比例出资，贷款发生损失时，由三方共同确认损失，按照比例代偿。探索引入阿里小贷等互联网平台，利用大数据获取企业纳税、年审和征信的优势，通过网上申请、审批的高效方式，加快实现“资金池”的普惠功能。

（二）洛阳多策并举破解融资瓶颈

典型经验。小微企业普惠金融方面，推进“信贷+信用”小微企业普惠金融试点工作，以企业信用联盟为平台，以政、银、保、企共建的风险分担机制为支撑，对企业信用联盟内的小微企业免抵押、免担保、授信先行、信用支撑，解决小微企业抵押物缺失难题。在支持高新技术小微企业方面，打造“金润工程”平台，以货币政策工具和科技专项资金支持为龙头，合作建立高新技术小微企业担保和风险补偿机制，全市7家合作银行高新技术小微企业“金润工程”贷款余额10.52亿元，累计发放贷款14.69亿元，累计支持企业305家。根据特色行业产业融资需求开发具有针对性的信贷产品。如洛阳银行与深圳前海微众银行股份有限公司合作的线上信用贷款产品“微粒贷”，客群集中于本省内个体经营户和个人客户。累计发放“微粒贷”483亿元，贷款余额43亿元，已借款客户超过59万户，贷款不良率为1.28%，对推动“大众创新、万众创业”发挥了积极作用。利用电子化、全线上服务渠道，结合大数据进行客户准入和信用评价，提高信贷服务效率。如建行洛阳分行的“小微快贷”、农行洛阳分行的“纳税e贷”等产品，充分发挥信息优势，借助客户日常的用水用电和纳税信息，向小微企业提供融资支持，实现全流程客户自助，有效突破了小微企业“缺信息、缺担保”瓶颈，提高融资效率，降低融资成本。“小微快贷”授信客户3091户，较年初新增1494户，贷款余额为16.6亿元，较年初新增8.67亿元。

剖析问题。一是在融资过程中，普遍存在借贷周期短、以承兑汇票形式放贷等现象，使企业资金周转困难，面临资金链断裂的风险。二是担保能力不足，无法满足融资增信需求。2014年以来，中小微企业经营困难，违约上升，导致担保公司代偿激增，业务规模持续下降。洛阳金财、鑫融基、洛阳中小3家主要担保公司由于前期担保业务多，代偿更加集中，目前已不具备担保能力。三是融资成本高，流资贷款定价高，利率大多上浮（上浮20%左右），大部分银行出的敞口承兑，贴现价格高直接导致财务成本不断增加。

有关思考。一是进一步完善企业信用体系建设，引入第三方机构开展小微企业信用评级，推动政府部门、金融机构之间信息共享，优化小微企业信用环境。建立和完善逃废银行债务“黑名单”曝光制度，相关部门给予联合制裁，严厉打击逃废银行债务行为，保护金融债权。二是逐步发挥保险机制。积极拓展保险业支持民营小微企业发展的路径模式，提供多种类、广覆盖、个性化的风险保障和融资支持，充分发挥保险融资增信功能，满足民营小微企业的融资需求。加大对地方政策性担保公司的支持，增加担保公司注册资本金，增强担保公司风险补偿能力。三是充分发挥金融豫军作用。以中原银行为代表的地方性银行总行层面要对信贷政策进行梳理规整，增强信贷政策与经济周期、宏观政策、产业政策、产业规划等的契合度和匹配度。破除“一刀切”的信贷政策偏见，对传统行业信贷政策进行细分，尤其对其中技术水平高、发展潜力大的新材料产业加以大力支持。

四　对策建议

从金融本质上讲，“安全性与收益率”是银行放贷时重点考虑综合平衡的两大方面，追求低风险高收益是银行作为市场主体的内在驱动力，再加上“资金稀缺”的现实和“资本逐利”的本性，融资难在某种程度上是天然存在的，结构性的融资贵也是必要的。融资问题应发挥市场在资源配置中的决定性作用，以“市场主导、政府补短”的方式综合解决。政府作为公共服务部门，应该加强逆周期操作，利用自身公共信用优势，积极主动作为，找准、疏通堵点，引导金融切实助力实体，弥补市场短板，加速市场良性回归，促进产融共荣共赢。

（一）政府部门产融发力

引进金融机构，健全担保机构，扩大应急转贷资金、风险缓释资金池规模范围，促进产融合作。加强企业服务，协调各相关部门，加快不动产证件办理。引入保险公司对企业设备进行保险，保险费用政府予以一半补贴。政府部门要强监管、优服务，构建企业信用、信息平台，搭建精准、高效的产融平台，金融机构要加快创新信贷政策、业务模式和担保方式，积极为实体经济“输血”，实现银企共赢。要加快建立健全产融结合的相关体制机制，围绕河南建设制造强省发展目标，强化部门联动协同，成立政银联席会议，定期会商企业融资情况和有关问题。加大产融合作的推进力度，指导金融机构结合不同行业、不同发展阶段的企业需求，拓宽服务领域，创新金融产品，丰富合作内涵，实现产业和金融的深度融合与协调发展，全面提升金融服务实体经济的水平和效率。

（二）积极化解担保风险

化解金融风险，需要政府、法院、银行、企业相向而行、综合发力。政府部门要加力提效，积极协调化解账务风险，加大担保化解力度，组织银企法协调会，采取有效措施解除企业限制、释放企业活力，促进企业加快生产经营，早日实现利润现金流充足，尽快还清银行欠账；法院不能轻易查封企业账户，这样容易造成企业无法进行正常的市场活动，企业根本伤了，不良贷款很大可能会崩盘；银行也要本着共赢的态度，不要轻易下调企业贷款的评级，要审慎调整企业征信标识，谨慎调低至不良或关注，还款完毕后及时调高信用评级。对担保代偿风险进行隔离，确需还的允许企业视经营情况分阶段慢慢还，绝不能起诉造成企业声誉受损、账户遭封，否则企业可能无法翻身，最终贷款成为损失；企业也要态度积极，不能逃废债，主动与银行对接，交代情况、制订还款计划，并加强生产经营，争取早日还款。

（三）疏通银行惠企通道

一是加大银行创新力度。扩大抵押物范围，允许企业机器抵押，专利、商标质押，创新产品种类，扩大订单融资、供应链金融应用范围。落实中小企业普惠金融、无还本续贷、尽职免责政策。深入推进债转股，引入第三方资本广泛参与，完善退出机制，提高参与主体的积极性。二是促进金融政策落实。运用监管手段，加强督导检查与考核，推动银行业金融机构落实无还本续贷和普惠金融等中央政策措施，推动银行总行优化信贷标识，消除对传统企业和民营企业的信贷歧视。

（四）加强企业管理

推动企业加快建立现代企业制度和法人治理制度，加强精益生产和精细化管理，促使企业财务规范、经营稳健、聚焦主业。创新现金流管理，针对账期过长问题，先要求回本，剩下分期收取一定费用。培育专业中介公司，帮助中小企业激发商业信用，规范战略和思维，整饬财务报表，使银行工作人员“看见、看懂、放心”，以便企业获得银行支持。根据中小企业经营情况、信用风险区别对待，采取不同的利率标准。中小微企业因其自身条件所限，主要还要依靠银行贷款进行融资，需要政府部门积极介入予以助力保障。设立“助贷资金池”，助力中小微企业顺利贷款融资；对于经营稳健、财务规范、成长性好的企业，实行“无还本续贷”；对于不符合“无还本续贷”的企业，用“过桥资金”予以转贷支持；对最终发生坏账的贷款由“资金池”进行补偿，做最后的兜底。

（五）推动产业基金发挥效用

一是深化财政涉企资金基金化改革，引进更多社会资本参与，汲取省内外先进经验，以1∶4甚至1∶10的杠杆引入民间资本，迅速壮大基金规模。对优质主导产业，要加大产业基金介入力度，加快建立全省主导产业基金，促进主导产业提质发展。推动直接融资方式的应用，尤其对轻资产的新兴产业，缺抵少担不易获取贷款，必须要加强产业基金应用，针对不同阶段，适用天使投资、风险投资和私募基金等各种方式。二是创新现有基金运营模式，不以政府财政和审计的态势对待产业基金，赋予基金更多资本和市场化的色彩，给予职业经理人更多权限，放权基金公司独立运营产业基金，政府只承担出资人的角色，不参与基金公司的管理运营和具体审批。三是提高已设立的先进制造业集群培育基金、科技创新风险投资基金、“互联网+产业基金”、中小企业发展基金、战略性新兴产业投资基金等产业发展基金运营效率，加大实际投放力度，并将业务下沉至县域和乡镇，提高全省企业普惠面。四是健全基金退出方式。适应基金作为资本的逐利特性，设计灵活多变的退出方式，允许5~7年后，产业基金通过IPO、股权回购、并购等方式进行退出，并在制度上予以保障。

（六）推动企业上市良性发展

对大型企业上市再融资。充分利用各种条件，积极推动大型企业和科技型企业上市；引导上市企业稳健发展，利用上市地位进行增发扩容，充分做好主业。大中型企业要发挥自身优势，积极组建财务公司，对上下游产业链上的中小企业开展供应链融资，实现大中小企业融通发展。同时应当由主要靠较高成本的银行贷款转向利用资本市场直接融资。已经上市的公司要灵活运用资本市场，利用配股、增发、发行债券、资产支持证券等方式实施再融资；有条件的企业尽快上市，上不了主板、中小板，上新三板、区域四板；不具备上市的企业积极申请发行短融、中票、永续贷等企业债，降低融资成本。

（七）推进金融供给侧改革

加快区域本地金融市场现代化，培育大中型资产管理公司，提升不良资产处置水平，加强设备全球范围内的对接处置，倒逼银行接受设备抵押。银行风险管理要在金融业大变革的时代中重新理清风险与收益的界限，进一步精准、精细、科学化，允许较高风险、较高收益，根据风险进行定价，把生产经营评估和抵押担保评估进行加权，更好凸显生产经营前景好、资产轻的新兴产业、招商企业和在建项目。推进金融供给侧改革，加快利率市场化进度，实行市场化金融机构优胜劣汰，实施金融分层，中小银行专注主业、了解自己的服务对象——中小企业，务实有效服务，加大区域性金融机构在服务中小企业领域的竞争。

（八）充分发挥金融中介作用

培育金融中介，充分发挥金融中介，诸如会计师事务所、法律中介、证券服务中介、融资中介等各类相关市场主体的作用，帮助企业健全财务制度、规避金融风险、加快上市进度，稳健企业经营。借鉴先进地区做法，推行专利、商标等无形资产质押贷款，由中介机构对无形资产进行评估，签订银、企、中介三方协议，银行根据评估价格给予一定比例的贷款，企业按照贷款比例和金额结算中介佣金，中介机构在无形资产价值明显缩水的情况予以回购以保障银行利益。

参考文献

许会斌：《高端制造业的发展趋势及金融支持思路》，《银行家》2019 年第 11 期。

闫飞雪、白峰：《金融支持制造业企业高质量发展的问题及政策建议》，《金融经济》2019 年第 20 期。

黄永明、姜泽林：《金融结构、产业集聚与经济高质量发展》，《科学学研究》2019 年第 10 期。

B.11

河南省制造业空间格局及影响因素研究*

梁常安　王艳华　赵建吉**

摘　要： 基于2004年、2009年和2013年的工业企业数据库数据，运用ESDA方法和地理探测器从县域层面对河南省的制造业空间格局和影响因素进行探究。结果发现有三：一是河南省制造业呈现明显集聚，且县区产值空间分异明显。洛阳—郑州—许昌的连线上形成高值集聚区；在洛宁、栾川至固始、新县的西北—东南连线上，同时形成大面积低值集聚区。二是河南省制造业发展过程契合“点—轴”空间结构系统发展的特点。以洛阳市、郑州市和许昌市市区等地为核心点，沿陇海线—京广线两条交通要道，在三个核心点区间段形成发展轴线，最终形成“横折”格局。三是河南省制造业空间布局受到市场、交通和产业基础的显著影响，劳动力成本影响较小，政府在其中发挥着较大促进作用。

关键词： 制造业　空间格局　地理探测器　河南省

* 本文系国家自然科学基金项目（41601119、41301115）、教育部人文社会科学基金项目（19YJA790123、15YJC790111）、中国科协高端科技创新智库青年项目（DXB－ZKQN－2017－027）、河南省高等学校重点科研项目（17B170004、18A790012）相关研究成果。

** 梁常安，河南大学环境与规划学院硕士研究生，主要研究方向为区域发展与规划；王艳华，河南大学环境与规划学院讲师，博士，主要研究方向为经济地理学；赵建吉，河南大学环境与规划学院副教授，博士生导师，主要研究方向为产业集群与区域发展。

一 引言

当前，我国正处于加快转变经济发展方式，促进区域协调发展的重要历史阶段。河南省劳动力丰富，且有一定区位优势，在食品加工、有色金属和装备制造等领域具有一定优势，是全国重要的制造业大省，在中部地区制造业格局中具有重要位置。随着“中部崛起”战略的实施，《中原城市群发展规划》的发布，河南省政府制造业振兴规划的实施，装备制造业转型升级行动的开展以及中国（郑州）产业转移系列对接活动的开展，河南省制造业得到国家和全省高度重视，制造业迎来了宝贵的发展契机。但由于产业层次低、创新能力弱，高端人才缺乏，同时在面临产业转型升级和环境规制的压力下，河南省制造业发展条件日益严峻。在有限的发展条件下，在省内进行有效的资源配置，实现协调发展，对于河南省发展具有重要的现实意义。

制造业空间格局一直以来都是学者们的研究热点，如韦伯、廖什的区位论，克鲁格曼的核心—边缘理论以及陆大道以中心地理论、空间扩散理论和增长极理论为基础所提出的“点—轴系统”理论。其中，陆大道提出的“点—轴”系统理论。对我国经济发展的空间布局产生了重大影响，在当代实践中依然具有重大的指导意义。

国外学者对制造业的格局有大量研究成果，尺度集中在国家层面。如Duranton对英国企业的本地化研究，Alecke对德国高科技行业的集聚与影响因素研究，Ellison、Kim针对美国制造业的研究，以及Brülhart关于欧洲的制造业地理格局的研究。国内研究的对象主要集中在全国层面和京津冀、珠三角、长三角等沿海地区。针对省份的研究有安徽、浙江、福建等。但对于中西部欠发达地区的关注度不够，研究成果较为缺乏。

在制造业格局的影响因素方面，研究认为集聚经济、产业转移等因素在全国尺度上对制造业集聚均有显著影响，而在省、市层面上，市场因素和地方政策显得更为重要。随着新经济地理学的兴起，集聚经济、人力资本、地方制度等因素，在国内研究中也愈发受到重视。

在测度方法上，定量研究有空间计量、负二项回归等方法的应用，还有基于理论的定性分析。而地理探测器作为探究空间分异的新统计学方法，在无线性假设的前提下，以优雅的形式和明确的物理含义，已被应用在土地利用、公共健康、区域规划等诸多领域的研究中。但在产业空间格局影响因素的研究中尚未得到广泛应用。

基于此，从县域尺度和微观层面出发，运用 ESDA 方法探究河南省制造业空间格局、演化特征及通过地理探测器分析其影响因素，以期为促进河南省的制造业合理发展提供参考。

二　数据来源与研究方法

（一）数据来源

研究所用数据来自 2004 年、2009 年和 2013 年工业企业数据库与对应年份的《中国县域统计年鉴》。原因在于，自 2004 年工业企业数据库开始统计企业的详细地址，且中部崛起战略也是在 2004 年被正式提出；2008 年是经济发展的一个关键节点，但是由于 2008 年的工业企业数据库缺失了河南省部分行业，所以改用 2009 年数据；而 2013 年则是工业企业数据库的最新数据。

利用数据库提供的地址，剔除了地址描述不清的企业样本之后，通过百度地图的坐标拾取功能获取企业经纬度。企业产值数据来源于数据库的工业总产值，以当年价格计①。2004 年由于没有工业总产值统计项，利用企业的主营业务收入进行代替。

（二）研究方法

探索性空间数据分析。空间自相关（Moran`s I）是根据空间位置和指

① 由于开封县撤县设区，以 2009 年开封县的制造业产值为基期数值，利用 2009 ~ 2013 年开封市的制造业工业生产总值增长率，测算出开封县 2013 年的制造业产值。

定属性值测量空间自相关性，主要用于整个研究区中邻近地区之间的相似程度，Moran`s I 指数在 -1.0 到 +1.0 的区间内，正值越大说明空间自相关程度越高，反之越低，计算过程见文献。局部空间自相关（Local Moran`s I）方法由 Anselin（1995）提出，用来计算地方空间关联指数（indicators of spatial association）。从本质上来讲，局域 Moran`I 是将 Moran`I 分解到各个区域单元，类似的还有 Getis Gi 等方法；具体计算方法见孟斌和王劲峰等的文献。在研究中，通常用 Moran`I 指数和 LISA 图进行表述。

核密度分析。核密度分析是一种非参数估计方法，不对要素的空间分布进行预设，根据本身的空间位置特征，来计算要素在周围邻域中的密度。此方法的应用已经极为广泛，具体计算方法不再赘述。

地理探测器。地理探测器是由王劲峰和徐成东提出的一组统计学方法。其核心思想是基于这样的假设：如果某个自变量对某个因变量有重要影响，那么自变量和因变量的空间分布应该具有相似性。运用 GeoDetecto 的 EXCEl 插件实现计算。其公式如下：

$$q = 1 - \frac{\sum_{h=1}^{L} N_h \sigma_h^2}{N\sigma^2}$$

式中：h 为变量 Y 或因子 X 的分类或分区；N 表示单元数；σ^2 表示方差。q 值表示探测因子 X 的解释程度，q 值越大表示因子对 Y 的解释程度越强。

三　空间格局与演变

（一）整体集聚但空间分异明显

利用企业的登记地址，汇总出各个市区、下辖县的所有制造业当年工业总产值，进行可视化表达，结果如图 1。并汇总出占全省产值比重最大的前十位，结果如表 1。

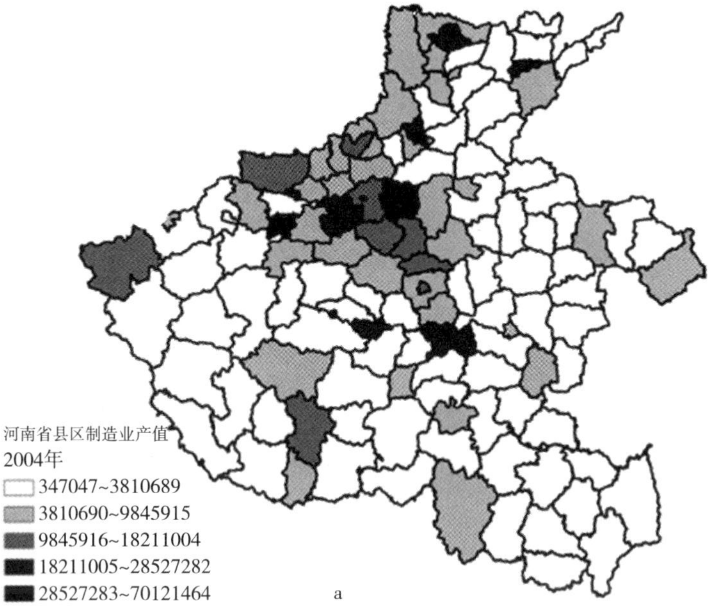

河南省县区制造业产值
2004年
347047~3810689
3810690~9845915
9845916~18211004
18211005~28527282
28527283~70121464

a

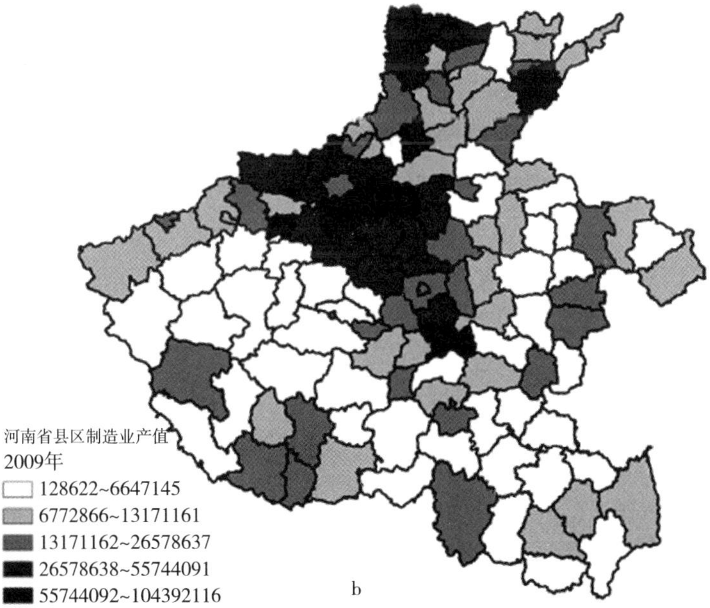

河南省县区制造业产值
2009年
128622~6647145
6772866~13171161
13171162~26578637
26578638~55744091
55744092~104392116

b

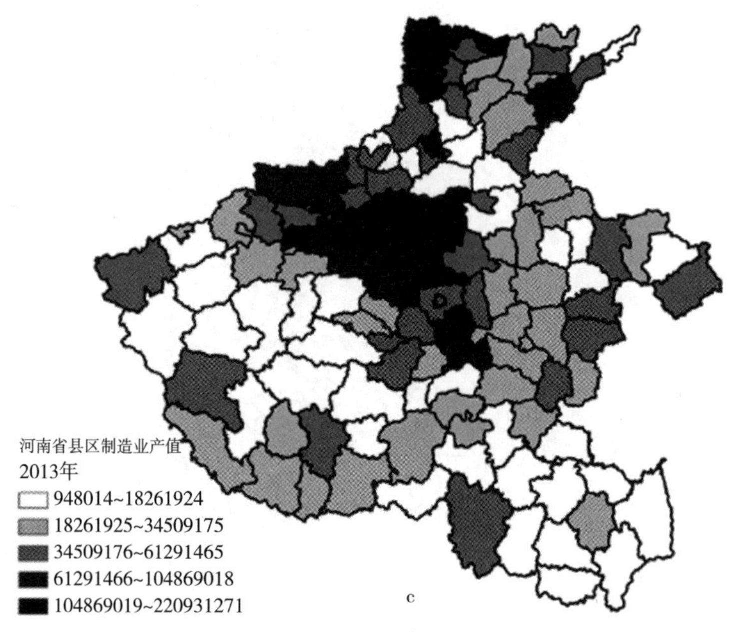

图1　河南省县域制造业产值格局与演变

结合图表可知，河南省在2004年制造业主要集中在郑州市及附近地区，产值比重较高的县区以各地级市的市区为主。在2009年和2013年有了较大变化，河南省郑洛工业走廊的建设效果显著，主要表现为郑州附近县级市（巩义市、荥阳市和新郑市等）的产值比重快速增加，郑州与洛阳之间逐渐形成制造业发展的密集地带。另外，豫北、豫东地区，特别是商丘、周口等地，发展较为明显；结合石敏俊、苗长虹等人的研究结果，推断是这一地区承接东部地区产业转移加上自身发展双重因素的结果。

表1　产值比重最大的十个县区

单位：%

县区	2004年	县区	2009年	县区	2013年
洛阳市市区	8.61	郑州市市区	5.03	中牟县	4.49
郑州市市区	7.29	洛阳市市区	4.58	郑州市市区	4.23
漯河市市区	4.65	巩义市	3.43	洛阳市市区	3.69
巩义市	4.62	荥阳市	3.18	巩义市	3.11

续表

县区	2004 年	县区	2009 年	县区	2013 年
安阳市市区	4.50	漯河市市区	3.05	长葛市	2.78
新乡市市区	3.48	新郑市	2.69	荥阳市	2.64
许昌市市区	2.29	林州市	2.35	漯河市市区	2.14
济源市	2.27	济源市	2.18	新郑市	2.09
新郑市	2.23	新密市	2.17	新密市	2.00
焦作市市区	2.22	长葛市	2.07	禹州市	1.79

另外，还有一点值得引起注意。从产值比重来看，各市区的产值比重逐渐下降，而其周围诸县的产值比重在上升，例如中牟县、荥阳市和长葛市等名次变动较大。其中，中牟县的产值比重上升迅速，甚至超过了郑州市区①。这一现象与北京、上海等地的制造业“郊区化”特征相类似。

表 2　河南省县域制造业 Moran`s I 指数

指标	2004 年	2009 年	2013 年
Moran`s I 指数	0.068332	0.397604	0.382965
z 得分	1.017172	5.061460	4.889051
p 值	0.309072	0.000000	0.000001

为了进一步探究河南省制造业发展的空间格局变化趋势，进行空间自相关分析和局部的相关性分析。可见河南省制造业发展在 2004～2009 年具有明显的集聚现象，Moran`s I 指数从 0.0683 上升到 0.3976。2013 年 Moran`s I 指数虽有略微下降但仍维持在 0.3830 的水平，与上文分析相符，虽然有扩散趋势，但依然呈现集聚的格局（见表 2）。

2004 年高值、低值集聚不够显著，整体上呈离散化发展的格局，契合了当年全局自相关分析中较低的 Moran`s I 指数 0.125。从 2009 年、2013 年两个节点年份的 LISA 图来看，焦作市、洛阳市、郑州市和许昌市一带发展

① 在于鸿富锦精密电子（郑州）有限公司（隶属于富士康集团）的成立，其在 2013 年工业总产值达 1722 多亿元。

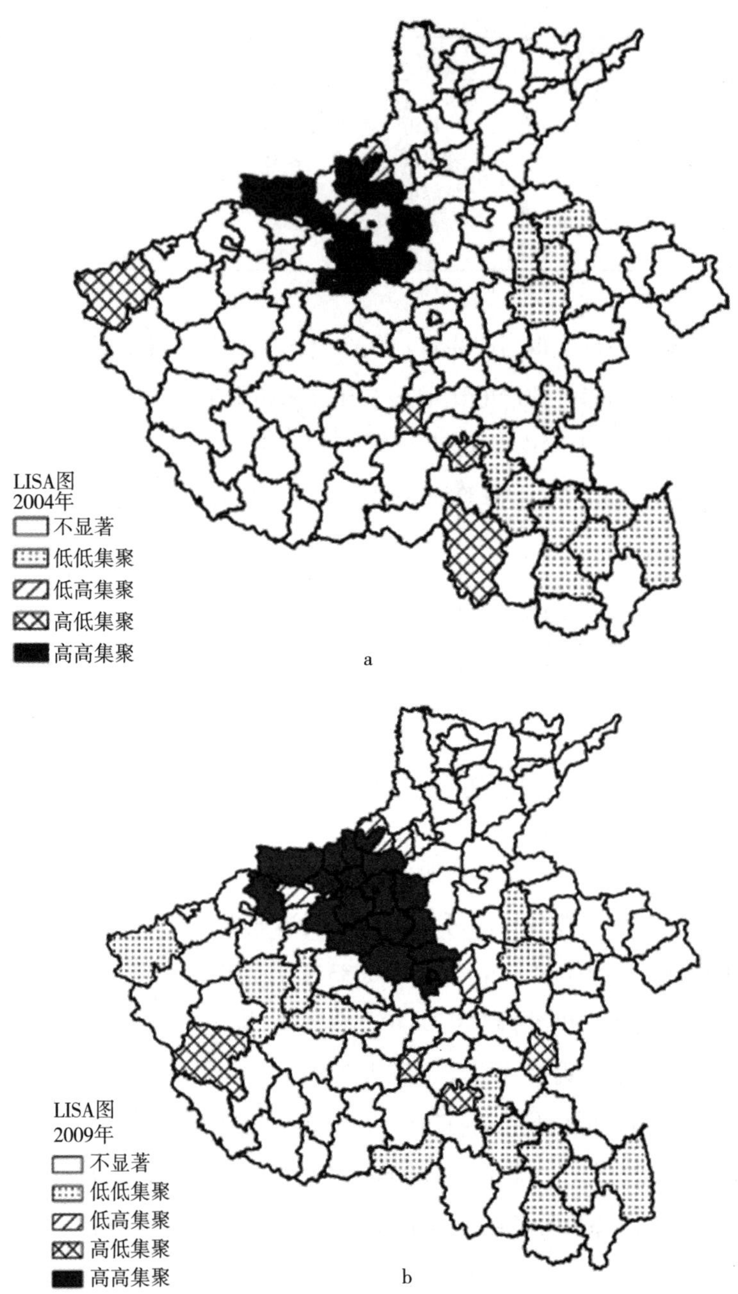
LISA图
2004年
不显著
低低集聚
低高集聚
高低集聚
高高集聚
a
LISA图
2009年
不显著
低低集聚
低高集聚
高低集聚
高高集聚
b

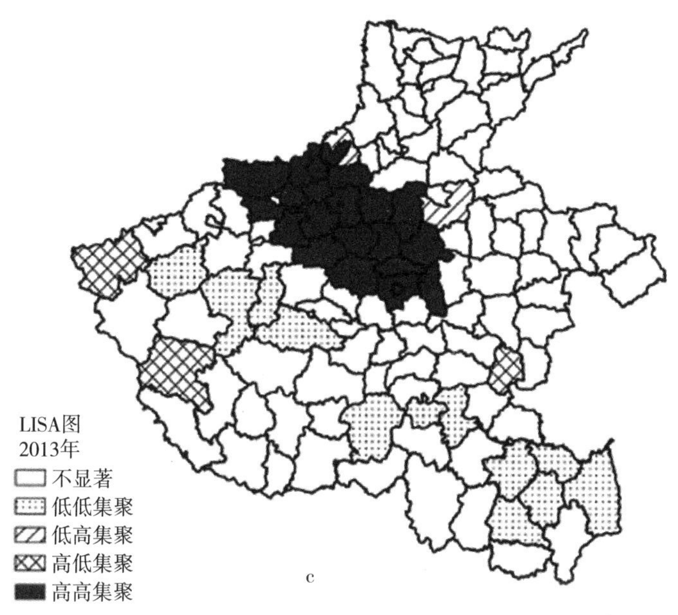

图2 河南省县域制造业格局的局部空间自相关分析

成为高值集聚区；焦作市、洛阳市、郑州市在河南省内工业基础较好，在退二进三政策的推动下，特别是2008年金融危机之后，加上经济形势和环境压力，市区部分产业迁出，且在新一轮产业转移的形势下，我国东部地区向中西部地区进行产业转移，河南省黄淮四市（周口、驻马店、信阳、商丘）、市区周边县市在自身积极发展、承接产业转移的内外力作用下，制造业得以实现发展。而洛宁、栾川至固始、新县的西北—东南连线上，形成了大面积的低值集聚区。此地区覆盖了南阳、驻马店和信阳大部分地区，地形以山地、丘陵为主，外出务工人员多。自然条件的不适应、劳动力缺乏和产业基础薄弱，或是当地制造业发展水平较低的重要原因（见图2）。

（二）在“点—轴”基础上形成“横折”格局

利用三个年份的点数据进行核密度分析。将生成的栅格数据值，用自然断点法分成五个层次，结果如图3所示。

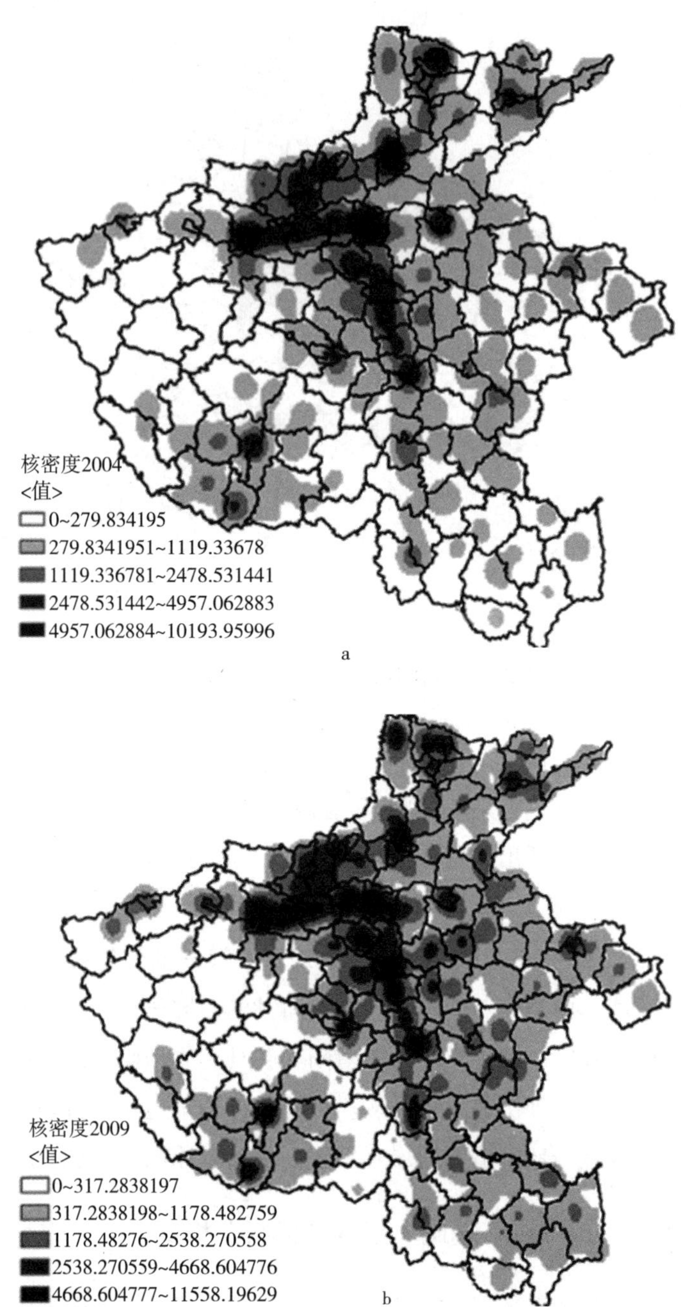
核密度2004
<值>
0~279.834195
279.8341951~1119.33678
1119.336781~2478.531441
2478.531442~4957.062883
4957.062884~10193.95996
a
核密度2009
<值>
0~317.2838197
317.2838198~1178.482759
1178.48276~2538.270558
2538.270559~4668.604776
4668.604777~11558.19629
b

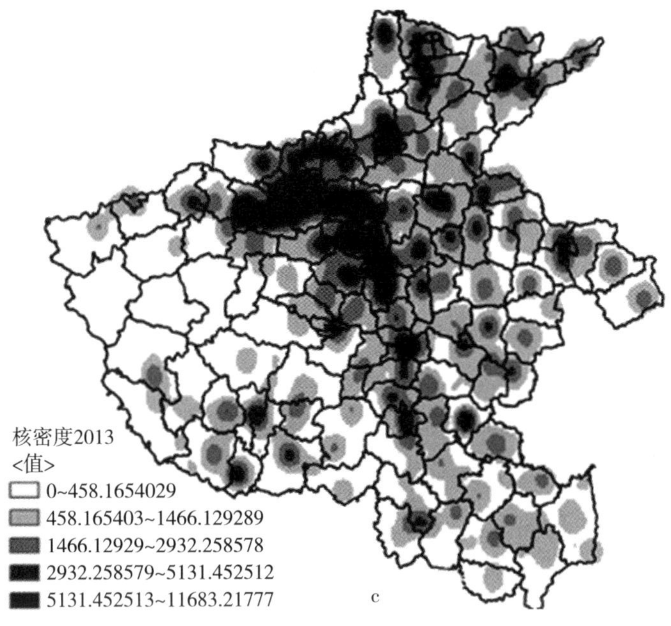

图3　三个年份的核密度分析

2004 年河南省制造业在郑州市、洛阳市和新乡市市区附近，形成了三个制造业核心点并在许昌、开封、安阳等地形成次级核心。郑州市、洛阳市和新乡市三市的市区总的企业数量、工业产值分别占到同年全省的 11.81%、9.92%。但新乡、郑州之间存在较大范围低值区，未能连接呈片；反而是在郑州—洛阳和郑州—许昌两个方向上形成了制造业聚集带；虽然许昌市在此时具有一定数量的企业，且未形成大规模的集聚，但“横折”格局的基本框架开始显现。

2009 年，郑州—洛阳和郑州—许昌两个轴线上的制造业更加集聚，许昌市附近县区集聚水平大幅度提高。以荥阳市、长葛市等地的变化较为明显，其中荥阳市 2004 年数量和产值比重分别为 1.61%、1.62%，到了 2009 发展为 1.96%、3.18%。郑州—许昌轴线上的大量集聚，使“横折”格局框架更加凸显。此外，焦作市在 2004 ~ 2009 年有较快发展，表现为焦作市市区附近地区核密度的升高。豫东部分地区（如商丘市市区、兰考县、通许县等）的制造业也得到一定发展。

2013 年，新乡市市区的核心范围有所扩大，但未能与郑州市市区连片发展，在豫北地区亦未能实现面状发展态势。相较而言，许昌市发展为新的核心点，焦作地区高值区也不断扩大。且荥阳市和长葛市等地连接郑州和洛阳、许昌市区核心点，呈现出成片、沿轴发展的态势，形成了新的高值区。至此，河南省制造业的空间格局以洛阳市、郑州市、许昌市市区为核心的核心区，联合其内部发展轴线，形成了“横折”格局。

河南省制造业格局在 2004 ~ 2013 年的变动，基本符合陆大道所提出的“点—轴”空间结构系统发展特点，主要出于第二、第三阶段，即社会经济客体开始集聚，点、轴同时开始形成和主要“点—轴系统”框架形成两个过程。2004 年河南省制造业在郑州市、洛阳市和新乡市市区附近，形成三个制造业核心点，以陇海线、京广线的郑州—洛阳、郑州—许昌区间段形成发展轴线。2009 年，郑州—洛阳和郑州—许昌两条发展轴线上的制造业更加集聚，主要“点—轴系统”框架更加凸显。2013 年以洛阳市、郑州市、许昌市市区为核心的核心区，联合其内部发展轴线，形成了河南省制造业主要的“点—轴系统”框架，即“横折”格局。

四　影响因素分析

（一）指标选取

交通、劳动力成本等因素一直是传统区位论所关注的重点，如韦伯工业区位论、胡佛区位论和廖什市场区位论等。近几十年以来，市场规模、产业发展条件和政府影响等因素逐渐受到学者们的重视。大量理论与实证研究表明其在区域发展中确实起到了重要作用。根据以上的观点，结合王俊松、张杰等的实证研究，在河南省县市数据的可获得性基础上，将影响河南省制造业空间格局的影响因素分为以下几个部分。

市场因素。本文选取人均 GDP、社会消费品零售额来衡量地区的经济水平、社会需求等市场因素。交通要素和劳动力成本。根据韦伯工业区位论内容，交通要素和劳动力成本对于企业的布局具有重要影响。本文选取境内道路长度和职工平均工资来衡量交通要素和劳动力成本。产业基础，演化经济地理学理论认为区域发展具有路径依赖特性，本文选取二产比重来衡量地区的产业基础。政府行为，新区域主义认为政府行为是区域发展中的另一种形式的资本，选取开发区数量作为政府行为的代替指标①(见表3)。

表3　影响因素、指标确定与数据来源

影响因素	指标确定	数据来源
市场规模	人均 GDP(X1)	中国县域统计年鉴
市场活力	社会消费品零售额(X2)	中国县域统计年鉴
产业基础	二产比重(X3)	中国县域统计年鉴
劳动力成本	在岗职工平均工资(X4)	中国县域统计年鉴
政府行为	财政支出(X5)	中国县域统计年鉴
政府行为	产业园区数量(X6)	中国开发区审核公告目录
交通因素	域内道路长度(X7)	高德地图

（二）单因子探测结果分析

将2013年河南省县区的各个自变量指标离散化为五类，通过地理探测器方法探测各因子对于河南省制造业空间格局的影响强度。结果如表4所示。

表4　地理探测器因子探测结果

	X1	X2	X3	X4	X5	X6	X7
Q值	0. 3700	0. 4093	0. 2449	0. 0999	0. 3327	0. 3451	0. 4236
P值	0. 000	0. 0033	0. 000	0. 0707	0. 0470	0. 5444	0. 0040

① 贺灿飞等（2008）认为国家级开发区与省级开发区都显著影响了我国制造业的省区分布，且实证结果显示国家级开发区的系数约三倍于省级开发区，因此将国家级开发区数目乘以3，加上省级开发区数目，以此来衡量县区的开发区数量。

X1、X2 指标揭示了地区的市场潜力与活力。二者在0.01 水平上的显著性与0.37、0.41 的解释力，说明河南省制造业的空间布局深受市场因素的影响。市场一直在古典区位论和新经济地理学中都具有重要位置。结果证实了市场因素的重要影响与河南省制造业发展的典型性。X3 指标在0.01 水平上的0.24 解释力，表明河南省制造业发展具有一定的路径依赖特性。河南省是传统农业大省，地区的工业发展基础，对产业环境的形成、本地市场的培育都有重要影响。市场和产业基础的较强解释力，与石敏俊等在全国尺度上的研究结果相吻合。

X4 指标在0.1 水平上的0.10 解释力也说明劳动力成本对于制造业的空间布局影响较小。河南省整体制造业的技术含量较低，对于劳动力质量要求不高。相较于本地市场和产业基础，河南省各地区的劳动成本差异较小，尚不足以影响制造业企业的去留。

X5、X6 指标解释力分别为0.33、0.35，说明政府行为对河南省制造业分布的影响较大，但X6 指标在统计上不显著。一方面，对于制造业不发达的县市，社会服务、产业结构不能够完全满足现代化制造业的生产，政府通过给予一定的财政补贴、税收优惠等手段，能够弥补以上不足，促进当地企业发展；另一方面，各县市都针对企业开出优惠政策之后，又处于“同一起跑线”，政府行为出现“同质化”；政府行为对当地制造业发展的影响大小，更显著地体现在各地财政能力上。

X7 指标解释力最大，对河南省制造业的分布影响显著。境内道路里程代表了地区发展的交通设施情况。交通网络，不仅是促进物资、人员顺畅交流的必要条件，也是本地与外部沟通的媒介。

（三）交互探测结果分析

地理探测器还有一项重要功能是交互探测。它通过对比X1 与X2 的交互作用进行探测得出结果Q1 -2，再分别与X1、X2 各自单因子探测结果Q1、Q2 做对比，得出双因子作用的五种关系形式，分别为分线性减弱、单因子非线性减弱、双因子增强、独立、非线性增强。判断方法如图4。

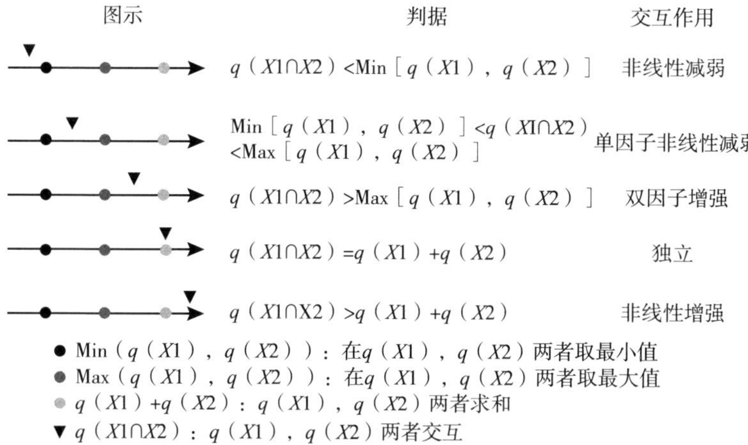

图 4　因子交互作用探测

资料来源：王劲峰、徐成东：《地理探测器：原理与展望》，《地理学报》2017 年第 1 期。

表 5 为交互探测结果。可见 X1 – X9 指标在影响河南省制造业空间格局中表现出双因子增强和非线性增强关系。各因子交互之后的解释力都大于单个因子解释力，说明河南省制造业分布受到多重因素共同影响。其中，在社会消费品零售额（X2）、在岗职工平均工资（X4）、财政支出（X5）、产业园区数量（X6）、域内道路长度（X7）与二产比重（X3）进行交互的结果都大于原两个因子的解释力之和，表明河南省制造业分布受路径依赖影响较深。河南省是农业大省，地区产业基础单因素影响有限；但在产业基础与其他因素共同作用下，凸显出“整体大于部分之和”效应。

表 5　因子交互探测结果

	X1	X2	X3	X4	X5	X6	X7
X1	0. 3700						
X2	0. 6712 ↑	0. 4093					
X3	0. 5241 ↑	0. 7106 ↗	0. 2449				
X4	0. 4669 ↑	0. 5120 ↑	0. 4364 ↗	0. 0999			

续表

	X1	X2	X3	X4	X5	X6	X7
X5	0.6005↑	0.4647↑	0.6306↗	0.4287↑	0.3327		
X6	0.6213↑	0.5454↑	0.6721↗	0.4113↑	0.5154↑	0.3451	
X7	0.7997↑	0.6412↑	0.7748↗	0.5459↗	0.5469↑	0.6253↑	0.4236

注：符号分别表示：↘非线性减弱关系，↙单因子非线性减弱关系，↑双因子增强关系，↗非线性增强关系，→独立关系。

五　讨论与展望

结合工业企业数据库，通过ESDA、地理探测器等方法的运用，对河南省县域层面的制造业空间格局与影响因素进行探究，得出结论如下。

（1）河南省制造业呈现明显集聚，且县区产值空间分异明显。在2004年到2009年存在快速集聚的过程，Moran`s I指数从0.125上升到0.346；2009年到2013年Moran`s I指数略有下降，出现了扩散趋势，但稳定在0.34左右。在洛阳、郑州、许昌等地区形成了高值集聚区；在洛宁、栾川至固始、新县的西北—东南连线上，同时形成了大面积的低值集聚区。

（2）河南省制造业发展过程契合“点—轴”空间结构系统发展的特点，最终形成“横折”格局。2004年，在已有工业基础上，形成郑州、洛阳和新乡市区三个核心点，并在许昌、安阳等地形成次级核心；以陇海线、京广线的郑州—洛阳、郑州—许昌区间段形成发展轴线，经过不断地渐进式发展，发展轴线上的荥阳市、长葛市等地区逐渐发展、融入核心区，最终形成了河南省制造业主要的“点—轴系统”框架，即“横折”格局。

（3）河南省制造业空间布局受到市场、交通和产业基础的显著影响，受到劳动力成本影响较小，而政府在其中发挥着较大的促进作用。广阔的市场规模和良好的产业发展基础，吸引企业积极入驻，产生的集聚效应进一步吸引更多的企业入驻。在交互影响下，在产业基础与其他因素的共同作用下，更能体现出地区比较优势；单纯的较低劳动力成本，并不能为地区制造业发展带来巨大改观；而政府的财政帮扶行为和特定开发区的设立能够为企业发展提供较大支持。

文章基本揭示了2004～2013年河南省制造业格局的演变特点和制约空间分布的影响因素。但由于数据获得性限制，未能揭示更近年份的制造业格局和产业转移、环境规制等因素在其中的影响。而且随着产业转型升级的深入发展以及日益严峻的环境压力，河南省制造业发展格局会不会因此发生改变，交通便捷程度的提升，能否促进河南省其他地区的制造业发展，这些问题有待进一步的解答。

参考文献

Krugman P. Increasing returns and economic geography . Journal of political economy, 1991, 99 (3): 483 –499.

陆玉麒:《论点—轴系统理论的科学内涵》,《地理科学》2002年第2期。

陆大道:《二〇〇〇年我国工业生产力布局总图的科学基础》,《地理科学》1986年第2期。

陆大道:《区域发展及其空间结构》,科学出版社,1995。

陆大道:《关于“点—轴”空间结构系统的形成机理分析》,《地理科学》2002年第1期。

孙东琪、刘卫东、陈明星:《点—轴系统理论的提出与在我国实践中的应用》,《经济地理》2016年第3期。

Duranton, Gilles and Overman, Henry G. (2005) Testing for localization using micro-geographic data. Review of Economic Studies, 72 (4) . pp. 1077 –1106. ISSN 0034 –6527.

Alecke B. , Alsleben C. , Scharr F. , et al. Are there really high-tech clusters? The geographic concentration of German manufacturing industries and its determinants. The Annals of Regional Science, 2006, 40 (1): 19.

Ellison G. , Glaeser E. L. Geographic concentration in US manufacturing industries: a dartboard approach. Journal of political economy, 1997, 105 (5): 889 –927.

Kim S. Expansion of markets and the geographic distribution of economic activities: the trends in US regional manufacturing structure, 1860 – 1987. The Quarterly Journal of Economics, 1995, 110 (4): 881 –908.

Brülhart M. Evolving geographical concentration of European manufacturing industries.

Weltwirtschaftliches Archiv, 2001, 137 (2): 215 -243.

贺灿飞、谢秀珍、潘峰华:《中国制造业省区分布及其影响因素》,《地理研究》2008 年第 3 期。

贺灿飞、谢秀珍:《中国制造业地理集中与省区专业化》,《地理学报》2006 年第 2 期。

石敏俊、杨晶、龙文、魏也华:《中国制造业分布的地理变迁与驱动因素》,《地理研究》2013 年第 9 期。

李国平、张杰斐:《京津冀制造业空间格局变化特征及其影响因素》,《南开学报》(哲学社会科学版) 2015 年第 1 期。

李燕、贺灿飞:《1998 ~2009 年珠江三角洲制造业空间转移特征及其机制》,《地理科学进展》2013 年第 5 期。

王俊松:《长三角制造业空间格局演化及影响因素》,《地理研究》2014 年第 12 期。

贺灿飞、朱晟君:《制造业地理集聚的区域差异研究——江苏和安徽对比研究》,《地理科学》2008 年第 6 期。

张杰、唐根年:《浙江省制造业空间分异格局及其影响因素》,《地理科学》2018 年第 7 期。

陈松林、陈进栋、韦素琼:《福建省综合交通可达性格局及其与制造业空间分布的关系分析》,《地理科学》2012 年第 7 期。

罗胤晨、谷人旭:《1980 ~2011 年中国制造业空间集聚格局及其演变趋势》,《经济地理》2014 年第 7 期。

毛琦梁、王菲、李俊:《新经济地理、比较优势与中国制造业空间格局演变——基于空间面板数据模型的分析》,《产业经济研究》2014 年第 2 期。

贺灿飞、潘峰华、孙蕾:《中国制造业的地理集聚与形成机制》,《地理学报》2007 年第 12 期。

范剑勇:《市场一体化、地区专业化与产业集聚趋势——兼谈对地区差距的影响》,《中国社会科学》2004 年第 6 期。

高辰、申玉铭:《北京市制造业空间格局及演变分析》,《地域研究与开发》2018 年第 5 期。

张晓平、孙磊:《北京市制造业空间格局演化及影响因子分析》,《地理学报》2012 年第 10 期。

苗长虹、樊杰、张文忠:《西方经济地理学区域研究的新视角——论“新区域主义”的兴起》,《经济地理》2002 年第 6 期。

金煜、陈钊、陆铭:《中国的地区工业集聚:经济地理、新经济地理与经济政策》,《经济研究》2006 年第 4 期。

李伟、贺灿飞:《劳动力成本上升与中国制造业空间转移》,《地理科学》2017 年第 9 期。

王劲峰、徐成东:《地理探测器: 原理与展望》,《地理学报》2017 年第 1 期。

刘彦随、杨忍:《中国县域城镇化的空间特征与形成机理》,《地理学报》2012 年第 8 期。

魏凤娟、李江风、刘艳中:《湖北县域土地整治新增耕地的时空特征及其影响因素分析》,《农业工程学报》2014 年第 14 期。

张新峰:《空间自相关的数据分析方法与应用研究》,博士学位论文,兰州大学,2009。

孟斌、王劲峰、张文忠、刘旭华:《基于空间分析方法的中国区域差异研究》,《地理科学》2005 年第 4 期。

王少剑、王洋、蔺雪芹等:《中国县域住宅价格的空间差异特征与影响机制》,《地理学报》2016 年第 8 期。

王洋、方创琳、盛长元:《扬州市住宅价格的空间分异与模式演变》,《地理学报》2013 年第 8 期。

冯德显、乔旭宁、贾晶:《中原城市群竞合关系及一体化战略研究》,《地域研究与开发》2005 年第 6 期。

陈小晔、孙斌栋:《上海都市区制造业就业格局的演化及影响因素》,《人文地理》2017 年第 4 期。

段小薇、苗长虹、赵建吉:《河南承接制造业转移的时空格局研究》,《地理科学》2017 年第 1 期。

Krugman P. History and industry location: the case of the manufacturing belt. The American Economic Review, 1991, 81 (2): 80 - 83.

高辰、申玉铭:《北京市制造业空间格局及演变分析》,《地域研究与开发》2018 年第 5 期。

李小建主编《经济地理学》,高等教育出版社,1999。

B.12
以先进制造业引领河南制造业高质量发展

张志超*

摘　要： 当前河南先进制造业受不合理的人才结构、研发投入比重较低和产业集聚效应未充分释放等因素制约。加快河南先进制造业发展，是引领河南制造业高质量发展的重要途径。应瞄准国际先进制造业发展方向，加快先进制造业与现代服务业深度融合，大力推动先进制造业集群化发展，大力发展民营经济，优化先进制造业发展环境，不断推动制造业转型升级，引领制造业高质量发展。

关键词： 先进制造业　集群化发展　河南

2019年以来，全省以智能制造为引领，加快发展数字经济，推动网络经济强省建设，聚焦重点产业，强化制造业开放合作，大力发展民营经济，激发市场主体活力，加快转型升级步伐，提升工业质量，推动河南制造业高质量发展，助力中原更加出彩。

一　河南先进制造业发展现状

近年来，河南把发展先进制造业作为工作的重中之重，全面落实全省各项高质量发展战略部署，加快制造业转型升级，切实提升制造业核心竞争

* 张志超，河南省社会科学院工业经济研究所助理研究员。

力，大力实施《中国制造2025河南行动纲要》，不断延伸拓宽产业链，提升绿色化、智能化水平，各项工作取得显著成效。

（一）先进制造业强省建设成效显著

自2016年2月发布《中国制造2025河南行动纲要》以来，河南省先后出台制造业供给侧结构性改革方案、先进制造业大省建设行动计划、河南省装备制造业转型升级行动计划（2017～2020年）、智能装备产业发展行动方案等重磅政策，完成了先进制造业发展的顶层设计。为了推动传统制造业转型升级，加快智能化、绿色化和企业技术改造，改造冶金、建材、化工、轻纺等传统产业，加快处置“僵尸企业”，能源原材料工业占比下降10个百分点。为了以装备制造、绿色食品、电子信息等为重点产业的转型发展，把尼龙产业、智能传感器产业、智能装备产业、现代生物和生命健康产业、环保装备和服务产业、新能源及网联汽车产业、汽车电子产业、新型显示和智能终端产业、新一代人工智能产业和5G产业确定为10个重点培育产业。目前以高端化、智能化、绿色化、融合化为目标的转型发展成效显著，全省已经形成了装备制造、食品两大万亿级产业，培育民权冷谷、长垣起重机、洛阳动力谷、中原电器谷、郑州速冻食品、智能电力及新能源装备等19个千亿级制造业产业集群，宇通客车、双汇、郑煤机等企业引领河南制造走向世界，智能手机、速冻食品、新能源客车、矿山装备、农机装备、盾构装备、输变电装备等领域居全国领先地位。工业经济总量稳居全国第5位、中西部第1位，全省制造业规模总量约1.8万亿元，占GDP的比重超过37%。制造业的产业结构也在不断优化，2012～2018年，全省主导产业年均增长15%，其中制造业占规模以上工业的比重为85.6%。一大批河南产品在神舟、蛟龙、高铁、航母等大国重器上得到应用。其中，超硬材料占全国市场的80%以上，高温功能材料占50%以上，特高压输变电装备占40%以上，盾构装备占30%以上，新能源客车占30%左右。2018年，河南主导产业增加值占规模以上工业增加值比重为45.1%，高成长性制造业增加值占全省制造业增加值的比重为78.8%，对全省高成长性制造业增长的贡献率为

106.6%。2019年1～9月，工业结构持续优化，食品加工、装备制造、电子信息、新型材料、汽车制造5大产业同比提高1.4个百分点，占全省规模以上工业比重达43.8%，热轧窄钢带、热轧薄板分别增长135.6%、26.1%，铝板材、铝型材分别增长18.2%、14.8%，工业机器人、新能源汽车分别增长102.2%、49.6%。

（二）大力培育新的支柱产业，智能化引领转型之路

河南智能装备产业引领转型之路，神州系列飞船、C919大飞机、蛟龙号载人深潜器等一大批国之重器上都有河南装备的身影，在农机装备、矿山装备、电力装备、盾构装备等领域居领先地位，2018年全省规模以上智能装备业增加值同比增长10.2%，高技术产业、战略性新兴产业占比提高3.6个、4.2个百分点。依托国家大数据综合试验区建设，谋划布局以郑东新区智慧岛为核心的18个大数据产业园，在智能交通、教育、医疗、物流等领域实施了一批5G重大示范项目，2018年数字经济规模达到1.25万亿元，占GDP比重为25.9%。五年来，河南五大主导产业、战略性新兴产业、高技术制造业增加值年均分别增长11.1%、14.4%和17.4%。

（三）创新引领加快制造业转型升级

以创新为途径促转型，围绕产业链部署创新链，围绕创新链完善服务链，更好地使科技创新和产业升级统筹协调，促进了产业与院所、国家与地方、科技与金融、军工与民用的“四个融合”。比如，郑州市和解放军信息工程大学联合设立了郑州信大先进技术研究院，通过这个平台汇聚了100多位高端创新人才，推动了“互联网+工业制造”，不仅使信大的通信导航、智慧城市等创新成果得到及时转化，而且为河南转型发展和科技创新提供了坚实的人才资源支撑。河南科技创新能力得到明显提升，建设先进制造业强省的辛勤努力结出了丰硕成果。比如许继、平高两公司通过几年的联合攻坚，承担的特高压输变电装备关键技术的专项，取得了自主知识产权，填补了世界上最高电压等级、最长输变距离、最大输送容量的特高压直流输电关

键装备的空白。又如洛阳市依托中信重工集团和一托集团、轴研科技、德平科技等一批企业，把智能装备制造作为制造业转型升级的重点，形成了装备制造业超千亿元的规模。在创新驱动的引领下，“河南造”高端产品（大中型客车、盾构机、大型拖拉机、特高压装备、智能手机、光电子芯片等）在行业中居于领跑地位，许继电气、郑煤机、中信重工等一批河南企业努力抢占行业制高点参与全球市场竞争。多年来，宇通新能源汽车的制造产量稳居全国第一，洛阳中信重工制造的智能化消防装备截至 2019 年 9 月市场占有率全国第一，中铁工程装备集团的产品已经销售到 18 个国家和地区，中国一拖生产的智能农机数字大平台已介入 2 万多台各类农机装备，远在千里之外新疆作业的农机将会通过这个平台传输信息，遥控运营。

（四）大力推进先进制造业和现代服务业深度融合，先进制造业集群获得初步发展

推进服务型制造和先进制造业集群是实现制造业高质量发展的客观需要。为推动先进制造业和现代服务业深度融合，河南省出台了发展服务型制造专项行动指南，聚焦产品全生命周期管理创新、供应链管理服务发展等重点领域，打造制造业转型升级新支撑。截至 2019 年 9 月，全省开展服务型制造的企业比例达到 21%，形成了中信重工机械股份有限公司、河南双汇投资发展股份有限公司等 49 个服务型制造示范项目，以及盾构装备、起重设备等细分领域专业服务平台，河南省全能科技有限公司北斗应用服务型制造、河南省科融科技有限公司工业融创共享云平台、郑州宇通客车股份有限公司 Vehicle + 智能机务管理整体解决方案、河南心连心化肥有限公司精益供应链等 6 个项目入选国家服务型制造示范，大信整体厨房、方快锅炉等企业通过向“制造 + 服务”转型焕发出新动能。

在总结河南开发区、高新区、产业园区发展建设经验的基础上，经过多年发展，产业集聚区已建设成为河南产业发展的重要载体，全省区域经济的重要支撑和增长极，对外开放的重要窗口和实现全省经济高质量发展的突破口。截至 2019 年 9 月，建设发展产业集聚区 181 个，其中两个是以物流产

业为主要产业支撑的集聚区，其他 179 个是以工业特色主导产业为支撑的产业集聚区。富士康、格力电器、海尔空调、中国联塑、上海汽车、百事饮料等一批行业龙头企业相继在全省产业集聚区落户。2018 年，产业聚集区规模以上工业增加值占全省规上工业的比重为 71.6%，对全省工业主营业务收入增长的贡献率高达 97.3%。18 个省辖市和 10 个省直管县中，89% 的地区产业集聚区工业增加值占当地规上增加值比重超过 50%，8 个地区集聚区工业占比超过 80%，在市域形成 19 个超千亿元主导产业集群，在县域形成 122 个超百亿元特色产业集群，培育了郑州航空港智能终端、中牟汽车、大周再生金属、睢县制鞋、柘城金刚石、鹿邑化妆用具等一批各具特色的产业集群。

（五）深化制造业国际合作，拓展发展新空间

以开放为支撑，把内源性动力和外源性动力结合起来，围绕电气设备、工程装备、现代农机、大中型客车、农产品加工等优势领域，强化对内对外的开放合作，拓展了发展新空间。企业以全球化视野，通过参与国际分工，抓住全球产业链、价值链、供应链重构的契机，最有效配置全球资源，有力地提高了竞争实力。比如，原来以生产镁合金板材为主的长葛德威科技公司，这些年他们通过和欧美等许多国家的合作，由过去销售板材转变为现在提供精密设备，新产品销路好，价格也出现了大幅上涨，远销到欧洲市场的产品价格比国内销售价格高出 50%。此外，通过制造企业加强国际化合作，拓展国际化经济贸易，鼓励引导有条件的企业“走出去”，为企业发展拓展空间、提供条件，从而在更大范围内集聚资源、开拓市场。中信重工到国外设立研发基地，建设产业技术创新战略联盟，在研发生产基地网罗全球一流的高端人才，优化整合国际优势资源，实现了由生产型企业到研发型企业的转型升级，不断在更高的水平上布局国际市场。

二　河南先进制造业发展中面临的主要问题

虽然河南先进制造业发展取得了一定成绩，但总体上尚处于起步阶段，

概括起来是大而不强，发展质量仍不高，亟须加快转换发展动能，推动制造业高质量发展。

（一）当前先进制造业优质项目偏少，产业结构有待进一步优化

河南制造业高质量发展面临的主要矛盾是发展方式粗放、战略新兴产业比重偏低、新经济发展尚未形成规模，自主创新能力弱、高附加值产品少、现代服务业发展相对滞后的结构性问题仍十分突出。当前河南先进制造业整体规模偏小，先进制造业优质项目偏少，高端装备制造业占比偏低，产业集群创新生态尚不完善。从企业层面来看，企业规模偏小、企业技术研发能力较低、研发投入力度偏弱、先进技术引进不足，企业整体素质低，创新型企业少，造成生产要素不能高效配置，资源无法实现有效利用。从产业层面来看，产业结构不合理，产业中以能源、原材料为主导的资源型产业产能过剩问题突出，引领未来发展的创新产业技术储备不够，产业链相对较短，高端装备制造业所需关键零部件、元器件和配套设备还需要大量从省外购入或国外进口。表现在工业发展与生态环境保护产品供需结构不平衡、地区之间发展不平衡，同时存在工业大而不强、创新能力总体不强、系统集成能力不强、关键技术对外依存度较高等问题。

（二）先进制造业高端发展不够

一是先进制造业整体发展实力不强。河南先进制造业产业规模偏小，创新新一代先进制造业的人才和团队匮乏，先进制造业技术研发和自主创新能力不强，支撑产业升级的技术储备明显不足，引领和支撑新一代先进制造业与现代服务业深度融合发展的动能不足，产业集群的质量有待进一步提升。二是产业层次偏低，技术创新能力不足。河南先进制造业产业主要集中在生产制造环节，产业链条短、结构单一、产品附加值较低。原创性技术及产品数量较少，产业层次偏低，技术先进、市场前沿的高端产品较少。三是面临区域激烈的竞争压力。与发达地区相比，河南在先进制造业技术发展和应用水平方面还存在较大差距，在区域竞争激烈程度不断攀升的环境下，面临区域竞争的压力。

（三）新经济发展缓慢，现代服务业支撑能力弱

近年来，河南在航空经济、大数据、跨境电商等方面成效显著，但在共享经济、人工智能等方面却处于落后位置，特别是创新能力、数字经济发展、互联网应用三个方面较为薄弱。新经济发展河南面临的主要问题有：行业领军企业匮乏，新经济领域尚未形成生态圈；产业发展模式以跟随、模仿创新为主，创业者、企业家对产业发展规律和趋势洞见力不足，产业发展层级较低，高端创业人才特别是3D打印、人工智能算法、数据挖掘等前沿领域成熟人才稀缺。尽管2018年河南省信息传输、软件和信息技术服务业、科学研究和技术服务业等现代新兴服务业占服务业比重为22.6%，但仍低于全国平均水平，新兴服务业占比仍然偏低，服务业集聚发展载体平台能力有待提升，有竞争力的龙头企业和具备国际视野的现代服务业高端人才严重匮乏，不能完全适应创新驱动发展的要求。

（四）创新投入力度小，高端创新人才匮乏

自主创新能力不强和创新人才缺乏是障碍河南高质量发展的关键，主要表现为：一是科技投入不足。河南省2017年全省R&D经费投入是2000年的23.5倍，但经费投入强度只占GDP比重的1.31%，仅相当于全国（2.13%）的62%。二是制造业人才数量和质量影响制造业高质量发展。比如，制造类技工、普工等职位需求量较大，但求职人员中技工所占的比重却在日益减少。三是人才发展的平台载体较少，高端人才匮乏。全国两院院士1500多位，河南只有27人。在符合国家备案资格的1952家国家级众创空间中，河南仅有38家，新型研发机构40家，不及广东的1/4，分别为陕西、湖北的40%和38%；入选全国“千人计划”河南人数仅有19人，占全国总数的3%，分别为湖北、安徽的7%和12%。

（五）先进制造业外部发展动力不足，营商环境还需进一步改善

近年来，河南持续推进“放管服”改革，不断优化营商环境，促进了

经济社会的发展。但从实际情况来看，营商环境还有很大的提升空间，有待进一步优化。截至 2019 年 9 月河南规模以上工业企业数量仅为粤苏浙鲁 4 省的一半左右，中国企业 500 强和中国制造企业 500 强分别仅占 9 席和 16 席。在营商环境方面与先进省市相比，还需进一步改善。据普华永道等机构联合发布的《2018 中国城市营商环境质量报告》，郑州市营商环境位列第 21 位，与广州列第 5 位、西安列第 6 位、杭州列第 7 位、长沙列第 10 位、武汉列第 16 位等城市相比，仍有一定差距。

三　加快发展河南先进制造业，推动制造业高质量发展

当前，河南正处于产业转型升级、新旧动能转换的关键时期，加快发展先进制造业已成为河南推动制造业高质量发展的必然选择。下一步，将以习近平新时代中国特色社会主义思想为指导，以新发展理念为根本遵循，紧扣高质量发展要求，加快发展河南先进制造业，努力实现“创新驱动、智能制造、融合发展、集群打造”等方面重点突破，引领河南制造业高质量发展。

（一）加快先进制造业与现代服务业深度融合发展

加快先进制造业与现代服务业深度融合是制造业的发展方向，有利于推动制造业高质量发展，也有利于提升制造业国际竞争力。现代服务业的发展目标是着眼于支撑制造业高端攀升和满足群众高质量生活需求，提高服务水平可提升企业在价值链上的地位，有利于先进制造业技术进步、产业升级和提高生产效率。创新驱动是促进制造业和服务业融合发展的重要动力，要通过全方位创新创意来推进先进制造业和现代服务业的深度融合。一是针对多数企业对发展服务型制造存在理解和认识不足的情况，要提高认识，改变重生产、轻服务的观念，消除人们对服务型制造战略地位的认识和推进力不足的问题，将先进制造业与现代服务业深度融合作为制造业创新发展的一项重要竞争战略。二是搞好统筹规划，明确服务型制造发展的思路与方向，以转

型升级为重点的服务业为突破口，以先进装备制造业为核心，谋划河南服务型制造业战略布局和行业发展阶段，走“高端化、智能化、绿色化、服务化”的发展道路。三是着力完善服务型制造产业链条，突出服务型制造优势，集群发展。四是增强制造业与服务业之间的匹配度，促进先进制造业与现代服务业深度融合。要顺应科技发展和产业分工的趋势与要求，破除制约先进制造业与现代服务业协同发展的行政壁垒和体制机制障碍，建立促进服务型制造协同发展的制度保障，不断地增强制造业与服务业之间融合发展的匹配度和发展活力，推动实现制造业高质量发展。

（二）加快推进制造业转型升级

创新驱动的制造业转型升级，是通过加强实施智能化、数字化制造、绿色制造等途径，提高产品的质量、品牌和创新性。目前，河南制造业大都处于产业价值链的低端，技术研发、核心技术、产品设计、供应链管理、市场营销、品牌策划等关键环节都十分薄弱。我们必须抓住河南制造业发展的最薄弱环节，以改革创新为抓手，下大力气，重点突破，通过制造业转型升级，加快培育新动能，大力推进产业链和价值链由低端向高端跃升，不断提升产业的竞争力。一是强化规划和政策引领。制造业转型升级，就是发展三大模式：智能制造、服务型制造、绿色制造。要通过规划+政策，实施创新驱动发展战略，为智能制造、服务型制造、绿色制造的发展壮大提供引领，激发发展动力和潜力，增加高端产品有效供给，促进产业链、价值链逐步走向高端化。为加快推动河南制造业转型升级，聚焦重点领域推动创新发展，结合省委省政府重大专项部署，聚焦制造业重点领域，加快龙头企业培育引进，快速占领市场做大规模。二是整合发展和项目带动。产业的发展最终要落实到项目上。要定期筛选一批重大技术装备协同创新、产业集群建设、公共服务平台、智能制造与绿色制造等项目给予重点支持，推动先进制造业快速发展。三是推进产业转型升级。要推动互联网、大数据、人工智能等新一代信息技术与制造业深度融合，大力发展智能制造，加快建设制造强省。要大力推广新技术，积极探索新模式，推动产业有进有退，加快产业转型升级步伐，构建以先进制造业为基础和支撑的现代产业体系。四是强化对内对外的开放合作。要不断加大对内对外的开放合作力度，尤其是在“一带一路”建设中，推动优势产品“走出去”，带动技术、装备和服务走向世界，提升企业在国际资源配置中的主导地位和分享“一带一路”建设成果，增强企业在全球产业发展中的影响力。

（三）大力推动先进制造业集群化发展，提高产业集聚质量

针对河南大多数产业集群内部产业关联度低、服务体系不健全、龙头企业带动作用不明显、集聚效应尚未充分凸显等问题，需要抓住影响和制约产业集群发展的关键环节，把技术研发、科技金融、科技中介、成果转化等嵌入产业集群建设中，拓展产业集群的功能，强化产业集群价值链的作用，促进先进制造业集群化发展。一是组织专门力量调查研究各个制造业集群，分析现有产业集群存在的问题，通过“一群一策”的支持方案，落实解决问题的措施。要着力解决好集群内发展的不平衡不充分问题，增强产业辐射和带动作用，鼓励大项目、大企业向同类产业集群集聚。二是完善集群关联服务体系建设。政府应培育高效产业链，明确产业集群在全球价值链中所处的位置，倡导通过技术创新来实现集群整体附加值的提高和在全球价值链上的竞争力的增强。要大力促进与产业集群相关的生产服务业的发展，加快发展现代物流业，加强专业市场建设。三是要通过积极引进和培育集群内龙头企业、加快信息咨询服务建设等措施，推动产业集群内形成以价值链为基础的分工协作网络。产业发展要落实到招商上、落实到项目上，各县（市、区）要依托基础优势，瞄准发展方向，采取“走出去、请进来”的策略，着力引进国内外500强企业落地发展，形成产业集群。同时，要重点培育一批本土大型先进制造业企业集团，培育打造一批在全国有较强竞争力的产业集群。

（四）瞄准国际先进制造业发展方向，向价值链高端攀升

先进制造业产品是一国制造业生产能力、技术水平的重要标志，是国家

名片和国家形象的表现，有较强的国际竞争力。推进先进制造业高质量发展，应具备世界一流的产品质量，拥有世界著名的顶级品牌。因此，先进制造业的发展要时刻瞄准国际先进制造业发展走势，掌握先进制造的关键技术，提高产品的科技含量，推动河南先进制造业的高端化发展，使越来越多拥有河南自主知识产权的产品走向国际市场。一是要大力发展关乎国家安全、关系国计民生的战略性新兴产业，如现代通信技术、新一代信息技术、新材料、人工智能、高端装备制造和机器智能、现代航空航天、互联网等行业，增强品牌的科技含量，专注产品的创新和产品质量的提升，占领制造领域国际制高点。二是要加强品牌建设，推行品牌带动战略。要以技术为突破口，改变当前产品技术含量不高、品牌附加值低、产品市场竞争力弱的问题。要注重本地品牌的培育和塑造，支持企业生产世界一流品质的产品，满足不断增长的国际国内市场的需求，促进企业加快质量升级，进一步提升河南产品国际市场的竞争力和占有率。三是提升质量发展基础。要扩大品牌产品的延伸服务，实现产品简单服务转向为客户提供价值增值的复杂服务，提高品牌产品的附加值，增强制造产品的国际竞争力。四是实施开放式创新弥补河南科技创新短板。创新能力不足和科技资源紧缺严重制约了河南高质量发展。要大力推进科技开放合作，培育和引进高科技人才，积极对接国内外知名高校院所及创新企业，与国际著名研发机构、世界500强企业开展实质性技术协作，围绕行业关键共性技术开展协同创新，提升相关产业核心竞争力。

（五）不断优化先进制造业的发展环境

企业是经济活动的重要主体，要不断完善社会主义市场经济体制环境，着力打造有利于企业公平竞争的市场发展环境，完善基础设施和服务，使资源按市场定位分配，以更有效的市场机制培育更具活力的市场主体。一是完善政策法律法规环境。继续优化营商环境，健全和完善支持先进制造业发展的政策法律法规环境，完善知识产权保护制度，建立促进先进制造业发展的长效机制。二是强化资金要素保障。充分发挥科技创新创业风投基金和科技产业发展基金的引导作用，建立按市场化方式运作的各类先进制造发展基金，加大对先进制造业发展项目的支持力度，鼓励社会风险投资、股权投资投向先进制造领域。鼓励企业加大对先进制造技术研发的投入，强化激励机制，调动企业创新的积极性。三是加强专业化人才队伍建设。适应先进制造业的发展需求，开展先进制造业复合型人才培育行动，按照省委、省政府实施人才强省建设的战略部署，一手抓人才培养，实施优秀人才培养计划；一手抓人才引进，着力引进高层次创新创业人才，构筑人才集聚高地，为先进制造业的发展提供强有力的技术支撑。四是完善市场竞争环境，切实维护市场秩序。要完善平等的市场环境，促进各种所有制经济依法依规平等受到法律保护。要加大知识产权保护力度，增强打击侵权假冒违法行为的震慑力。要采取坚决有效的措施，持续开展扫黑除恶行动，打击强迫交易、强揽工程等严重破坏投资环境的恶劣行为，切实提高市场发展活力和资源配置效率，为先进制造业发展提供高效公平的竞争环境。五是鼓励民营企业参与先进制造业建设。要持续改善民营企业发展环境，支持民营企业投资和发展先进制造行业，保证民营企业享有公平的竞争环境和条件参与先进制造业建设，参与国家创新性技术的研发工程，参与国际竞争。要扶持发展先进制造领域的民营企业，向先进制造领域转型，增大先进制造在现代产业体系中的比重。

参考文献

张志超：《推进先进制造业和现代服务业深度融合》，《全国流通经济》2019 年第 9 期。

张长星：《推动河南经济高质量发展的对策研究》，《区域经济评论》2019 年第5 期。

朱英：《开放的河南更出彩》，《河南日报》2019 年 8 月 27 日。

陈辉：《八项举措推动河南制造业高质量发展》，《河南日报》2019 年 1 月 22 日。

孟凡君：《河南“四张牌”推动高质量发展》，《中国工业报》2019 年 8 月 27 日。

徐建华：《先进制造业和现代服务业融合“质”关重要》，《中国质量报》2019 年 9 月 11 日。

徐宇辰：《推动中国制造迈向中高端》，《智慧中国》2018 年第 5 期。

行 业 篇

Industry Articles

B.13

2019年河南食品产业发展报告*

李婧瑗**

摘　要： 食品产业作为河南重要的制造业主导产业之一，为全省实体经济实现稳中求进提供了重要支撑。2019 年，河南食品产业通过实施智能化改造、绿色化改造、企业技术改造，进一步实现了高质量发展。但是，受经济下行压力和外部市场环境的影响，河南食品产业也面临新的机遇和挑战。为实现将河南建设成为食品工业强省、食品安全省的战略目标，提出继续实施“三大改造”、积极抢占高端市场、完善食品追溯体系、发展现代农产品加工业的对策建议。

* 本文系河南省社会科学院2019年度基本科研费项目“河南推进食品制造业高质量发展研究”(编号19E18)阶段性成果。

** 李婧瑗，河南省社会科学院工业经济研究所助理研究员。

关键词： 河南食品产业 三大改造 消费升级 食品安全

2019 年 9 月 16 ~ 18 日，习近平总书记在河南考察调研时强调，制造业是实体经济的基础，实体经济是我国发展的本钱，是构筑未来发展战略优势的重要支撑。食品产业作为河南传统优势产业之一、五大主导产业之一，为全省实体经济实现稳中求进提供了重要支撑。

一 河南食品产业发展现状

2019 年，河南食品产业依托丰富的农产品资源，依托冷链食品、休闲食品和特色食品三大优势产业链，通过实施智能化改造、绿色化改造、企业技术改造，逐步完善原料基地、冷链物流、质量安全等关键环节，进一步实现了高质量发展。

（一）食品产业整体发展平稳

1. 营业收入和利润增长较快

2006 年以来，河南食品产业产值一直稳居全国第二位，河南成为全国重要的食品大省。2015 年以来，河南规模以上食品工业企业主营业务收入持续超过 1 万亿元，并逐年增长。其中，2015 年约 1.06 万亿元，2016 年约 1.21 万亿元，2017 年约 1.24 万亿元，2018 年约 1.35 万亿元，2015 ~ 2018 年年平均增长率为 9.12%（见图 1）。

2019 年 1 ~ 8 月，河南食品制造产业营业收入和利润增长率缓慢下降，在 4 月分别达到最低点 5.6% 和 4.7%（见图 2、图 3）。从 5 月开始，两项指标企稳回升并快速增长。截至 8 月，河南食品制造产业营业收入增长 15.8%，利润增长高达 32.6%。预计 2019 年全年，河南规模以上食品工业企业主营业务收入仍然会继续突破 1 万亿元大关。

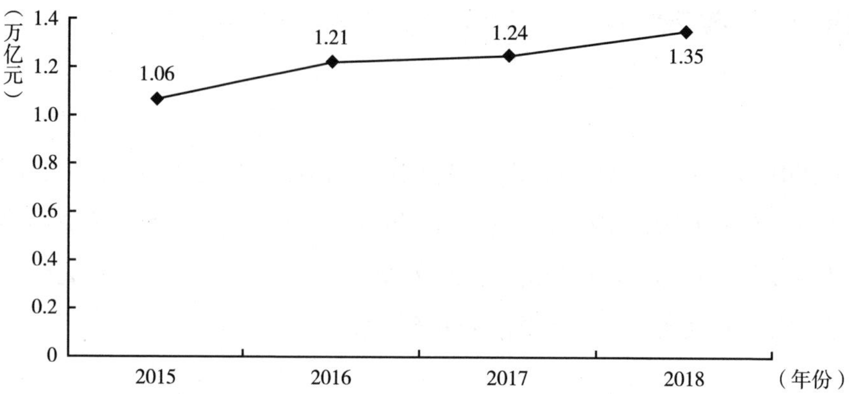

图1　2015～2018 年河南食品制造产业主营业务收入

资料来源：河南省工业和信息化厅。

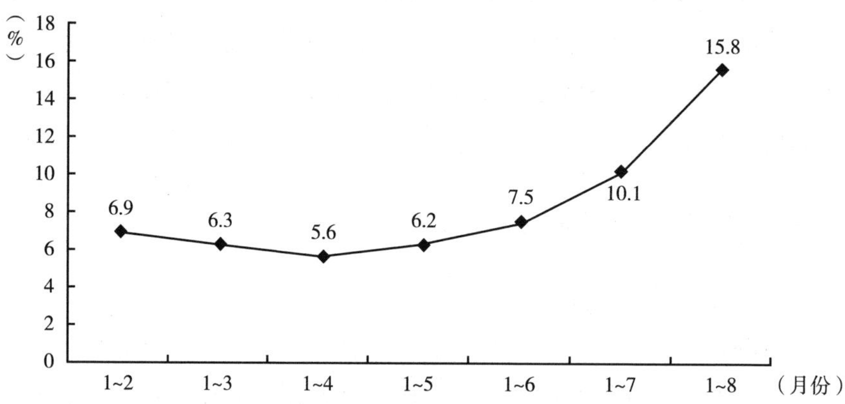

图2　2019 年 1～8 月河南食品制造产业营业收入同比增长率

资料来源：河南省工业和信息化厅。

2. 工业增加值增速偏低

2019 年 1～9 月，河南食品制造产业工业增加值增速逐月下降，持续低位运行，景气程度偏低，在全省制造业中处于落后地位（见图 4）。2019 年前三季度，河南食品制造产业工业增加值增速仅为 3.1%，而同期全省规模以上工业增加值增长 7.9%，制造业增加值增长 9.6%，五大主导产业增加值增长 8.3%。

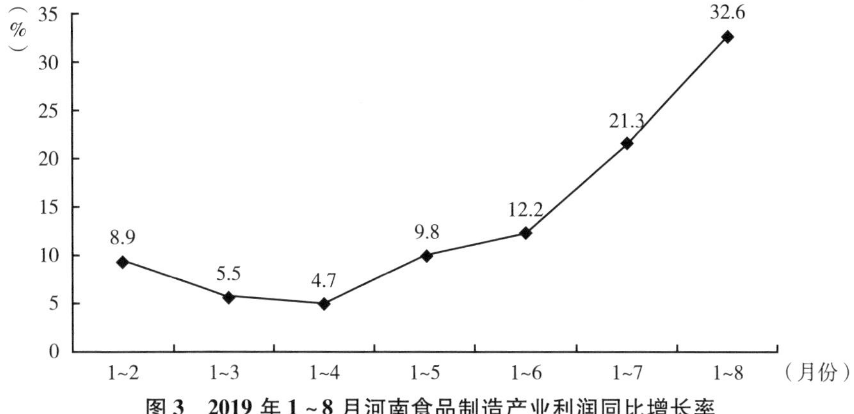

图3　2019年1~8月河南食品制造产业利润同比增长率

资料来源：河南省工业和信息化厅。

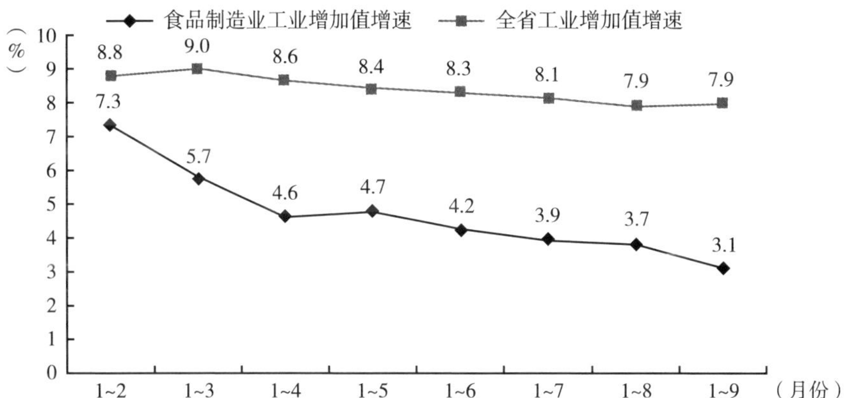

图4　2019年1~9月河南食品制造产业工业增加值增速和全省工业增加值增速

资料来源：河南省工业和信息化厅。

（二）食品企业持续健康发展

2019年，受中美贸易摩擦、非洲猪瘟疫情等外部不利因素影响，河南食品产业面临巨大的生产压力和市场压力。但是，同时，也涌现出一批优秀企业，在艰难的市场环境下取得了较好的发展成绩。例如，双汇发展2019年一季度报告显示，1~3月实现营业收入总额约119.74亿元，利润总额同比上升12.89%。三全食品2019年一季度报告显示，1~3月实现营业收入总额同比增加5.04%，净利润同比增加42%。

此外，2019年，在国家和全省的各类优秀企业榜单中，出现了许多河南食品企业。例如，2019年度中国品牌价值评价入围企业中共有4家河南食品企业，分别是品牌价值约280.04亿元的双汇发展、品牌价值约12.35亿元的白象食品、品牌价值约11.89亿元的思念食品和品牌价值约6.26亿元的三全食品。2019年度河南民营企业制造业100强名单中共有14家食品企业（见表1），品类涉及饮料、乳制品、肉制品、调味品等。2019年度河南国家和省级制造业与互联网融合发展试点名单中共有4家食品企业的项目入选，包括好想你全渠道中台系统建设项目、联泰食品的成本精细化管控能力建设示范项目。2019年度河南先进制造业发展专项资金企业技术改造拟支持项目名单中共有35家食品企业的项目入选，包括花花牛的生产线优化技术改造项目、凯雪冷链的机器人焊接自动化生产线技术改造建设项目等。2019年度河南“专精特新”优质中小企业名单中共有28家食品企业，包括伊赛牛肉、天香面业等。

表1　2019年度河南民营企业制造业100强中与食品产业相关的企业

单位：亿元

企业名称	营业收入
河南双汇投资发展股份有限公司	489.32
郑州思念食品有限公司	69.40
三全食品股份有限公司	55.39
河南华星粉业集团	22.79
河南伊赛牛肉股份有限公司	19.84
驻马店市王守义十三香调味品集团有限公司	18.56
河南龙大牧原肉食品有限公司	16.40
洛阳正大食品有限公司	15.00
河南中沃实业有限公司	14.91
濮阳训达粮油股份有限公司	13.66
河南花花牛乳业集团股份有限公司	12.89
河南省大程粮油集团股份有限公司	10.72
安阳市京膳堂饮料有限公司	10.50
河南阳光油脂集团安阳植物蛋白有限公司	10.38

资料来源：河南省工商联。

（三）食品产品持续增产提质

2019 年 1 ~9 月，河南全省熟肉制品产量累计约 91.7 万吨，速冻米面食品产量累计约 125.7 万吨，白酒产量累计约 22.0 万千升，同比分别增长 11.2%、9.6%和 1.3%。

分行业具体来看：第一，速冻米面食品。2018 年，河南速冻米面食品营业收入约 408.84 亿元，居全国首位。其中，思念食品、三全食品分别实现营业收入约 69.40 亿元和 55.39 亿元。第二，乳制品产品。2018 年，河南乳制品产量约 251.62 万吨，居全国第三位，占全国总量的 9.36%。2019 年 1 ~9 月，河南乳制品产量约 114.84 万吨，同比增长 54.0%。第三，农产品食品。2019 年，河南继续加大培育和推广“三品一标”（无公害农产品、绿色食品、有机农产品和农产品地理标志）农产品。截至 2019 年 9 月，河南已经拥有 4300 个有效期内的“三品一标”农产品，品类涉及米面油、肉蛋奶、果蔬茶、酒类等。

（四）产业集群持续发展壮大

近年来，河南食品产业逐步形成五大特色产业集群，是制造业领域规模最大、数量最多的产业集群。各产业集群充分发挥集聚集中的共享协作优势，各食品行业的整体发展效率得到提高。《河南省食品学科与产业发展研究报告》的研究显示，目前，河南规模较大的食品产业集群主要包括以双汇、华英等为代表的全国最大肉类产品生产加工基地，以白象、南街村等为代表的全国最大面及面制品生产加工基地，以三全、思念等为代表的全国最大速冻食品生产加工基地，以莲花味精、驻马店十三香等为代表的全国最大调味品生产加工基地，以健丰、梦想等企业和临颍黄龙食品工业园区为代表的全国最大饼干和休闲食品生产加工基地。此外，2019 年，河南新增的食品产业园——焦作市高端食品产业园，也已经进入招商推介阶段，此产业园分三期分别建设主食加工、怀药特色食品、高端速冻、休闲食品和仓储物流等配套项目生产线。

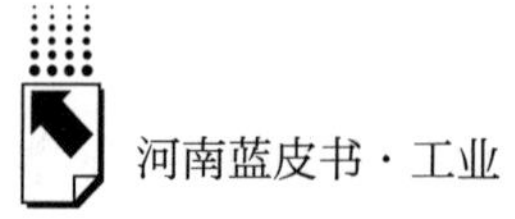

（五）“三大改造”持续开展实施

在全省工业推进“三大改造”的背景下，河南食品产业主动开展机器换人、设备换芯、生产换线，提升生产效率和水平。例如，双汇发展应用双汇“智慧云”大数据应用解决方案支撑企业精准管理与决策优化，逐步实现从机械化、自动化、信息化向智能化升级。思念食品创新智能化生产模式，实现生产管控一体化、全产业链协同一体化。统一企业通过对高速无菌灌装机生产线进行智能化改造，一分钟能够生产 900 瓶饮料产品，直接提高了生产速度。舞阳盐化生产的食盐产品通过手机扫码，连接智能化平台，实现产品来源可追溯、去向可查询。中沃实业实施两个技术改造项目，分别为全自动化的无菌冷灌装生产线和果蔬汁深加工生产线。

（六）食品安全持续严格监管

党的十九大报告明确提出实施食品安全战略，让人民吃得放心。2019年，河南进一步加大食品安全监管力度，并取得了明显成效。第一，打击制假售假成绩显著。自 2019 年 3 月起，河南省省市场监督管理局在全省范围内开展为期三个月的“春雷行动”，重点整治仿冒食品、假冒食品、“三无”食品、劣质食品和超过保质期的食品。其中，2019 年 3 月，漯河集中销毁仿冒侵权食品和饮料4400 多件，合计货值约16 万元。2019 年7 月，中牟捣毁制假售假窝点 4 处，缴获假冒调味品约 6 吨。2019 年 9 月，信阳破获特大制售假酒案，涉案金额高达约 1. 35 亿元。第二，抽检工作全面细致。2019 年第一季度，全省共完成并公布 38488 批次食品样品监督抽检结果，样品总体合格率为 97. 8%。2019 年第二季度，河南共完成并公布 40364 批次食品样品监督抽检结果，样品总体合格率为 97. 5%。2019 年第三季度，河南省共完成并公布 59902 批次食品样品监督抽检结果，样品总体合格率为98. 0%。2019 年前三季度的抽检产品中，粮、油、肉、乳等大宗食品合格率一直维持在较高水平。

二　河南推进食品产业发展的主要举措

2019 年，河南食品产业通过加强质量管理、加大创新力度、积极促进交流、推动豫酒转型，进一步实现了高质量发展。

（一）加强质量管理

为了保障食品产品安全、提高产品质量，河南在政府治理和企业管理两个层面分别加强质量管理。第一，严格落实“四个最严”，探索五条路径，抓好六大体系建设。在食品安全工作中建立最严谨的标准、实施最严格的监管、实行最严厉的处罚、坚持最严肃的问责。积极探索严格监管、全程溯源、诚信保险、科普宣传、生态保障五条路径。建设质量标准、食品检测、产品溯源、监管责任、社会诚信、法规制度六大体系。第二，逐步推广“6S”管理体系。在食品企业生产经营中通过“6S”管理，可以科学划分食品生产经营的场所和区域、合理确定工器具和其他物品的位置和摆放，实施标识清晰的可视化管理，使生产经营场所始终保持干净、整洁、有序，使食品在生产经营的全过程都得到安全卫生防护。

（二）加大创新力度

为实现可持续创新型发展，增强创新实力，河南食品产业开展不同形式的创新研发活动。第一，以企业为主体的创新。企业的创新形式具体包括核心品类创新、体验式创新、空白领域创新与营销创新。其中空白领域的创新主要是指新品类、跨品类的产品研发。例如，君乐宝乳业每年投入营业收入的 5% 进行创新型科学研究，并成为国内第一家推出红枣酸奶、芝士酸奶的乳制品企业。第二，产学研联盟式创新。例如，截至 2019 年 9 月，漯河共有 2 家国家级食品检测机构、31 家省级工程技术研究中心、3 个院士工作站、2 个博士后研发基地和 4 个博士后科研工作站，这些创新联盟促进漯河食品产业每年研发食品新品种约 1000 种，参与制定、修订国家或行业标准约 100 项。

（三）积极促进交流

2019 年 9 月 20 ~22 日，第六届食品博览会在商丘举办。本次展会共吸引食品行业知名品牌企业 80 多家，参展品种 2000 多个，参展人数 1 万多人。本次展会联合阿里巴巴（商丘）产业带，采用“互联网 + 展会 + 媒体”的办展模式，通过新媒体全程直播。2019 年 11 月 29 日 ~12 月 1 日，郑州将举办第二十届中国绿色食品博览会暨第十三届中国国际有机食品博览会。这是绿色食品博览会首次在中部地区举办，也是第一次走进河南，对展示和提升河南食品形象起到宣传和传播作用，也是提升河南绿色食品、“三品一标”农产品影响力的重要契机。

（四）推动豫酒转型

河南高度重视豫酒转型发展工作，把白酒业列为十二个转型攻坚任务之一，成立河南省白酒业转型发展专项工作领导小组，始终坚持“一个产业、一套班子、一个方案、一抓到底”的工作机制。第一，为豫酒企业提供扶持。支持豫酒企业打造高端、次高端和中端大单品，调结构促转型。多维度支持酒企组织策划开展核心品牌的传播活动，从不同角度提升核心品牌的内涵和定位，从而强化品牌落地。第二，积极开拓豫酒市场。重点攻坚拓展省内外核心市场，加强对接合作，尤其是本地的省内市场、郑州市场。为推广豫酒品牌、展示豫酒产品，截至 2019 年 9 月，已经在洛阳、南阳、郑州、信阳举办了四场“豫酒中原行”的推广活动。第三，进行多维度宣传。充分利用全媒体优势和资源，持续讲好豫酒故事，传播好豫酒文化，开展线上线下、新闻报道、活动策划、终端形象打造等一系列媒体宣传活动。第四，拓宽多渠道销售。抓住电子商务机遇，以数字化、平台化赋能豫酒行业，探索“无界零售 + 豫酒”的网上售酒模式，助推豫酒转型。

三　河南食品产业发展存在的问题

受经济下行压力和外部市场环境的影响，河南食品产业进入相对低速平稳发展的时期，从中也产生了一些问题。例如整个产业面临的多种风险、企业战略和产品质量出现问题、“三小”企业多散乱差、行业影响力不足等。

（一）食品产业总体仍然面临多种风险

在食品产业发展过程中，不断出现新的问题和风险。目前，河南食品产业总体来说仍然面临食品安全风险和污染防治风险。第一，食品安全风险。近年来，河南食品安全工作取得了一些成绩，但是仍然面临五种风险。具体包括：农药兽药残留超标风险、环境污染向食物迁移风险、食用农产品和粮食霉变风险、掺假欺诈等违法犯罪屡打不绝风险、食品新技术新资源的应用带来新的食品安全隐患风险。第二，污染防治风险。随着污染防治攻坚战的持续深入，河南食品企业绿色化生产压力进一步加大。严格的环保制度倒逼食品企业，尤其是屠宰、白酒等传统行业的生产企业进行技术更新和设备改造，如果仍然不能达到环保要求，则面临限产或停产整顿。

（二）企业战略和产品质量出现问题

2019 年，河南部分食品企业的经营发展出现问题，部分食品产品的质量也出现负面消息。第一，企业盲目扩张导致不良后果。部分食品企业在业务扩张、产业链延展时忽略了品牌有边界性的发展路径，从而出现了战略性错误。例如，科迪乳业由于盲目扩张便利店业务，2019 年前三季度净利润下滑 70%，科迪乳制品和科迪速冻的运营出现异常。雏鹰农牧由于盲目扩张其他业务，深度亏损，被迫退市。众品食品出现财务危机，负债总额高达百亿元，信用评级被连续下调。第二，产品质量出现问题。例如，2019 年 2 月，河南部分速冻水饺样品被检测出疑似非洲猪瘟病毒核酸阳性。全省速冻食品行业及时进行补救和改正，并进一步强化检测检验工作。2019 年 3 月，中央电视台“3·15”晚会曝光河南“五毛”食品、辣条食品的质量问题，全省除了对现有辣条企业集中整治外，决定在相关国家标准出台前，暂停审批新的辣条生产企业。

（三）“三小”食品企业多散乱差

截至2019年9月，河南食品产业共有“三小”（食品小作坊、小餐饮、小摊点）企业单位约70万户，其中，10人以下的食品加工小作坊占总量的80%以上。“三小”食品企业数量庞大、区域分散，硬件设施和工人技术水平偏低，存在多、散、乱、差等不良现象。由于其本身规模较小、抗风险能力较差、缺少价格和品牌竞争力，随着人力成本、物流成本、经营成本的持续增加，“三小”食品企业在市场波动中经营状况相对艰难，生存压力较大。

（四）行业影响力还需提升

随着河南经济的进一步开放，食品产业正在积极树立河南形象、河南品牌和河南标准，但是细分行业领域的影响力还需提升。近年来，河南食品企业积极主动参与食品安全国家标准、食品产品行业标准的制定和修订工作。例如，双汇发展共参与制定、修订国家食品安全标准27项，其中主导5项。中大恒源生物主导19项天然色素和复配食品添加剂国家标准的制定。但是，整体上，就参与的广度来说，河南食品企业参与的项目数量仍然较少；就参与的深度来说，即便是参与的企业，其主导的项目也不多。所以，要进一步开展食品行业标准研究，提升河南食品产业在全国甚至全球层面的话语权和规则制定权。

四　河南食品产业发展面临的新形势

随着我国城镇化进程加快、居民可支配收入增长、扩大消费政策支持，长期来看，食品消费需求强劲，仍将保持刚性增长的积极态势，河南食品产业也面临着新机遇和挑战。

（一）先进技术引领发展

在信息化快速应用和发展的背景下，食品产业迎来了以先进技术为引领的发展时代。第一，“区块链＋食品安全”。习近平总书记提出要探索“区块链＋”在民生领域的运用。推动区块链技术在食品安全领域的应用，将成为食品安全监督的重要手段。在食品安全领域，以产业链的大数据为支撑，以开放的云平台为接口，区块链的应用能够拓宽追溯信息的长度、宽度和精准度，并且及时反映和解决食品产品出现的问题。第二，5G技术的运用。由于食品产品是快消品，其产生的食品追溯码数量较多，必须通过物联网的储存和合成功能将信息上传到云端，并实现互联。通过运用5G网络可以提高上传和互联的速度和效率，从而推动食品产品追溯网络的进一步完善。第三，3D打印技术的运用。3D打印技术在食品产业的运用主要是以数字模型文件为基础，把各种食物原料绞碎、混合或浓缩后，运用可黏合材料，以逐层打印的方式来构造产品模具，从而实现定制化的批量生产。

（二）消费升级促进转型

新中产消费者不断崛起、健康老龄化需求日益增长、婴幼儿食品标准提升、个性化产品市场逐渐扩大，新的饮食习惯和消费形式将会推动食品创新性发展。第一，人们更加关注食品健康。近年来，人民日益增长的营养健康美味饮食需求导致食品消费由生存性消费向营养、健康性消费转变。2019年6月，国务院印发《关于实施健康中国行动的意见》，提到鼓励全社会参与减盐、减油、减糖，研究完善盐、油、糖包装标准。修订预包装食品营养标签通则，推进食品营养标准体系建设。第二，营销模式的转变。食品产品的品效协同、品效联动，消费者的数字化、便利化选择，都将推动食品市场营销的新方向。当前，消费者更加注重更感人的提案或者更细微的洞察来附加食品产品的价值。随着消费导向的变化，食品企业要创新营销模式，做好新形势下的主流媒体、新媒体、社会媒体的宣传和广告。

（三）严格制度保障安全

食品安全关系民生，将会面临更加严格的政策措施，制约食品违法违规问题的发生，保障食品安全大环境。第一，全国层面。2019年5月，国务院印发《关于深化改革加强食品安全工作的意见》，提出食品产业要严把产地环境安全关、严把农业投入品生产使用关、严把粮食收储质量安全关、严把食品加工质量安全关、严把流通销售质量安全关、严把餐饮服务质量安全关。2019 年 9 月，最高人民检察院、国家市场监督管理总局、国家药品监督管理局对食品安全工作联合制定更加严格的监管方案，提到要对食品违法企业及其法定代表人、实际控制人、主要负责人等直接负责的主管人员和其他直接责任人员进行严厉处罚，实行从业禁止、终身禁业，对再犯从严从重进行处罚，将其依法依规纳入“黑名单”。第二，全省层面。2019 年 1 月，河南省人民政府办公厅印发《河南省食品安全省建设规划（2019～2022年）》，明确到 2022 年河南将建成食品安全省，提到加强食品安全源头治理、加强食品安全过程监管、实施食品安全风险管理、加强食品安全监管能力、健全食品安全保障体系、依法严惩食品安全违法犯罪行为、构建食品安全社会共治格局、推动食品产业转型发展、以国家级“双安双创”引领食品安全省建设的九大主要任务。此外，河南将在全省范围内推广食品企业法人年考制度，对食品企业的法人代表及主要管理人员每年组织实施食品安全相关知识考试，督促食品企业法人代表及管理人员更加重视食品安全。如果考核合格可以继续担任职务，如果连续两次考试不合格，则要求调离原工作岗位，并列入食品从业人员失信名单。

五　河南加快食品产业发展的对策建议

为实现将河南建设成为食品工业强省、食品安全省的战略目标，提出继续实施“三大改造”、积极抢占高端产品市场、建立健全食品追溯体系、发展现代农产品加工业的对策建议。

（一）继续实施“三大改造”

继续鼓励食品产业实施智能化改造、绿色化改造、企业技术改造。第一，智能化改造。协调组织食品生产企业、信息服务企业与高等院校、科研机构开展合作，在食品产业领域开发一批面向特定应用场景的工业 App，服务企业智能化改造。选树智能制造标杆企业，组织观摩交流，加快复制推广。此外，加快推动食品企业“上云”。“企业上云”是推动“河南制造”向“河南智造”转变的重要信息化手段，具体是指借助网络，将基础系统、管理及业务部署到云端，具体包括基础设施上云、产品上云以及应用上云。食品企业通过“企业上云”能够降低技术开发成本，提高工作效率，拓展市场销路。第二，绿色化改造。加快绿色科技创新，以国家农业绿色发展先行区为载体，着力推进以绿色科技创新为核心的支撑体系建设，建立食品产业绿色发展观察试验站，集成推广绿色发展模式。第三，企业技术改造。例如，定制化的食品产品必将引起食品企业的成本增加，所以要运用科技和数字化技术平衡成本和产量，既做到定制化生产又兼顾大批量生产。

（二）积极抢占高端市场

河南要积极把握食品产业发展动态，以更加开放的姿态应对食品产业的新变化。尽快调整河南食品产业结构，提升资源配置效率，引导整个产业向高端、高效、高附加值的方向转变。做大做强市场需求大、市场潜力大的高端食品产品，主动占领高成长性食品行业高地。引导和鼓励企业向精加工、深加工等产业链顶端进军，加快发展冷链食品、旅游食品、婴幼儿食品、保健食品等细分领域。

（三）完善食品追溯体系

2017 年 2 月，商务部等七部门联合印发《关于推进重要产品信息化追溯体系建设的指导意见》，提到食品药品作为追溯体系建设的重要环节进行管控，产品出厂都需要附有追溯码，以扫码入市作为市场准入条件，构建从产地到市场到消费者的全程可追溯体系。要进一步扩大追溯对象，落实追溯主体，明确追溯依据，做到来源可查、去向可追、责任可究。优先推进大型超市、农贸市场和重点地区、重点环节的追溯体系建设。加大对原材料供应企业、食品生产企业主体追溯装备设施配置、信息采集和标识使用补贴力

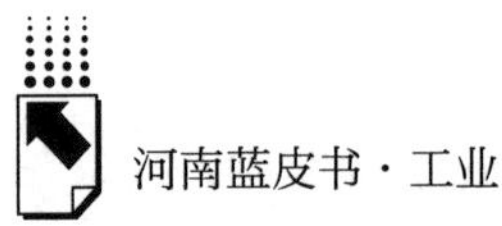

度。充分运用大数据、区块链等现代信息技术提升智慧监管能力，推动食品质量安全数据共享共用、通查通识。

（四）发展现代农产品加工业

农产品加工业是食品产业的一个分支，是乡村振兴的重要抓手，也是解决好“三农”问题、稳定民生的重要保障。要以“粮头食尾”“农头工尾”为抓手，把农产品变成食品，把食品变成品牌，把品牌变成产业。支持主产区依托县域形成农产品加工产业集群，尽可能把产业链留在县域，改变农村卖原料、城市搞加工的格局。支持发展适合家庭农场和农民合作社经营的农产品初加工，支持县域发展农产品精深加工，建成一批农产品专业村镇和加工强县。统筹农产品产地、集散地、销地批发市场建设，加强农产品物流骨干网络和冷链物流体系建设。

参考文献

丁新伟：《食品豫军要携手勇闯“新蓝海”》，《河南日报》2018 年 3 月 13 日。

《〈河南省食品学科与产业发展研究报告〉发布　我省食品产业加快迈向高端市场》，河南省人民政府门户网站，https：//www. henan. gov. cn/2018/11 - 18/722655. html。

《省工业和信息化厅组织召开推进食品产业高质量发展专家座谈会》，河南省人民政府门户网站，http：//www. henan. gov. cn/2019/07 - 16/935742. html。

吕岩：《关注优势　引领创新　推动河南省食品工业提质增效》，《决策探索》2019 年第 1 期。

张书瑞：《河南省食品产业集群区域品牌竞争力提升探讨》，《现代营销》2018 年第 12 期。

B.14 2019年河南有色金属工业发展形势分析与展望

李如西　刘 涛*

摘　要： 2019年以来，河南有色金属行业运行平稳，经济效益下降，不同产品效益分化明显，重点企业转型升级步伐加快。同时，行业发展也面临着原料成本上涨、同质化竞争加剧、环保投入增加等问题。河南有色金属工业必须站在新时代的高度，扎实推进产业高质量发展，做好产业结构调整，提升产业运行效率和韧性，坚持技术创新不放松，狠抓节能减排，提高加工产品质量，逐渐实现价值链从中低端向中高端的延伸。

关键词： 河南　有色金属　节能减排　结构调整

2019年以来，有色金属原材料成本持续上涨，下游消费增幅放缓，企业环保投入不断增加，融资成本居高不下。河南电解铝积极适应新常态，加快向外转移步伐，多家企业停产甚至关闭，全省电解铝产量跌至全国第七位。资金压力、环保压力、经营压力如同三座大山给企业带来严重挑战。面对错综复杂的国内外经济形势，河南有色金属工业贯彻中央和省里决策部署，坚持新发展理念，坚持高质量发展，加快转型发展，基本实现了行业稳

* 李如西，河南省有色金属行业协会高级工程师；刘涛，河南省有色金属行业协会高级工程师。

定运行。铝工业坚持“减量、延链、提质”为方向，加快结构调整和转型升级，仍然取得了一些亮点和突破。

一 2019年河南有色金属行业运行情况

（一）10种有色金属产量小幅下降，重点产品增减不一

2019 年 1 ~9 月，河南 10 种有色金属产量 328 万吨，同比下降 1.98%，占全国比例为 8%，在山东、新疆、内蒙古之后，居国内第 4 位。其中电解铝 140 万吨，同比下降 18.68%，占全国 6%，居全国第 7 位；铅 105 万吨，同比增长 3.3%，占全国 24%，居全国第 1 位；铜 47 万吨，同比增长 41.23%，占全国 7%，居全国第 5 位；锌 32 万吨，同比增长 30.49%，占全国 7%，居全国第 7 位；氧化铝 865 万吨，同比下降 1.7%，占全国 16%，居全国第 3 位；铜材 35 万吨，同比增长 45%，占全国 3%，居全国第 7 位；铝材 593 万吨，同比增长 9.12%，占全国 16%，居全国第 2 位；钼精矿折合量 6.6 万吨，同比下降 0.29%，占全国 38%，居全国第 1 位。

（二）行业经济效益下降，不同产品效益分化明显

2019 年 9 月，上海期货交易所当月期货铜、锌平均价格分别为 46631 元/吨和 18805 元/吨，比上月分别下跌 0.2% 和 1.9%，同比分别下跌 3.3% 和 11.7%；电解铝、铅平均价格分别为 14326 元/吨和 17119 元/吨，比上月分别上涨 3.1% 和 3.6%，同比分别下跌 2% 和 8.5%。

2019 年 1 ~8 月，全国有色行业实现利润 1016 亿元，同比增长 0.2%，扭转连续 19 个月效益同比下跌局面。其中，采选行业实现利润 209 亿元，同比下降 23.7%。冶炼、加工行业分别实现利润 410 亿元、397 亿元，分别同比增长 9.6%、8.6%。铝行业实现利润 298.6 亿元，同比增长 27.6%，其中，铝矿采选行业实现利润 3.1 亿元，同比下降 16.2%，铝冶炼、铝压延加工行业分别实现利润 122.5 亿元、173 亿元，分别同比增长 75.3%、

7.8%。铜行业实现利润228.6亿元，同比增长8.6%，其中，铜矿采选行业实现利润37.9亿元，同比下降17.4%，铜冶炼、铜压延加工行业分别实现利润84.3亿元、106.4亿元，分别同比增长6.7%、24.3%。铅锌行业实现利润107.3亿元，同比下降19.8%，其中，铅锌矿采选行业实现利润65.8亿元，同比下降42.7%，铅锌冶炼行业实现利润41.5亿元，同比增长119.6%。

（三）固定资产投资保持稳定增长

2019年1～9月，河南省固定资产投资（不含农户）同比增长8.2%，有色金属冶炼和压延加工业固定资产投资同比增长13.6%。全国有色金属工业投资同比下降3.3%，降幅较一季度收窄11.8个百分点。其中，矿山采选投资同比增长1.9%，冶炼加工投资同比下降4.3%。

（四）重点企业在转型升级中发挥了良好的引领作用

2019年以来，重点企业面对行业严峻的经营压力，集思路、抢机遇，调结构、抓管理，求创新、促转型，继续发挥行业引领作用。神火集团河南90万吨电解铝产能转移至云南、中孚实业50万吨电解铝产能落户四川广元，一批铜铝精深加工项目进展顺利，河南有色金属产业结构进一步优化。

河南明泰铝业公司。2019年1～9月实现营收104.68亿元，同比增长6.60%；归属于上市公司股东的净利润为7亿元，同比增长77.90%；扣非后净利润为4.62亿元，同比增长46.27%。近年来，明泰铝业致力于转型升级，重点布局进军交通运输用铝、汽车轻量化用铝、新能源锂电池用铝、航空航天及军工等高端用铝领域。目前，明泰铝业在获得“武器装备质量管理体系认证证书”的基础上又获得了“武器装备科研生产单位三级保密资格证书”。报告期内，公司各重大项目继续推进，更多先进设备投入运营，升级公司加工能力。“年产两万吨交通用铝型材项目”由德国西马克公司进口的挤压生产线82MN、60MN及125MN挤压机均已安装完成并开始试生产，生产的轨道交通型材获得郑州中车认可，可配套供应铝合金轨道车体制造，提高轨道车体利润率。铝合金轨道车体交付，提升了公司的整体利润水平。

河南豫联集团公司。面对复杂严峻的宏观经济形势，全体员工铆足干劲，苦干实干，公司呈现出逐月快速向好的发展态势，企业自身造血功能不断增强，经营成果超出预期。铝精深加工外贸出口达7.5万吨，为国家“稳外贸”作出了应有贡献；中孚11债如期兑付，赢得了资本市场对企业的信赖；广元中孚一期项目即将建成投产，社会各界充满期待；高精铝产品质量得到国内外高端客户的广泛赞誉，与世界诸多高端知名客户签订了长期合作协议，企业创新转型迎来崭新局面，整体保持持续向好的发展态势。

万基控股集团。在资金极为紧张的情况下，积极主动将18亿元用于环保治理和提标改造，相继完成发电机组、碳素、电解铝等超低排放改造等十余项，成为全国碳素行业行动最早、改造最快、效果最好的环保改造项目，在行业内树立了标杆。由于污染物排放量大幅减少，周边环境得到明显改善，2019年上半年整个集团公司预计缴纳环保税484万元，同比减少约380万元，环保投入为企业换来了实实在在的效益。

豫光金铅集团公司。面对错综复杂的国内外经济形势和严峻的安全环保形势，豫光集团全体职工按照“做强有色主业，坚持循环经济，加快转型升级，完善产业链条”的战略布局和“上游抓资源，主业抓标杆，下游抓延链，外向抓贸易，周边抓多元”的工作思路，以“稳生产、防风险、增效益、强项目”为工作主线，克服困难，狠抓落实，较好实现了公司各项工作平稳有序推进。2019年1～6月，公司完成现价工业总产值同比增长8.2%，营业收入同比增长7.3%，利润总额同比增长335%，利税同比增长66%。上半年，豫光集团持续强化统筹协调，生产组织高效顺畅。深入开展创标创效，各项指标明显提升。从严从实管控红线，安全发展得到保障。科技创新扎实开展，创新能力不断增强。重点项目稳步推进，多元产业健康发展。着力抓好两个关口，生产保障得到强化。深入开展精细管理，保障能力持续提升。

洛阳栾川钼业集团。洛阳钼业2019年前三季度累计实现营业收入

334.1亿元，同比增长66.35%；息税折摊前利润总额为55.69亿元；归属于母公司的净利润为12.44亿元，对比矿业行业其他上市公司仍然保持较强的盈利能力。2019年7月24日，公司完成了对全球第三大基本金属贸易商IXM的收购整合，IXM当期完成金属矿产实物贸易量105.7万吨；矿业板块与金属贸易板块各项协同工作稳步推进。2019年前三季度，洛阳钼业中国业务实现钼产量10897吨、钨产量8135吨；刚果（金）铜、钴产量分别为131122吨和12611吨；巴西铌、磷产量分别为6422吨和807855吨；澳大利亚NPM（80%权益）铜、金产量分别为21158吨和14688盎司。面向未来，洛阳钼业将依托优质的资源储备、技术研发与创新和高效低成本的管理能力，加快推进各项技改提产项目，挖掘内部潜力，进一步发挥IXM收购整合后的协同效应，继续提升公司行业竞争力。2019年9月，洛阳钼业以32.68亿元人民币成功竞拍2.83万吨仲钨酸铵。通过本次投资，增强了洛阳钼业在中国优势资源领域的资源储备，进一步巩固了其行业龙头地位，增强了公司的行业影响力和话语权。

二　河南有色金属行业发展存在的主要问题

随着供给侧结构性改革和环保治理升级，在高质量发展的今天，河南有色金属工业在转型发展的同时，也暴露出一些问题。

（一）电解铝供应短缺

由于电解铝生产能源成本过高，企业连续多年亏损不堪重负，河南电解铝企业加快对外转移步伐，省内电解铝产能快速下降。神火集团河南90万吨电解铝产能已全部转移至云南，中孚实业50万吨电解铝产能转移至四川广元，这两个企业的异地新建项目都将于2019年底建成投产，其他企业的电解铝产能也陆续转移至内蒙古、贵州等地。截至2019年9月，河南省电解铝运行产能不足200万吨，较历史最高值下降逾60%。近年来河南铝加工生产能力却稳步增加，2019年铝加工实际运行产能已经约900万吨。电解铝与铝加工产能的变化，使得河南省电解铝出现了较大的缺口。电解铝的供应短缺，也对河南铝工业的高质量发展提出了严峻挑战。

（二）铝土矿资源紧张

氧化铝多年来的不断发展，使得河南铝土矿资源日趋紧张，品位逐年下降，由此带来氧化铝企业的生产成本居高不下。由于全省铝土矿资源多是鸡窝矿，随着环保政策的不断趋严，铝土矿停采限采现象时有发生，导致矿石出矿量锐减。有价无市，氧化铝企业经常面临断粮局面。铝土矿石价格在2019年以来屡创历史新高，氧化铝全行业亏损。

（三）铝加工同质化竞争仍然严重

铝加工产品过剩不仅存在于低端产品，也正向高端领域蔓延。虽然低水平价格战仍然是市场恶性竞争的主旋律，但高端高水平的同质化竞争也日趋严重，呈现不同档次产品加工费都明显下滑（见表1）。

表1　不同档次产品的加工费

单位：元/吨

产品	加工费			
	2011年	2013年	2015年	2017年
罐体料	7000	6200	4200	3800
罐盖料	9500	7500	5800	5700
CTP版基	7500	7000	6500	4400
PS版基	5000	4500	3500	3300
车身版(6系外版)		32000	28000	17000
空调箔(素箔)	6000	5000	4000	3800

资料来源：中国有色金属加工协会。

铝加工产品结构不合理，铝板带箔生产能力过剩，集中度较低，核心技术掌握和自主创新能力有待加强等一系列问题仍制约着河南铝加工业进一步做大做强。

（四）环保压力日益提高

加强环境治理，打造美好生态环境是企业应尽的责任和义务，但日益严格的环保标准已成为行业发展的瓶颈，环保改造达标后带来的新问题（废水、废渣、设备腐蚀老化）同样不容忽视，亟须新的、先进技术予以跟进解决。在没有先进成熟的技术条件下，频繁变更环保标准，不仅加剧企业的重复投资，提升企业运营成本，也不利于企业的稳定运行。生态环境部办公厅发布《关于加强重污染天气应对夯实应急减排措施的指导意见》，对行业实施分级管控更使多数企业面临前所未有的挑战。

企业在不断增加资金投入，加强环保技术改造，主要污染物实现达标排放的同时，还要遵照环保政策要求，在采暖季实施限产，重污染天气停产、限产等。不断变化加严的环保政策，不仅加大了企业运营成本，还对企业的正常生产运营带来了极大的影响。

（五）再生铅回收体系亟待完善

河南是原生铅产量第一大省，再生铅产量仅次于安徽。国家生产者责任延伸制度支持电池生产企业建立废旧铅蓄电池逆向回收体系。国内电池企业借此纷纷在国内各个地区布局回收网络，并向再生铅冶炼领域延伸。安徽再生铅企业和电池企业加强合作，进一步巩固了再生铅的龙头地位。在原生铅产量趋于稳定，再生铅产能产量迅猛发展的今天，河南再生铅企业废旧蓄电池回收体系建设受到严重制约，再生铅企业或将面临无米下锅的局面。河南铅产业的优势地位受到严重冲击。业界呼吁再生回收体系需要进一步修订完善，行业更加需要一个公平的竞争环境，以保持产业链上下游的健康发展。

三 2020年展望

当前河南有色金属工业面临多重压力和挑战。一是世界经济复苏缓慢，使得下游需求增速放缓。二是世界多边贸易体制与贸易格局遭受严重冲击，正在增加产业发展与国际合作的不确定性。三是环保整治刚性约束更加严苛，特别是河南大多数有色企业处于国家环保管控“2＋26”城市和汾渭平原地区，对有色金属产业绿色发展提出了更加严格的要求。

国内有色金属产业布局已经开启了新一轮调整，氧化铝产能布局显示出向沿海港口转移、向国外资源地转移的新趋向；电解铝向能源成本更低的地区转移；铝加工向电解铝资源丰富的地区靠拢，再生铅发展迅猛，渐成行业主导。

河南有色金属工业已经建立起相对完备的工业基础、较为完善的产业链和较强的行业竞争力，已基本具备进入高质量发展通道的条件。产业扩张阶段已经基本结束，铝消费峰值在未来几年将会到来，铅消费已经到了平台期，行业存在的固有矛盾和深层次问题已充分暴露，发展到了关键时期。转变发展方式，提高发展质量是河南有色金属工业的必然选择。

高质量发展的标志有：能够专业化、差异化发展，不过度追求规模，专而强、大而强，市场认可度较高；拥有与企业发展相适应的各层次人才，有充足持续的研发投入，有满足市场需要的创新能力；质量第一、质量稳定成为企业发展的重要理念，产品质量一流，拥有口碑良好的品牌；产品附加值高，成本控制合理有效，企业效益好，能够持续稳定发展；坚持绿色环保，节能减排，环保工艺技术先进；具有抵御各种市场风险和金融风险的能力；产业链及产业布局更加完整、科学，即上、中、下游和谐发展，高、中、低端产品配套；行业整体盈利，即利用价格杠杆，平衡上、中、下游利益分配；积蓄能量，为超越做准备，即补基础研究和新技术开发的短板。

河南有色金属工业必须站在新时代的高度，扎实推进产业高质量发展。一方面，要做好产业结构调整，实现产业规模的合理控制与产业布局的持续优化，提升产业运行效率和韧性；另一方面，要坚持技术创新不放松，不断提升改造传统工艺流程，持之以恒地狠抓节能减排，努力提高加工产品质量，逐渐实现价值链从中低端向中高端的延伸。同时，要顺应中国全面扩大改革开放的时代大潮，克服各种困难和阻力，继续加强国际经贸和产业合作，在互利共赢的基础上，防控各种风险，维护产业安全，努力扩大应用，保持产业健康发展。

2019 年全年及 2020 年主要产量指标预测。预计 2019 年河南十种有色金属产量将达 435 万吨，精铜 63 万吨，电解铝 185 万吨，铅 135 万吨，锌 42 万吨，氧化铝 1130 万吨，铜材 50 万吨，铝加工材 790 万吨。

预计 2020 年河南电解铝产量将进一步萎缩，铜冶炼及加工材产量将稳步上升。预计全年十种有色金属产量将达 430 万吨，精铜 70 万吨，电解铝 170 万吨，铅 135 万吨，锌 42 万吨，氧化铝 1140 万吨，铜材 55 万吨，铝加工材 820 万吨。

四　推动河南有色金属行业高质量发展的对策建议

（一）强化产业支持与资源整合力度

适度控制有色冶炼和低水平加工新增产能，促进产业的良性健康发展。对符合产业发展方向和产业布局的产业投资项目，优先予以核准、立项、供地、节能评价、环境影响评价；对矿产资源风险勘探、开采、综合利用采取扶持和鼓励政策，采取返还、提取矿业发展风险基金等举措，支持核心企业通过行政划转、协议出让、产权收购、作价入股、买断经营权等多种手段，联合重组市内、省内、国内矿山企业，至国外去合作开辟矿产资源的新基地。鼓励有实力的企业集团在资源丰富的中部和南部非洲、中亚、东南亚、西亚、中东、南美等地区建设冶炼项目，在有色金属消费潜力较大的国家和地区建设深加工项目。

（二）高起点规划，推进重大产业基地建设

合理布局一批有色金属精深加工园区，促进产业集聚发展；以提高质量品种、促进节能降耗和综合利用为重点，在产业基地内谋划建设一批重大升级改造项目和优势高端、终端应用项目。有关市县要制定具体政策措施，在资源配置、资金安排、环境建设、改制重组等方面提供倾斜支持，加快推进

重大产业基地建设。同时，将新能源、新材料、装备制造业作为河南省有色加工产业发展的重要组成部分，并预留其他优势产业升级发展的弹性空间。研究策划产业链发展新模式，做到产业基地内项目的原材料、产品、副产品形成有机的循环体系，形成成本集约和环保的循环经济体系。一体化规划和建设企业共享的水处理、电、能系统，废弃物处理和再利用中心。重视建设生态型有色产业循环经济区，促进有色金属再生产业可持续发展。

（三）加大融资和财税扶持力度

加大对重点企业的融资支持力度，对列入省规划的重点建设项目，在申请银行贷款、发行股票及债券等方面给予支持。加快落实国家对高技术含量、高附加值有色产品的出口退税政策；积极争取国家技术改造、高技术产业示范、节能减排和循环经济、重大科技开发等专项资金，运用省工业结构调整、高新技术产业化等专项资金，支持重大规划项目建设。支持引导各地通过市场化方式成立有色金属产业发展基金，集中政府产业扶持资金，支持产业科技研发、节能环保、生态建设、重点园区基础设施建设，定期组织实施有色金属产业重大创新专项行动计划。引入战略投资者，对国有企业和有积极性的民营企业实施整合重组，通过重组引入增量资金，改善负债结构。积极推动电解铝行业债转股，降低负债率，降低财务成本。向中铝等企业学习，深入分析每一个企业，对有可能的企业积极推进债转股，同时帮助鼓励企业把短期贷款转为长期贷款，把银行融资转为债券融资。

（四）进一步加强产业的创新体系建设

推动省内重点企业与郑州大学、河南科技大学、中铝郑州研究院、中色科技等研究院所的交流合作，针对热点难点技术问题及未来技术发展趋势，通过项目申报、技术合作、人才培养等多种方式，有效建立企业、高校、科研院所之间的“产—学—研—用”协同创新体系，进一步提升河南有色金属工业的创新能力。努力对国外先进技术消化吸收再创新，坚持技术创新，创造特色优势，利用平台、人才、团队、项目等专注发掘创新驱动。企业管理者和研发人员要不断转变思维方式，用创造市场的思维，去尝试做一些具有前瞻性的研究和创新。建议企业与高校、科研院所联合，积极申报国家级企业技术中心、国家工程研究中心，建立健全技术创新平台，联合开展人才培养与储备。

（五）发挥协会等中介机构的服务功能

继续加强行业协会能力建设，发挥技术交流，产业链对接，产学研融合的桥梁纽带作用。加强行业自律，防止产业低价恶性竞争。积极扶持培育产业发展咨询服务组织，帮助政府和企业实现科学决策。政府相关部门每年可设立一定的招标课题，通过课题费形式扶持咨询机构深入调查研究，不断提升研究水平，服务社会。加强河南有色金属工业的课题研究，统筹规划河南有色金属工业发展，从产业和生命周期角度，合理配置资源，提升企业的经营效益与效率。

（六）充分利用期货功能

积极申报上海期货交易所批准设立建设铜铅期货交割库，不仅可以降低企业物流成本，而且可以发挥期货交割仓库配置市场资源的功能，加快期货与现货市场联动，推动当地有色金属产业集群发展。利用有色金属的大宗商品特性和金属属性，以业财一体化为基础，期现结合、风险管控等多种手段，促进“产贸融”融合，增强企业抗风险能力。

（七）坚持推动国际化发展

按照《国务院关于推进国际产能和装备制造合作的指导意见》要求，积极落实“一带一路”倡议部署，充分发挥我们先进的技术和装备优势，带动先进装备、产品、技术、标准、服务的全产业链输出，提高国际化经营能力。瞄准“一带一路”，找准产业痛点、热点和增长点，拓展国际合作，实现出口替代进口。支持并购全球先进企业，对标国际一流，实现“弯道超车”。

参考文献

吕国栋:《有色金属行业两化融合的差距与潜力》,《中国有色金属报》2019 年 11 月 23 日。

赵秀富:《RCEP 来了,有色企业准备好了吗?》,《中国有色金属报》2019 年 11 月 9 日。

B.15

2019年河南传统产业转型升级研究报告

唐海峰*

摘　要： 作为河南产业体系的重要组成部分，2019年传统产业转型升级发展态势良好，转型升级进程显著加快、要素支撑能力增强，取得了显著成效。但是制约河南传统产业转型升级的因素依然突出，亟待紧抓机遇和优势，进一步明确转型升级的关键路径，加快创新政策供给，大力构建促进传统产业转型升级的良好环境，推动传统产业向绿色化、智能化、技术改造纵深推进。

关键词： 河南　传统产业　协同发展

传统产业是河南省经济建设的重要支撑力量，是调整产业结构的重点领域，加快传统工业转型升级，坚持走新型工业化道路，为贯彻落实《中国智造2025》贡献河南力量，打造河南样板有着紧迫而现实的意义。2019年河南省持续推进实施重点产业转型发展专项方案，主要以烟草、食品、装备等12个重点产业为目标出台了一系列推动产业转型升级的政策措施，加大力度推进五大传统产业转型，持续将传统产业向绿色化、智能化、技术改造纵深推进，取得了较好的成绩。但总体来看，河南省传统产业技术水平低、过度依赖能源原材料、企业经营效益低下等问题依然突出。在新常态下，河南经济已经逐渐由高速增长阶段转向高质量发展阶段，大力推动传统产业转

* 唐海峰，河南省社会科学院助理研究员。

型升级，不仅能够为新兴产业的培育和发展奠定基础，而且也是促进全省经济转型升级、实现高质量发展的核心要素和关键环节。

一　河南传统产业转型升级的基本态势

（一）转型升级的进程进一步加快

为了加快重点产业的转型发展，河南省政府组建了强有力的转型攻坚领导小组和办公室，明确发展目标、思路对策，研究制定了一批专项规划、攻坚方案，建立起全局协调与稳步推进的工作机制，地方各级政府认真贯彻落实省委省政府的系列决策部署，精心组织安排企业、商会等迅速展开行动。2019 年以来全省传统产业转型发展的步伐进一步加快。部分传统产业主要经济指标全面提升、全面突破，企业发展稳中向好，产业转型发展进入崭新阶段。按照“减量、延链、提质”的发展方向，坚持新发展理念，转型升级、创新发展，《河南省传统煤化工转型发展工作方案》《河南省推进工业绿色化改造攻坚方案》等方案要求，2019 年底前，煤化工企业全面完成 VOCs 治理，水泥熟料生产工序达到超低排放水平，生产、运输、贮存环节无组织排放治理达到相关要求。河南出台实施《铝工业转型发展行动方案（2018～2020 年）》，方案提出要打造万亿级合金新材料基地的铝加工发展目标，2019 年基本实现了铝工业行业的整体稳定运行。2019 年 1～8 月，十种有色金属产量 328 万吨，电解铝 140 万吨，氧化铝 865 万吨，铝加工业产量达 593 万吨，同比增长 9.1%，整体保持着快速发展的态势。在产业技术和装备方面，国内第一条哈兹雷特连铸连轧生产线、第一条（1+4）热连轧生产线相继投产并稳定运行，为推动我国铝加工技术进步和装备升级作出了突出贡献。龙头骨干企业转型升级的态势更加明显，兴发、奋安等一批龙头企业相继在河南设立生产基地和研发中心，万基、明泰、龙鼎中孚等本土龙头企业不断加大研发投入力度、提升装备水平，使产品结构和市场结构得到快速调整和优化。在白酒食品领域，转型攻坚的政策效果逐渐显现，赊店、仰韶、宋河等河南特色酒企推动品质稳定提升，市场运作更加精准，市场占有率快速提高。

（二）转型升级的要素支撑能力进一步增强

针对传统产业的短板，河南省政府在技术创新、金融、财政、土地、人才等方面相继出台了一系列的支持政策，围绕相关产业结构升级的重点领域，聚焦传统产业转型发展的要素制约瓶颈，坚持一业一策、一企一策，从观念、结构、体制、创新四个方面实施转型攻坚，进一步强化重点产业转型升级的要素支撑和保障能力。河南省政府出台相关财政支持政策，通过财政一次性奖励或后补助等方式，支持智能化改造、制造业创新中心建设、首台（套）重大技术装备推广、高水平创新研发平台建设，激发了企业开展创新创业的积极性和主动性。以创新载体建设为中心，大力引进创新引领型机构和平台，统筹产业链、资金链和创新链高效衔接，加快推动产业组织模式和企业服务模式创新，打造企业创新创业平台，建设创新创业基地及制造业创新中心，为创新创业者提供技术资源和配套设施服务，同时结合产业发展现状，针对重点行业领域给予重点扶持，有力推动了重点产业、企业的创新发展和转型升级。

（三）转型升级的活力进一步迸发

2019 年，随着河南全面深化改革的持续深入，国企改革“扫荡战”和持续深化“放管服”改革进一步激发了企业转型发展的活力。2019 年河南省打响了国企改革的“总攻战”，坚持处置“僵尸企业”力度只增不减，持续加大扶持结构调整政策力度，在资产处置、债务化解、职工安置三方面抓好“僵尸企业”后续处置工作。通过强化国有资产监管、转换企业经营机制、改革薪酬制度、优化企业法人治理结构和充分发挥企业家作用，进一步发挥了党组织的核心作用，完善了董事会的决策机制，优化了经理层的经营体制，健全了监事会的监督功能，为传统国有企业的转型升级提供了良好的内部环境。与此同时，国有企业的创新创业热情不断迸发、创新创业能力不断增强，创新创业的决策机制、考核评价体系和双创文化氛围正在加快形成，通过创新创业为国有企业的转型升级提供了新的突破路径。根据《河南省优化营商环境三年行动方案（2018～2020年）》的方案目标要求，2019年全省营商环境要实现“制度政策体系更加完善，考核评价全面推开，部分市县主要营商环境指标达到或接近国内先进地区水平”的总体要求，全力打好优化发展环境“组合拳”，持续加快改善优化营商环境，政务环境、市场环境、法治环境和信用环境均有较大幅度的改善和提升。大力深化“放管服”改革，大幅度精简省级行政审批项目和省级行政审批中介服务事项，全面取消非行政许可审批，开展减证便民专项行动，编制公布省、市、县三级政府部门权责清单，基本建成覆盖省、市、县、乡四级的网上政务服务平台，在全国率先实行“三十五证合一”。国企改革“扫荡战”和持续深化“放管服”改革不但大幅降低了传统产业升级的制度性成本，而且也为传统产业升级创造了更加有利的环境氛围。

（四）转型升级的新动能进一步加大

2019年，河南省持续将绿色化、智能化和企业技术改造“三大改造”作为打好转型发展攻坚战的重要抓手，科学谋划、精心组织、扎实推进，有力推动了全省工业平稳增长、企业效益回升和产业结构优化。通过实施“三大改造”，使得包含多个重点产业在内的一批传统产业，有效嫁接新技术、新模式，获得了新动能，焕发出新生机。针对传统装备制造产业，主要以加快高端装备产品开发与推广应用为主要手段，力争推出10个以上具有国际先进水平的行业标志性高端装备产品，100个省级首台（套）重大技术装备产品。在工业机器人推广示范应用方面，大力推进“机器换人”力度，进一步提升传统产业的智能化程度，力争建设100个左右“机器换人”示范项目，示范应用工业机器人超过1万台。在首批次保险补贴政策的支持下，一批铝基新材料、新型耐火材料、功能金刚石材料等新型材料领域的省级创新中心建成，一批铝工业、钢铁、化工新材料、特色有色金属材料等基地建设取得重大进展，成为河南传统产业转型升级的新动能、新优势。

（五）产业转型升级的障碍进一步减弱

化解过剩产能是河南推进传统产业转型升级的主要任务之一，2019 年以来河南省继续严格执行阶梯电价、差别电价、惩罚性电价和超定额用水累进加价等差别化能源资源价格政策，倒逼传统高能耗产业全面开展节能技术改造，主动消减能源消耗量。对未按期退出落后产能的企业，持续压缩或退出存量贷款并严格控制新增授信，倒逼钢铁、水泥、电解铝等行业落后和过剩产能退出。河南以钢铁、有色金属、建材等领域为重点，严格执行国家相关规定，加大淘汰落后产能的力度，开展淘汰落后产能“清零行动”，为相关重点产业的发展腾出空间，扫除转型升级障碍。2019 年河南省关闭河南大有能源股份有限公司跃进煤矿、郑州华辕煤业有限公司等 5 处煤矿，退出产能 549 万吨，核减 9 处煤矿产能 453 万吨，全年共计化解煤炭过剩产能 1002 万吨，完成“十三五”全省化解煤炭过剩产能 6254 万吨的总量任务。根据河南省 2019 年转型发展攻坚“三大改造”实施方案，在绿色化改造方面将努力实现规模以上工业增加值能耗同比降低 8% 以上，规模以上工业增加值用水量同比降低 6.8%，二氧化硫、氮氧化物、化学需氧量、氨氮排放量确保控制在国家下达的目标范围以内。

二　河南传统产业转型升级面临的问题和机遇

（一）转型升级存在的主要问题

一是传统产业比重依然较高，转型升级任务依然比较艰巨。河南省是传统产业大省，煤炭、化工、钢铁、有色等传统产业占据全省规模以上工业的份额与发达地区相比依然较高，随着经济结构调整进程不断加快，传统产业因为技术含量普遍偏低，发展方式比较粗放，整体进入结构调整、转型升级、提质增效的“阵痛期”。河南省传统产业的自主创新能力和技术力量较为薄弱，大多处于产业链的前端和中低端，产品的附加值较低，企业盈利能力较差，技术投入偏低且严重依赖外部资金，转型升级压力较大。

二是新兴产业带动不足，产业协同发展程度较弱。近年来河南省的高附加值、高技术含量、高环保的新兴产业和高技术产业发展迅猛，但新兴产业和高技术产业规模不大，尚未成为拉动经济增长的主要力量，带动和辐射能力较弱，在资源要素、结构、空间和市场等方面与传统产业协同发展程度较弱。

（二）转型升级面临的重要机遇

一是新科技革命和新产业变革蓬勃发展的机遇。当前，全球正处于新一轮产业革命的重要关口，技术和产业以前所未有的速度进行扩散和转移，随着大数据、人工智能等先进技术与传统制造不断深度融合，新技术、新模式和新业态的孕育和发展不断加快，推动大批新兴产业加速崛起，为产业结构优化升级提供更多可供实现的便捷路径。河南应当紧抓新科技革命和新产业变革蓬勃发展的时代机遇，以推进智能化改造为主攻方向，加快推进先进技术、新业态与传统制造业深度融合，引导传统产业快速实施设备换芯、生产换线和机器换人，大幅度提高智能装备在传统产业领域的推广和应用水平，提升传统产业研发、生产、管理和服务的智能化水平，推进传统制造业转型升级、提质增效，快速提升企业核心竞争力。

二是各类政策支持的机遇。2019 年国家发改委、科技部等五部门联合印发《关于进一步推进产业转型升级示范区建设的通知》，经地方申报、专家评估和统筹研究，拟支持北京京西、大连沿海、黑龙江大庆、江苏徐州、江西萍乡、河南西部、广东韶关、贵州六盘水等建设第二批产业转型升级示范区。入选第二批产业转型升级示范区名单的河南西部产业转型升级示范区，分别是洛阳高新技术产业开发区和平顶山高新技术产业开发区 2 个示范园区。河南省内也陆续出台了支持传统产业转型升级的各类政策，形成了加快推进传统产业转型升级的政策组合拳。

三是扩大开放合作的机遇。河南省提出了打造内陆开放高地和中西部科技创新高地的发展战略，为传统产业转型升级提供了良好的外部环境和要素支撑。随着河南自由贸易区、郑州航空港经济综合实验区和郑洛新国家自主创新示范区等一批国家战略的实施，河南开放合作的空间和领域更加广阔，国际合作、区域合作不断深化，为传统产业的转型升级提供了更为优越的基础和条件。

三　推进河南传统产业转型升级的关键路径

（一）持续推进三大改造攻坚

深入贯彻新发展理念，大力推动经济由高速度增长向高质量发展转变，充分发挥优势传统产业的产业中坚作用，持续推进三大改造攻坚，加快传统制造业改造升级进程。对河南省来讲，推动产业结构优化升级、增强企业核心竞争力和缓解资源环境约束，推进三大改造攻坚既是迫切要求，又是现实选择，更是根本途径。加快推动动能转换，以供给侧结构性改革为主线，紧抓新科技革命和新产业变革蓬勃发展的时代机遇，通过三大改造攻坚加快优化传统产业的供给结构、质量体系和市场效率。加快实施绿色改造，加大淘汰落后产能，在传统产业领域深入贯彻绿色发展理念，加快构建具有传统产业特色的绿色标准和绿色生产体系。把智能改造作为传统产业转型升级的重点，以智能化生产和网络化协同为突破口，进一步提升传统产业的数字化研发、智能化装备和产业化项目的程度。坚持不懈实施技术改造，加大技术改造的财政投入强度，确保政策落实到位，加快推进传统产业装备升级和工艺提升。

（二）促进与战略性新兴产业融合发展

经验表明，新兴产业的发展大部分都是以传统产业作为基础和支撑，传统产业的转型升级也需要新兴产业的引领和带动，推动二者协同发展是当前河南构建现代化产业体系的关键路径之一。要深入研究产业发展与更替规律，推动传统产业与新兴产业之间的继承和衔接，推进传统产业与新兴产业优势互补与协调融合。一方面，以优势传统产业为主导推动二者协同发展，主要以优势传统产业的龙头骨干企业为主体，通过兼并重组或者战略联盟等模式，主动吸收新兴产业的资源辐射与产品创新；另一方面，以新兴产业为主导推动协同发展，主要以新兴产业的企业为主体，通过联合传统产业企业，在关键环节、配套环节、增值环节等方面打通关节，构建上下游协作配套体系和全产业链条，倒逼传统产业企业转型升级，推进形成协同发展的产业生态网络。

（三）构建适应转型升级需求的产业生态

在新常态下，部分产能过剩的传统产业已经进入了边际效益递减的阶段，倒逼转型升级的推力越来越大，但是产业生态还完全不适应新旧转换的需要。一是持续深化国企改革，加快解决产业退出障碍，推进投资、人力、存量资产等生产要素的合理流动，特别是要抓紧研究解决跨区域、跨所有制的流动和重组，加快促进低效率的资源顺畅流向高效率。二是建立起能使企业“生得顺利，退得顺畅”的体制和生态环境，完善法制的市场环境，放开准入、鼓励竞争，健全社会保障体制，完善多层次资本市场，明确企业的主体地位，着力改变适应投资驱动而不太适应创新驱动的发展环境，精心培育创新驱动的小环境，创造适应产业转型升级的金融生态，将主要精力转向创造适宜创新的产业生态。

四　推进河南传统产业转型升级的政策建议

（一）完善优化创新政策，实现创新的高质量供给

创新创业政策的着力点应放在竞争前的技术研发环节、科技基础设施和科技服务方面。通过鼓励发展一批创新引领型企业，培育一批创新引领型人才，建设一批创新引领型平台，引进一批创新引领型机构，围绕河南重点产业领域，实施一批重大科技专项，将省级财政资金切实导向产业关键核心技术研发和技术集成创新。同时，财政资金要通过支持产学研协同创新，建立技术转移公共平台，解决中小企业技术创新能力不足的问题。对设置创新机

构的企业要用好研发费用税前加计扣除政策，提高科技型中小企业研发费用加计扣除比例，引导企业增强自主创新积极性。要完善财政、金融、人才等政策，促使创新创业政策落地，如制定鼓励科技人员创业政策的实施细则，修改科技人员业务考核政策，使之与鼓励科技人员创新创业的政策相协调等。

（二）健全人才政策，夯实转型发展的人才支撑

在重视高端科技人才的同时，人才政策要同时注重提升企业家、管理人才、工程师、高技能人才、营销人才等转型的能动性。实施企业家素质提升工程，增强企业家的创新意识、质量意识、品牌意识、战略意识和管理能力等。结合产业人才需求现状，采取多种方式引进和培养科研、生产、销售等方面急需人才，重点引进高水平经营团队、销售团队和技术团队。依托行业协会，开展技能培训、竞赛、考核等活动，提高技术技能人才待遇，研究制定技术技能人才激励政策。加强校企合作，支持省内有条件的高校、职业技术院校设置重点产业发展急需的专业。

（三）完善优化金融政策，破解产业转型的资金困局

由省政府金融办牵头，协调金融机构扩大股权和知识产权等抵（质）押融资业务范围，支持符合条件的企业发行企业债券、短期融资券、中期票据，支持和引导企业调整资本结构，推动其上市融资。大力发展普惠金融、科技金融、绿色金融等，完善对中小微企业的金融服务政策，解决其转型发展中的资金需求。一是综合运用税收优惠、财政贴息、奖补、保费补贴等中央激励政策，完善普惠金融配套政策，建立政策性担保和商业性担保协同发挥作用的担保机制。二是推动金融政策和科技政策协调，通过财政贴息、奖补等政策激励金融机构加大对科技型企业创新及产业的支持。三是探索制定绿色信贷激励政策，对银行建立绿色信贷考核机制。

（四）调整优化财政政策，激发转型动能

财政政策要加大创新对高技术产业、新兴产业、节能环保产业发展的支

持力度。财政激励政策的激励力度要设置合理，不能过大或过小。创新财政资金投入方式，综合运用股权投资、专项引导资金、风险投资基金、后补助、政府采购等方式重点支持引导重点产业的骨干企业创新、技术改造、品牌建设和市场开拓。

（五）提高政策执行力，确保政策落到实处

在确保已出台政策明晰化、具体化、可操作的同时，提高政策执行力，切实解决政策落实的“最后一公里”问题。一是设立强有力的领导组织机构统筹协调产业发展特别是转型攻坚中的重大问题，政策相关部门主要负责人为成员，在部门间凝聚转型共识，做到政策落实责任分工明确、政策目标协同一致。二是在政策实施部门建立完善的激励机制和政策绩效考核机制，调动相关人员落实政策的积极性，激励相关人员提升服务能力。三是加强政策宣传，提高政策颁布的主动性，让企业多渠道了解政策。四是加强对政策落地情况进行跟踪检查。

参考文献

唐海峰、宋歌：《河南省战略性新兴产业与传统产业协同发展对策研究》，《创新科技》2018 年第 11 期。

林风霞、唐海峰：《完善政策体系　推动产业转型升级》，《河南日报》（理论版）2019 年 2 月 25 日。

王新军：《济南传统产业转型升级问题研究》，《环渤海经济瞭望》2015 年第 10 期。

干春晖：《新常态下中国经济转型与产业升级》，《南京财经大学学报》2016 年第 2 期。

栾姗：《保持攻坚克难大气势　坚决夺取国企改革攻坚战的全面胜利》，《河南日报》2018 年 11 月 5 日。

吴丽琳：《河南：智能制造引领转型升级》，《中国电子报》2019 年 1 月 30 日。

赵慧芹：《传统产业与新兴产业如何协同发展》，《人民论坛》2017 年第 12 期。

B.16 南阳市装备制造产业高端化智能化发展思路与对策

夏春阳*

摘　要： 加快装备制造产业的高端化、智能化是实现南阳由传统"制造大市"向先进"制造强市"战略转变的重要途径。南阳市具有发展高端智能装备制造产业的基础和优势，主导产业特色清晰，龙头企业优势明显，产品层次有效提升，但也存在企业规模偏小、产业链创新链对接不紧、系统集成能力不足等问题。南阳需要在产业聚焦、政策创新、智能改造、融合创新等方面加大工作力度。

关键词： 南阳　装备制造　智能化

装备制造业是各种技术装备的制造业总称，是制造类产品的"工作母机"。高端装备制造业是装备制造业的高端环节，具有技术密集、附加值高、成长空间大、带动作用强等特点。智能制造装备是高端装备制造业重点发展领域，是高端装备制造业重要组成部分。加快装备制造产业的高端化、智能化是推动工业转型升级的关键，建设先进制造业强市目标的新抓手，也是实现南阳市由传统"制造大市"向先进"制造强市"战略转变的重要途径。因此，探讨如何推进南阳市装备制造业向高端智能方向加快发展，进一步鼓励、引导、支持企业加快高端智能化升级步伐。

---

* 夏春阳，南阳市工信局党组成员、副局长。

一　南阳市发展高端智能装备制造产业的基础和优势

近年来，南阳市装备制造产业积极适应经济发展新常态，抢抓新机遇，转型升级步伐进一步加快，产业竞争实力进一步增强，经济效益进一步提高，各领域均取得一定进步。全市制造业产品、生产环节高端智能化的企业有163家，高端智能装备制造业增加值占全市规上工业增加值比重为13.7%，主营业务收入占全市规模以上工业的10.9%。防爆电机、石油钻井修井机、光电信息记录材料、人造金刚石、汽车水泵、汽车涡轮增压器等特色优势产品市场占有率国内领先；高效电机、石油机械、避雷器、变压器等领域具有较强国际竞争力。南阳市加快科技基础设施和公共服务体系建设，聚集国内外创新资源的能力显著增强，现有国家级重点实验室2个，国家级企业技术中心8个，省级重点实验室6个，省级企业技术中心44个，省级工程研究中心51个，省院士工作站11个，产业技术创新战略联盟4个，国家级创新创业公共服务平台2个，省级众创空间1个。南阳市被评为全省创新驱动助力工程示范市。龙成集团等6家企业被评为国家两化融合贯标试点企业，西泵公司和鼎泰高科公司获得国家两化融合管理体系评定证书，233家企业完成了两化融合对标工作。

经过多年的培育和发展，南阳市装备制造产业主要呈现以下特点：产业支撑明晰。初步形成了以中心城区防爆电气、输变电装备特色产业为重点，以西部西峡、淅川等县减振器、汽车水泵、进排气管为龙头的汽车零部件产业，以东部唐河、方城等县农机装备、轴承产业等支撑产业为依托，其余各县装备制造产业辅助发展的产业格局。龙头企业支撑作用强。以卧龙电气防爆集团为龙头，带动防爆电气装备制造企业26家；以淅川减振器公司为龙头的汽车零部件产业集群关联企业84家，以西峡汽车水泵、进排气管公司为龙头，带动汽车水泵、进排气管外部配套协作企业34家；围绕二机石油集团发展的企业近12家，围绕金冠电气公司发展企业近16家，围绕天力电气公司发展的变压器企业近19家，形成了产业互补、各有特色的产业链。

转型升级初见成效。卧龙防爆集团从单纯的设备制造转向综合服务商，加强与科研院所联姻，推进产品智能化、集成化、系统化开发和销售并重，跨出国门与国外大集团合作，进军欧洲市场，转型拓展市场。金冠电气公司由单一的特高压输变电设备制造商转型系统化服务商，二机石油公司由油气钻采装备制造转型装备与服务双轮驱动。

二　存在的问题

南阳市高端智能装备制造业虽然取得了一定成效，但与先进地市相比，还有一定差距。

（一）产业规模效应有待增强

全市高端智能装备制造产业整体规模偏小，创新资源和产业资源分散于央企、校企、民企，体制机制不活，市场开拓力不强，具有创新精神和国际竞争力的大企业集团缺乏，对全市工业转型升级的促进作用亟待增强。截至2019 年 9 月，全市智能工厂（车间）24 家，占全省比重不足 10%。

（二）整体创新能力有待提高

全市高端智能装备制造关键核心技术创新能力和高技术转化能力较薄弱，协同创新氛围不浓，产学研合作缺乏系统性和持久性，“重模仿、轻创新，重引进、轻开发”现象普遍，拥有自主知识产权和核心技术的产品少，关键技术及核心部件受制于国外。截至 2019 年 9 月，规上工业企业 R&D（研究及开发）经费占主营业务收入比重为 2% 左右，低于全省平均水平。

（三）系统集成水平有待提升

全市高端制造单机应用居多、成套装备较少，能够提供高端制造整体解决方案的制造型服务企业，以及在工程设计、模块设计制造、设备供应、系统安装调试、技术咨询服务等领域竞争力强的专业化企业缺乏，“系统集成”能力较弱。截至2019年9月，国家级关键工艺技术突破与系统集成项目仅有1个（西峡众德汽车涡轮增压器分总成绿色制造关键工艺技术突破与系统集成项目）。

（四）推广应用力度有待加强

全市高端制造装备推广应用缺乏包容创新的环境，部分应用企业对国产高端制造装备存在认识误区，崇洋媚外现象时有发生，以致在通用设备、计算机通信电子设备、专用设备、航空航天和其他运输设备、电气机械器材等重点领域用户的示范推广积极性不高。同时，也缺乏有针对性的政策引导和激励机制。

三　对策建议

当前，全球正出现以信息网络、智能制造、新能源和新材料为代表的新一轮技术创新浪潮，新一轮工业革命正在蓬勃兴起，而信息网络技术将是新一轮产业变革的核心；全球制造业正加快迈向数字化、智能化时代，制造业网络化、数字化正成为一种大趋势。未来几年，智能制造对制造业竞争力的影响将越来越大，国内竞争将更加激烈。各地鉴于高端智能装备制造业独特的战略地位，纷纷行动起来，将培育和发展智能制造装备产业作为各自的战略重点，抢抓发展智能制造装备业的制高点，力争在传统装备制造业转型升级中实现突破，努力缩小与发达地区的差距。近年来，南阳市积极主动强抓智能制造新机遇，实施建设先进制造业强市九大专项战略，强力推进高端装备制造、电子信息等产业发展，开展全市智能制造装备与互联网对接、智能制造和企业上云、智能化改造诊断等工作。已建成省级智能工厂8家、智能车间16家。215家企业实施智能化改造，应用各类工业机器人356台，数控机床4065台，机器换人、设备换芯、生产换线初显规模。培育了一批智能装备生产企业，生产出44种智能产品，涵盖“一车两人”防爆消防机器人、数控机床、工业机器人、智能变压器、智能电梯、智能照明、农用航空无人机、工业智能终端控制系统和智能医疗器械等，为南阳市高端智能装备制造业的发展提供了有力支持。南阳要审时度势，注重协同推进，坚持示范引领，强化支持服务，着力找差距、补短板、强优势、挖潜力，搭乘国家、省大力培育发展高端智能装备制造业的快车，全力推进南阳市装备制造业向高端智能方向加快发展，全面提升全市装备制造业智能化水平。

（一）指导思想

深入贯彻落实南阳市经济工作会议精神，紧紧围绕“建设先进制造业强市”的战略目标，以提高产业发展质量和效益为中心，以重点企业培育为着力点，以重大项目建设为支撑点，坚持做大总量和调优结构并重，坚持开放带动和创新驱动并进，着力加快信息技术与装备制造业深度融合，着力突破关键核心技术，着力集聚要素资源，激发市场活力，培育规模化、系列化、服务化、定制化的高端装备制造业集群，推动全市装备制造业生产技术水平、智能化水平和核心竞争力全面提升。

（二）发展目标

2019 年 1 ~9 月，南阳市规模以上装备制造业主营业务收入达到 800 亿元，较上年同期增长 13%，全市建成 30 个智能工厂（车间）；2020 年规模以上装备制造业主营业务收入超过 1000 亿元，年均增长 10%，全市建成 40 个智能工厂（车间），县区形成 2 个以上百亿级主导集群；培育 4 家年收入超 50 亿元的大型企业集团；规上工业企业 R&D（研究及开发）经费占主营业务收入比重达到 3% 以上。基础配套能力进一步加强，2020 年高端智能装备质量安全标准与国际标准加快接轨，重点领域国际标准转化率力争达到 70% 以上，重点高端智能装备质量达到或接近国际先进水平。

（三）基本原则

创新驱动。实施装备制造业创新能力提升工程，尝试企业主导、院校协作、多元投资、军民融合、成果分享的新模式，引导企业因地制宜实现技术创新、产品创新和商业模式创新。扶持企业流动开发新产品，拓展研发设计、综合服务，提升产品科技含量。支持企业依托传统优势产业，发展战略性新兴产业。培育一批创新型企业，整合形成若干装备制造业创新中心，争创国家工业云创新服务试点。

质量提升。改造升级企业生产线，扩大工业机器人、智能化自动化装备应用。围绕能源装备（油气钻采装备）、防爆装备、输变电装备、汽车零部件、无人机、基础部件等行业，依托产业创新中心开展质量攻关，攻克一批影响质量提升的关键共性质量技术。建立装备工业技术改造重点项目库，加大对装备制造业企业质量技术改造的支持、引导力度。在重点装备工业领域，推广可靠性设计、试验与验证以及可制造性设计等先进质量工程技术。

制造高端。实施智能制造工程，支持装备制造业企业服务化发展，促进企业向系统集成服务、综合服务拓展，向研发、品牌等两端高附加值环节延伸。实施设备换芯、生产换线、机器换人改造计划，促进两化融合贯标，建设“智能工厂”“智能车间”。

开放带动。坚持“引进来”和“走出去”统筹发展，积极引进龙头企业、先进技术、关键人才和优质资金，鼓励本地企业对外合作，积极构建产业发展新优势。

（四）重点发展领域

发挥南阳市装备制造产业优势，围绕防爆电气装备、油气钻采装备、输变电装备、汽车及零部件、基础装备等特色产业，加快完善产业链布局，重点提升产品层次，积极开发新型、高端产品，推动南阳市装备制造业向高端智能迈进，形成完整的高端智能装备制造产业体系。

防爆电气装备。依托卧龙电气防爆集团、防爆研究所，重点向节能环保、智能成套、模块集成、特专方向发展，不断完善以防爆电机为核心，以防爆材料和元器件为基础，防爆风机、发电、机电控制、电力输配、监控检测、特种车辆、应急设备等防爆成套设备及防爆电器、工具等外延产品全领域布局，积极开拓核电、军工、风电、高铁等高端应用产品，加强与航空航天、轨道交通、海洋工程领域设备集成化能力，全面推动防爆技术研发、产品制造、集成服务和技术检测协同发展。

油气钻采装备。依托二机石油装备集团，围绕“深层、深水、非常规”，重点突破深层钻采装备、深水作业装备、非常规作业装备、非油作业装备、油气装备作业自动化及相关配套设备和系统的设计制造技术，加快油气装备数字化、模块化、集成化升级，全力突破极寒、极深、复杂储藏条件和深海、页岩、煤层非常规资源开采核心技术设备，形成以钻采主机为核心，勘探开发、钻采控制、工程维护、油气储运、污染处理各类设备工具车辆协同发展的油气钻采全业务流程产品体系，加强勘探规划、工程实施、生产运维一体化的工程总包能力，向多维度的油气装备制造服务商转型。

输变电装备。依托金冠电气、天力电气、飞龙电气、鑫特电气等企业，重点向节能化、智能化、环保化、高可靠性和新能源方向发展，开发特高压变电设备、新能源储能并网设备、强电网智能配电设备、特高压交流变压器、高可靠性配电变压器产品、智能组合式变电站产品等新型高端产品，生产智能组合式变电产品、节能小型低噪音配电变压器、远距离大容量交流变压器、氮气绝缘介质充气柜、特高压避雷器、动车组避雷器、电动汽车充电桩等系列产品，打造涵盖变配电设备、输电设备、控制设备、保护与监控设备、远距离大容量输电设备等多领域的产品体系，重点推动输变电装备核心产品向节能化、小型化、低功耗、低噪音、组合化方向升级，提高成套设备集成化、智能化水平，积极提升各类产品性能指标，全面推动南阳输变电产业高端化发展。

汽车及零部件。依托西峡、淅川、内乡、唐河等县汽车零部件产业园区，研制新能源高空作业车、清障车、压缩式垃圾车、垃圾对接车、洒水车、半挂车等系列产品，突破减振器、涡轮增压器、汽车进排气歧管、飞轮壳、汽车水泵、机油泵等产业发展的技术瓶颈，向高端化、轻量化方向发展。车用减振器、高速列车减振器及城市轨道减振器向半主动悬架减振器、主动悬架减振器及自适应减振器等高端减振器方向提升，加大高镍合金、不锈钢焊接、铸钢等新材质排气歧管的科技成果转化力度，开拓冷却、增压、润滑、排气、制动、转向、润滑等其他车用部件制造领域。构建网络化物理设备系统（CPS），智能化生产汽车整体和汽车零部，优化供应链管理、产品全生命周期管理、总集成服务、信息增值服务。发挥汽车零部件生产领域优势，推动全市汽车制造业集群化发展。

基础装备。依托新野鼎泰高科精工、高新中南钻石等企业，围绕机械工具和金属零部件，大力发展机械加工业，重点培育轴承材料加工、滚动体和套圈制造、轴承成品装配一体的轴承产业链，加快布局金刚石刀具、磨片、锯片、钻头及切割机、磨削机、钻机等机械工具制造一体的金刚石工具产业链，积极发展精密工具、精密零件、工程机具、农机具等金属制造业，推进南阳市基础装备机械加工业全面发展。

（五）政策措施

1. 鼓励支持企业技术创新

落实好建设先进制造业强市专项重点工业企业技术改造扶持政策，支持企业加大科研经费投入，大力发展高技术含量、高附加值、高市场占有率的装备产品和服务。探索高效灵活的人才引进、培养、使用、评价、激励和保障政策，优化人才引进和培养环境，鼓励海外专业人才来南阳创业。建立多层次、多类型的高端制造人才培养和服务体系。支持企业在境外开展并购和股权投资、创业投资，建立研发中心、实验基地和营销服务体系。

2. 加大政策支持力度

研究成立市级高端智能制造业基金，设立互联网+产业发展基金、先进制造业集群培育基金、中小企业发展等基金，用足用活国家和省产业基金政策。发挥财政资金导向作用，重点支持技术改造、智能制造、“四基”工程、制造业+互联网等领域。全面落实高新技术企业所得税优惠、进口设备减免税、企业研发费用税前加计扣除等税收优惠政策。2020 年市财政拿出 3000 万元，贴息奖励被确认定为“国家级、省级智能制造试点（示范）”企业的智能设备投资部分。

3. 搞好宣传营造氛围

利用报纸、电视、网络等舆论媒体，多形式、多渠道、全方位报道发展南阳市高端智能制造业的目的、意义，让全市上下清楚发展高端智能制造业的必要性和紧迫性，切实增强发展高端智能制造业的责任感和紧迫感。开辟专栏，及时报道各县区发展高端智能制造业好的做法、好的经验、取得的成效，激发发展高端智能制造产业的激情和活力，营造全市上下关注高端智能制造发展的良好舆论氛围。

4. 加大组织推动力度

研究成立全市高端智能装备制造业领导小组，市主要领导任组长，分管领导为副组长，市直有关部门主要领导为成员。领导小组下设办公室，办公室设在市工信局，办公室主任由市工信局局长兼任，办公室具体负责高端智能装备制造业发展各项日常工作。各县区、市直有关部门要按照任务分工认真抓好贯彻落实，要把责任落实到部门、科室和人员，细化分解目标任务，每半年向市高端智能装备制造业领导小组办公室报送任务完成情况和存在问题，市高端智能装备制造业领导小组办公室及时将任务完成情况报市高端智能装备制造业领导小组。

区　域　篇

Regional Articles

B.17
2019年郑州市工业经济运行分析报告

范建勋　巫怀民　牛志永　王章磊*

摘　要： 2019年，郑州市坚持以习近平新时代中国特色社会主义思想为指导，深入贯彻落实习近平总书记调研河南视察郑州时的重要讲话精神，坚决贯彻新发展理念，深入推进制造业供给侧结构性改革，大力实施"制造强市"战略，工业经济保持稳中有进的发展态势。2019年1～9月，全市规模以上工业增加值同比增长6.5%，高于全国平均水平0.9个百分点，在27个省会城市、35个大中城市中分别排名第8、第9位。未来，郑州市将以国家中心城市建设为统揽，抢抓"五区联动""四路协同"重大战略机遇，坚持"稳中求进"总基调，

* 范建勋，郑州市工业和信息化局党组书记、局长；巫怀民，郑州市工业和信息化局党组成员、副局长；牛志永，郑州市工业和信息化局副调研员；王章磊，郑州市工业和信息化局法规处副处长。

大力实施制造业高质量发展三年行动计划，加快建设全国重要的先进制造业基地，努力实现全市工业经济平稳健康发展。

关键词： 郑州　工业经济　经济运行　结构调整

2019年以来，面对国际国内复杂多变的宏观环境和工业经济下行的较大压力，郑州市深入贯彻落实习近平总书记调研河南视察郑州时的重要讲话精神，大力实施“制造强市”战略，狠抓工业经济运行，强化产业转型升级，突出试点示范引领，优化产业发展生态，全市工业经济实现平稳较快增长。

一　2019年1～9月工业经济运行情况及分析

（一）主要成效

一是工业运行稳中有进。1～9月，全市规模以上工业增加值同比增长6.5%，高于全国平均水平0.9个百分点。

二是主导产业支撑有力。1～9月，七大主导产业增加值同比增长6.9%，拉动全市工业增长5.6个百分点，对规模以上工业增长的贡献率达到86.1%。

三是工业招商和项目建设顺利推进。1～9月，全市签约亿元以上工业项目144个，总签约额1224亿元。重大工业项目建设进展顺利，183个项目开工建设，83个项目竣工达产，成为制造业高质量发展的新的增长点。

四是制造业创新取得新佳绩。4家企业获评国家制造业单项冠军示范企业，3家企业获评质量标杆企业。成功创建4家省级制造业创新中心，建成4家市级制造业创新中心。

五是绿色发展水平显著提升。获批国家工业资源综合利用示范基地，新增国家绿色工厂8家，省绿色工厂6家。1~9月，全市单位工业增加值能耗下降17.3%。

（二）基本情况

1. 工业运行总体平稳

1~9月，全市规模以上工业增加值增速在全国27个省会城市、35个大中城市分别排名第8、第9位。全市36个工业大类中有26个行业保持同比增长，其中，有14个行业增加值增速保持两位数增长，有15个行业增速高于全市平均水平。

2. 工业七大主导产业贡献突出

1~9月，七大主导产业增加值呈全面增长态势，其中，电子信息产业、汽车及装备制造业增加值分别同比增长8.8%、9.1%，对全市工业增长的贡献率高达65.1%，是全市工业生产发展的主力军。战略性新兴产业增加值同比增长11.5%，高于全市平均水平5个百分点，拉动全市工业增长3.2个百分点（见表1）。

表1 2019年1~9月工业七大主导产业增加值

单位：%，百分点

工业七大主导产业	增速	拉动点	贡献点
汽车及装备制造业	9.1	2.0	30.8
电子信息工业	8.8	2.2	34.4
新材料产业	9.5	0.5	6.9
生物及医药产业	13.0	0.2	3.4
铝及铝精深加工产业	7.5	0.5	6.9
现代食品制造业	1.0	0.2	2.4
家居和品牌服装制造业	16.7	0.1	1.4
合计	6.9	5.7	86.2

资料来源：郑州市统计局。

3. 新兴产业保持良好发展势头

1~9月，全市高技术产业增加值同比增长11.2%，高于全市平均水平

4.7 个百分点，较上半年加快 0.6 个百分点，拉动全市工业增长 2.7 个百分点，较上半年多拉动 0.5 个百分点；装备制造业（不含汽车）增加值同比增长 12%，高于全市平均水平 5.5 个百分点，较上半年加快 1.4 个百分点，拉动全市工业增长 4 个百分点，较上半年多拉动 0.7 个百分点。新产品保持快速增长，工业机器人产量同比增长 104.4%，新能源汽车增长 65.8%，城市轨道车辆增长 51.4%。

4. 新增企业拉动全市工业增长

1～9 月，全市 270 家新增规上工业企业增加值同比增长 102.6%，拉动规上工业增长 3 个百分点，对规上工业增长的贡献率达到 45.2%。

5. 工业效益状况良好

1～8 月，全市规模以上工业企业实现利润总额同比增长 21.7%，营业收入同比增长 2.1%，每百元资产实现的营业收入为 70 元，同比增加 2 元。资产负债率达到 67%，同比降低 1.2 个百分点。产成品存货周转天数同比减少 4.3 天，每百元营业收入中的成本同比减少 0.93 元。

二 加强工业经济运行的主要做法

（一）强化运行服务，聚合发展向心力

一是加强工业运行监测。坚持工业“周问询、旬报告、月分析、季总结”监测制度，突出重点区域、重点行业稳增长，抓好 66 户龙头企业、200 户重点企业运行数据监测分析。每月召开全市工业经济运行分析会议，研判形势，加强调度，有序做好全市工业生产用电、用热、用气等生产要素供应。二是强化企业服务。发挥郑州市企业服务平台作用，积极协调解决企业各类问题，解决率达到 98% 以上。2019 年 1～9 月，组织开展“郑州市高质量发展专题研修班产业链精准产销对接会”“郑州职业技术学院 2020 届毕业生校园招聘会暨郑州市 2019 精准用工系列对接会”等四项对接活动 81 场，签订产销协议 11 亿元。深入开展企业家接待日活动 130 余场次，接待

企业家1200余人次，帮助协调解决了宇通燃料电池客车规划、东风日产产品运输等各类问题140余项。三是坚持督导工作机制。健全市工信局班子成员分包县（市、区）和县（市、区）分包联系重点工业企业的“双联系”制度，每月对县（市、区）经济运行、项目建设、环保治理、安全生产等重点工作进行督导，压实工作责任，形成了全市加快工业经济发展的有效合力。

（二）实施三大改造，汇聚转型推动力

深化制造业供给侧结构性改革，坚持以“三大改造”为抓手，强化产业转型攻坚，出台推进工业结构调整打赢大气污染防治攻坚战工作方案和全市智能化、绿色化和企业技术改造实施方案。一是智能化改造。建成省级智能工厂（车间）19家，省级工业互联网平台5家；对200家企业开展智能化改造诊断服务。二是绿色化改造。着力构建绿色制造体系，成功创建工业资源综合利用示范基地，建成国家级绿色工厂8家、省级6家。6家企业列入省级自愿性清洁生产名单。对全市1200家工业企业实施“一企一策”深度治理、6000余家“低小散”企业开展治理整顿、全部工业企业进行绿色绩效评价管理。三是加快企业技术改造。工业企业技改投资同比增长18.9%，占工业投资的比重达到52.7%，占比较上年同期提高9.3个百分点，企业技术改造成为全市工业结构调整和转型升级的重要推动力量。

（三）深化开放合作，增强项目带动力

坚持把招商引资作为“一号工程”，强化县（市、区）主体作用，大力推进“五职招商”。充分利用中国（河南）投资贸易洽谈会、两岸智能装备制造郑州论坛、世界传感器大会等交流平台，瞄准环渤海、长三角、珠三角等重点区域和世界500强、中国500强、行业20强企业，着力延链、补链、强链，成功引进了海康威视、中国电子、新华三、APUS、创新科、恒大新能源等一批科技含量高、投资规模大、带动能力强的项目。积极推进郑州市优势企业参与国际产能和装备制造合作，涌现出鸿富锦、宇通、中铁装备、郑煤机、明泰铝业、思念等一批国际产能合作企业，制造业年出口额连续多

年居中部省会城市第一位。强化项目建设，以郑州市工业项目监测管理服务系统为抓手，积极构建市、县（区）、企业三级一体化服务平台，大力推进546个重大工业项目建设，2019年1～9月，累计完成投资560.4亿元，其中计划开工项目完成投资213.5亿元，续建项目完成投资288.4亿元，计划竣工项目完成投资58.5亿元，为制造业高质量发展提供了新动能。

（四）强化质量品牌，激活创新原动力

一是积极推进质量品牌建设。大力实施制造业“三品”专项行动，深入开展对标达标活动，宇通重工、凯邦电机等12家企业获评省级质量标杆。积极推进商标品牌战略，全市中国驰名商标达到56件、省著名商标达到586件，好想你枣业获得商标金奖“商标运用奖”。二是创新平台建设取得明显成效。加快制造业创新中心建设，郑州市工业新型成像技术创新中心等4家单位成功创建为省级制造业创新中心，河南省智能工厂系统集成及应用创新中心等6家机构成为省级制造业创新中心培育单位，市级制造业创新中心培育单位达到13家。建成企业技术中心、制造业创新中心等各类创新机构3519余家，其中国家级47家。三是创新能力显著增强。创新型企业蓬勃发展，全市科技型企业达到4283家，高新技术企业达到1600余家，其中，郑钻精密、四方达等7家企业成为省级技术创新示范企业。中铁装备“异形全断面隧道掘进机设计制作关键技术及应用”项目获国家科学技术进步二等奖。

（五）培育新兴动能，倍增融合发展力

一是深入推进制造业和互联网融合发展。比克电池、格力（郑州）等13家企业成为国家级两化融合管理体系贯标试点，华晶金刚石、索凌电气等43家企业（项目）入选省级以上制造业互联网试点示范。大力实施“百千企业上云”计划，上云企业6000家。二是推动制造业和服务业融合发展。积极发挥示范城市引领效应，创建国家级、省级服务型制造、智能制造等各类试点示范企业（平台、项目），截至2019年9月，大信橱柜、东陆高科

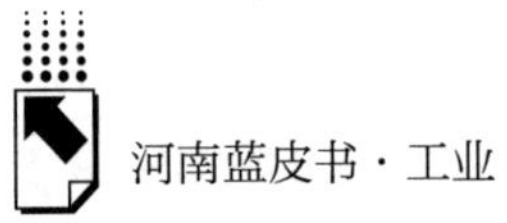

等35家企业（项目）入选省级以上服务型制造试点示范。成功举办第三届全国服务型制造大会，扩大了郑州市在全国制造业发展格局中的影响力。

（六）强化政策引导，厚植营商亲和力

一是制定政策专案。推动出台了支持汽车产业发展和加快新能源汽车推广应用若干政策，印发了2019年先进制造业行动计划和5G及北斗、智能传感器、信息安全、人工智能等新兴产业推进专案、新能源及网联汽车发展实施方案等，谋划制定氢燃料汽车、人工智能、软件和信息技术服务、5G及北斗、智能传感器等发展规划，聚焦重点领域，推动产业转型，加快新兴产业发展。出台郑州市新型工业用地管理办法，在全市大力推广M1A和M0用地模式，为成功引进海康威视、紫荆科技等项目发挥了关键作用。二是推进政策资金落实。认真落实国家、省、市新能源汽车推广应用、工业强基、先进制造业等相关政策，全年争取上级财政奖补资金40.8亿元，落实市制造强市奖补资金1.7亿元，有力支持了企业发展。三是优化营商环境。坚持以服务企业、让企业满意作为工作标准，积极营造“服务优、政策优、企业家与人才待遇优、亲与清型政商关系”的“三优一亲”营商环境。大力弘扬企业家精神，宣传先进典型，形成了企业家干事创业的良好氛围。

三　2020年郑州市工业经济运行形势分析

（一）不利因素

从宏观环境来看，全球贸易保护主义抬头对多边贸易体制形成了重大挑战，经济发展不确定、不稳定因素较多。从国内看，我国经济已进入高质量发展阶段，传统基建投资、出口贸易和房地产对拉动经济增长的势能逐渐减弱，经济下行压力持续加大。2020年，郑州市工业稳增长的压力更趋艰巨。

（二）有利因素

从世界层面看，以互联网、大数据、人工智能为代表的新科技革命不断催生新产品、新模式、新业态和新产业，并加速向传统产业渗透融合，全球产业链和价值链加快调整重塑，数字经济、共享经济和智能制造成为全球经济增长新动力。

从国家层面看，我国逆周期宏观调控力度持续加大，加快落实一系列减税降费政策，有力支撑了制造业企业稳中有进。同时，国家下调存款准备金率，加大对实体经济特别是中小企业、民营企业的信贷投放力度，市场流动性增强。

从省级层面看，正在加快落实《关于支持郑州建设国家中心城市的若干意见》，形成了省级层面的推进合力。目前，为贯彻落实习近平总书记调研河南重要讲话精神，正在研究制定黄河流域生态保护和高质量发展方案，加快推动沿黄地区先进制造业高质量发展，强化郑州“1+4”大都市区产业协同，为郑州市制造业高质量发展提供了难得机遇。

从郑州自身看，全市掀起了贯彻习近平总书记视察郑州时重要讲话精神的热潮，正在组织制定《郑州市制造业高质量发展三年行动计划（2020～2021年）》《郑州市支持制造业高质量发展的若干政策》等，要求全市上下坚持数字产业化和产业数字化，用数字经济推动传统产业改造提升和新兴产业加快培育，有利于引导工业主导产业加速发展。

四　促进郑州工业高质量发展的对策建议

（一）明确主导产业，建设制造业高质量发展新体系

结合郑州市制造业基础，进一步明确主导产业，聚焦重点领域，提升制造业高端化、智能化、服务化、绿色化发展水平。加快数字产业化、产业数字化，以数字赋能传统产业改造升级、战略性新兴产业倍增发展。加快培育

电子信息和汽车及装备制造2个6000亿级、现代食品和新型材料2个2000亿级、铝加工制品和生物医药2个1000亿级主导产业集群，着力形成全国有优势、全球有影响的先进制造业体系。加快传统产业改造提升，坚决淘汰落后产能，积极化解过剩产能，深化工业企业“一企一策”深度治理，推动产业结构调整、转型升级。

（二）优化空间布局，形成制造业高质量发展新格局

按照“一区一主业”的原则，统筹县（市、区）“1+N”（做强1个主导产业、培育N个战略性新兴产业）产业布局，进一步明确每个县（市、区）主导产业和新兴产业定位。推动产业集聚发展，以航空港区、高新区、经开区为主，着力打造全市制造业高质量发展引领区。以6县（市）和上街区为主，加快传统产业转型，培育发展战略性新兴产业，着力打造全市制造业高质量发展转型升级示范区。以郑东新区和市内5区为主，加快制造业与服务业深度融合发展，配套发展生产性服务业，着力打造全市制造业高质量融合发展先导区，着力形成“三区引领、县市支撑、六区协同”的产业发展新格局。

（三）突出项目建设，厚植制造业高质量发展新优势

围绕构建制造业新体系，强化500强和行业20强企业、独角兽企业、驻郑央企机构引进和在郑布局；严格落实“五职招商”责任和县（市、区）主体责任，航空港区、郑东新区、高新区、经开区每年引进30亿元以上项目2个以上，县（市、区）引进10亿元以上的项目1～2个。确保每年制造业引资规模总量占全市引进资金的50%以上，战略性新兴产业占制造业引进资金的80%以上。发挥重大项目对投资的关键拉动作用，完善项目推进机制，强力实施“10+5”先进制造业或服务型制造标志性项目建设。按照“开工一批、续建一批、竣工一批”的思路，持续强化制造业项目投资，每年开工200个、续建200个、竣工200个重大制造业项目。做强企业实体，着力培育一批领军型企业，打造一批平台型和总部型企业，加快发展一批高成长性企业和专精特新中小企业。

（四）强化科技创新，汇聚制造业高质量发展新动能

坚持创新驱动和融合发展，强化关键技术攻关，抓好“四个一批”，加快制造业创新中心等各类创新平台建设，推动制造业企业研发倍增。加快制造业与服务业深度融合，大力发展服务型制造。实施“三大改造”，加快发展智能制造和绿色制造，建成一批国家级智能制造试点示范项目（企业、平台）和绿色工厂（企业）。深化大数据、云计算、物联网、5G 等新一代信息技术在制造业领域中的推广应用，建成一批典型应用场景；推动产业数字化和数字产业化，以数字化转型提升产业能级，抓好企业上云，每年建设 2 ~3 个“工业大脑”，加快制造业数字化、网络化、智能化转型。

（五）优化营商环境，构建制造业高质量发展新生态

深化“放管服”改革，全流程打通制造业项目落地建设的“绿色通道”，抓好各项惠企减负政策的落实，着力降低企业各类成本。建立企业各类检查评比清单制、告知制和备案制，整合和减少对企业的检查评比事项，让企业有更多的时间和精力安心发展。按照鼓励创新的原则，对新技术、新产业、新业态、新模式等实行包容审慎监管，鼓励战略性新兴企业创业创新。强化企业服务，积极开展“四项对接”“企业家接待日”等活动，着力营造“三优一亲”的营商环境。

（六）创新体制机制，形成制造业高质量发展新合力

创新组织推进、督导考核等体制机制，强化制造业高质量发展的组织领导，建立市领导联系产业制度，推动实施“书记挂帅”的一把手工程。建立制造业高质量发展工作联席会议制度，及时协调解决制造业企业发展中出现的重大问题。严格督导考核，提高制造业在全市绩效考核中的权重，把各部门服务制造业高质量发展的实效作为绩效考核评价的重要指标。每年召开全市制造业发展大会，每季度组织一次制造业项目观摩活动，在全社会大力弘扬优秀企业家精神，推动形成制造业高质量发展的强大合力。

B.18
2019年洛阳市工业经济运行分析报告

赵站伟　郝　爽*

摘　要： 2019年以来，洛阳坚持稳中求进工作总基调，多措并举推动工业经济平稳运行、制造业高质量发展，工业经济运行呈现稳中有进、稳中有新、稳中提质的良好态势，结构调整稳步推进，新旧动能加速转换，规模质量协同提升。但也存在利润增速下滑、企业融资仍较困难、经营压力持续加大等问题。面对高质量发展新要求，洛阳尚需在项目谋划、智能制造推广、创新平台打造、企业服务优化等方面创新思路。

关键词： 洛阳工业　工业运行　智能化

2019年以来，在洛阳市委市政府的正确领导下，全市工业和信息化战线以习近平新时代中国特色社会主义思想为指导，认真贯彻落实中央、省各项决策部署，坚持稳中求进工作总基调，围绕“四高一强一率先”奋斗目标，全面深化“9+2”工作布局，着力推动转型发展高质量发展，工业经济运行呈现稳中有进、稳中有新、稳中提质的良好态势。

一　洛阳市工业经济运行情况

2019年以来，全市工业领域坚持目标导向，狠抓运行调度，以月保季、

* 赵站伟，洛阳市工业和信息化局局长；郝爽，洛阳市工业和信息化局运行监测协调科科长。

以季保年，多措并举推动工业经济平稳运行、制造业高质量发展。前三季度，全市规模以上工业增加值同比增长8.4%，居全省第5位，分别高于全国、全省2.8个、0.5个百分点；其中，9月同比增长9.9%，分别高于全国、全省4.1个、2.1个百分点，居全省第1位。

（一）工业生产平稳运行，工业增速有力回升

整体来看，2019年以来全市工业经济运行总体平稳，增速始终高于8%的年度目标，高于上年同期0.3～1.7个百分点，增长速度和态势均好于上年同期。进入下半年以来，全国和全省工业增速逐月回落0.2个百分点，而洛阳市工业累计增速在7月回落至8%以后，8月企稳回升，9月月度工业增速居全省第1位，有力支撑前三季度工业累计增速回升0.4个百分点。分季度看，一季度全市实现工业经济“开门红”，规模以上工业增加值同比增长9.2%，处于全省第一方阵，为近五年来的首季最高增速；二季度受洛阳石化及其关联企业停产检修影响，工业经济形势十分严峻，工业增加值增速和位次逐月回落，上半年规上工业增加值回落至8.1%；进入三季度以来，全市上下强化调度、克服困难、深入挖潜，前三季度规上工业增加值同比增长8.4%，高于上年同期1.1个百分点，为实现全年工业发展目标任务奠定了比较好的基础。

（二）结构调整稳步推进，产业发展态势良好

制造业规模质量不断提升。2019年前三季度，六大高成长性制造业同比增长13.3%，全市制造业在工业的占比达83.4%，较上年同期提升1.8个百分点，制造业的主力军作用不断发挥。行业增长面超七成。全市39个工业行业中，28个行业实现累计增加值同比增长，其中，20个行业增速超过全市平均水平。工业增加值占比较大的有色金属冶炼和压延加工业（16.1%）、通用设备制造业（11.3%）、非金属矿物制品业（13.2%）等行业增长较快。“565”重点产业发展势头良好。全市装备制造业累计实现工业增加值同比增长18.5%，高于全市工业增加值增速10.1个百分点；在全

市工业中占比达29.8%，较上年同期提高3个百分点。重点企业增长较快。前三季度，50户重点工业企业累计实现工业产值同比增长7.9%，较上月累计加快0.4个百分点，洛钼集团、伊电集团、七二五所、中航光电等18家企业呈现两位数及以上的中高速增长。

（三）新旧动能加速转换，科技创新成果显著

高新技术产业保持快速增长。前三季度，全市高新技术产业增加值同比增长18.2%，占规模以上工业的比重达41.8%。制造业创新中心建设积极推进。印发实施《洛阳市制造业创新中心实施方案》，加快完善制造业创新体系，全面提升制造业创新能力。国家农机装备创新中心成为全国批复建设的第12家国家级制造业创新中心，也是河南省首个国家级制造业创新中心。工信领域试点示范不断增加。2019年以来，洛阳一拖集团、兰迪玻璃等11家企业被工信部确定为工业企业知识产权运用试点企业；中铝洛阳铜加工、涧光石化、建龙微纳3家企业获评2019年河南省技术创新示范企业；双瑞橡塑实施卓越绩效管理的经验入选2019年河南省质量标杆；中信重工、麦斯克电子入选智能化改造标杆企业。洛阳现有一拖集团、中信重工等4个国家级技术创新示范企业，省级技术创新示范企业数量达到17个。

（四）项目建设扎实实施，发展后劲不断增强

项目建设扎实开展。实施工业项目建设百日攻坚，按照“在建项目抓进度、竣工项目抓投产”的要求，着力推进项目建设，中钢耐火新型节能环保耐火材料产业园等147个项目开工建设，中航光电新技术产业基地等122个项目竣工投产，中石化炼油结构调整项目等143个续建项目顺利推进。前三季度，全市412个重点工业和信息化项目完成投资450.6亿元。园区建设稳步推进。格力智能制造产业基地、银隆新能源产业园、轨道交通产业园、高端装备制造产业园，大数据产业园按计划推进。“三大改造”成效显著。全市新实施“三大改造”规上工业企业490家，完成年度目标98%。270个“三大改造”重点项目完成投资约248.4亿元，约占年度计

划完成投资的81%。智能化改造的引领作用不断发挥，在全省智能化改造现场观摩评比中，洛阳市勇夺小组第一，中信重工、农机装备研究院获评优秀企业。

（五）重点县区稳中有进，有力支撑全市发展

重点县区体量较大。前三季度，全市工业增加值占比超过4%的县（市、区）共计8个，分别是新安县、孟津县、偃师市、栾川县、伊川县、伊滨区、高新区、洛龙区，合计工业增加值在全市的占比达57.6%。重点县区增长较快。除吉利区、洛龙区以外，其他县（市、区）规上工业增加值增速在10%以上，为全市工业提供有力支撑。多数县（市、区）对全年预期较好。高新区、伊滨区、孟津县、新安县、栾川县等对全年的工业运行预期较好，能够持续保持良好增长态势。

二　推进制造业高质量发展采取的措施

（一）深化企业服务，稳定工业经济运行

加强部门间协作，建立与市发改、统计、供电、税务等部门的沟通联系机制，加强对全市工业经济运行态势的分析研判。一是做好全市工业企业运行监测分析。建立重点监测企业库，开展中美贸易摩擦专项调研分析，实施县区工业经济运行月度分析调研、季度研判调度，确保工业经济稳定运行。二是落实服务企业“五个一”机制。工信系统“店小二”每月深入企业生产、项目建设一线，了解企业诉求，积极协调解决企业反映的问题。三是完善工作机制。完善政府联系企业、企业反映问题受理办理、企业问题办理推进监督、企业服务考核四项长效工作机制。严格落实企业反映问题“四单”工作制，针对企业反映的问题列单、领单、办单、清单，确保企业反映的问题按时保质得到回复反馈，努力解决制约企业发展的难题。

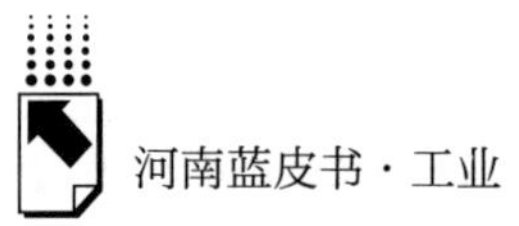

（二）狠抓“三大改造”，改造提升传统产业

召开全市“三大改造”现场观摩暨转型发展攻坚工作推进会议，制定2019年洛阳市“三大改造”实施方案和认定标准，推动“三大改造”向纵深发展。智能化改造方面，组织开展“智能化改造诊断培训县区行”“河南省企业上云深度行（洛阳站）”活动，实现全市各县（市、区）诊断全覆盖，累计推动“企业上云”2000余家。洛阳市在全省智能制造观摩中获小组第一。中钢洛耐院的“中国耐火材料工业大数据分析服务平台”入选全国“企业上云”典型案例，洛新产业集聚区入选河南首批智能化示范园区建设试点，中信重工、麦斯克电子入选河南省智能制造标杆企业名单。绿色化改造方面，培育建设绿色工厂18家，正大食品等4家企业入选国家绿色工厂。开展钢铁、铝工业、传统煤化工、水泥等行业转型发展行动。加快洛阳市绿色铸造产业园建设，古城机械等6家企业入驻。技术改造方面，指导中信重工大型变频矿用磨机技术改造项目等15个项目获得3833万元省技术改造专项资金支持。

（三）主攻智能制造，培育壮大新兴产业

以机器人及智能装备、电子信息、新能源等产业为重点，大力培育新兴产业，加快新旧动能接替转换。机器人及智能装备产业：印发实施《两岸（河南）智能装备产业基地洛阳核心区建设方案》（洛政〔2019〕20号），推动数控机床及零部件、机器人、智能成套装备等重点领域加快发展，举办第四届洛阳国际机器人暨智能装备展览会。2019年1～9月，全市机器人及智能装备产业营业收入同比增长20.1%，推广应用机器人及数控机床等智能装备1323台。电子信息产业：规划建设1综合4行业工业互联网平台，现代农业装备和矿山装备两个平台被确定为国家工业互联网试点示范。加快智能传感器产业基地建设，中科院与国科天成（北京）科技有限公司高端微光彩色相机和多传感器融合相机项目落地建设。洛阳入选2019年国家电信普遍服务试点，洛阳钼业建成国内首个5G应用矿山智能操作系统。制定

实施《洛阳市加快推进国家信息消费试点城市建设实施方案》，加快推进信息消费项目建设。1 ~9 月，全市电子信息产业营业收入同比增长 10.6%。新能源产业：协调解决阿特斯出口铁路补贴问题，推动中硅高科、尚德太阳能等光伏准入企业规范运行。印发实施《洛阳市进一步加快新能源汽车推广应用实施方案》（洛政办〔2019〕46 号），加快洛阳新能源汽车推广应用。1 ~9 月，全市共推广应用新能源汽车 1733 辆，折合标准车 2866 辆。

（四）对接产业创新，夯实基础创新能力

对接好产业链和创新链，结合好产业与院所，夯实制造业基础创新能力，不断提升企业创新水平。一是加强制造业创新中心培育。印发实施《洛阳市制造业创新中心建设方案》，围绕 31 个重点领域培育建设制造业创新中心，国家农机装备制造业创新中心获批建设，成为全国第 12 家、全省首家国家级制造业创新中心。二是加快培育创新主体。中信重工通过国家级技术创新示范企业复核，中铝洛铜、涧光特种装备、建龙微纳 3 家企业被评为省级技术创新示范企业，双瑞橡塑被评为 2019 年河南省质量标杆。三是围绕产业发展需求开展核心技术攻关。河柴重工 CHD622V20 柴油机入选 2019 年第一批河南省首台（套）重大技术装备。东方日升（洛阳）年产 600MW 高效太阳能电池生产线技术改造等 7 个项目入选河南省机器人“十百千”示范应用倍增工程。四是打造“工业设计之都”。加快推进工业设计产业发展，起草《洛阳市工业设计产业提升三年行动方案》，鼓励驻洛科研机构、企业、高等院校整合各类优势资源，提高工业设计产业创新服务能力。截至 2019 年 9 月，全市累计培育国家级工业设计中心 1 家（中信重工工业设计中心）、省级 2 家（中色科技工业设计中心、河南科技大学工业设计中心），研发了竖井掘进机、超级拖拉机 I 号等一批优秀创新成果。

（五）强化企业培育，激发市场主体活力

成立市长任组长的全市促进民营经济和中小企业发展工作领导小组，抓

好《关于促进民营经济高质量发展营造企业家健康成长环境的意见》的贯彻落实，加快培育中小企业和民营经济。一是加强政策宣讲落实。编制《洛阳市支持民营经济发展政策汇编》，举办支持民营经济发展政策宣讲会，宣传相关扶持政策。二是加强企业培育。13家企业入选省转型升级头雁企业培育计划建议名单，拟新增13家“小巨人”培育企业，培育隐形冠军（培育）企业20家，51家中小企业入选河南省“专精特新”优质中小企业库。三是完善中小企业服务。高新科技企业创业示范基地、洛阳国家大学科技园入选国家小微企业双创示范基地，河南省清洁生产技术服务公共服务平台入选国家级中小企业公共服务示范平台。四是积极搭建产销对接平台。组织7期服务民营企业“四项对接”系列活动，围绕智能化改造、银企对接、破解用工难题、产销对接等专题，帮助民营企业破解发展难题。五是实施企业家素质提升工程。举办“企业家进名企”“企业家进名校”“企业家大讲堂”等4期活动，累计培育企业家500余名。

（六）加强项目建设，提升工业发展后劲

实施项目建设“一库一账一攻坚”行动，建立谋划项目库和项目建设台账，开展工业项目建设百日攻坚行动。一是实施工业项目建设百日攻坚。中钢耐火新型节能环保耐火材料产业园等147个项目开工建设；洛玻集团高档信息显示超薄玻璃基板项目等122个项目竣工投产；中石化炼油结构调整项目等143个在建项目顺利推进。二是大力开展招商引资。忠旺集团年产100万吨铝合金精深加工项目签约落地；与格力电器签订冰箱生产基地项目合作协议书；与中国铁塔河南省分公司签署战略合作框架协议加快5G规划建设；《洛阳市人民政府　中车株洲电力机车有限公司　战略合作协议》已经市政府常务会审议通过；北航无人机正在进一步对接中。三是积极承接产业转移。组织企业参加中国（河南）—欧洲产业合作对接活动，震海家具与德国通快集团签订战略合作协议推动钣金产业升级。举办2019豫京产业合作洛阳先进制造业专题对接活动，现场签约10个项目，引进省外资金35亿元。

（七）贯彻绿色发展理念，提升绿色发展水平

坚决打好工业领域污染防治攻坚战，不断提升工业绿色化发展水平。一是大力淘汰落后产能，加强对全市淘汰落后产能工作的推进，已完成煤气发生炉、砖瓦窑、中频炉的年度淘汰任务。二是开展特色产业提升整治。规划建设鞋业产业园区和钢制家具产业园区，鞋业产业园区一期工程启动建设。对232家建材行业进行综合整治。三是推动“禁煤区”内洁净型煤加工企业退出。城市区内5家洁净型煤加工企业已全部停产并达到“两断三清”验收标准。

三　存在的主要问题及原因

一是投入产出双向挤压摊薄企业利润。从宏观指数看，工业品出厂价格持续低于原材料的购进价格涨幅，2019年9月，河南省工业生产者购进价格同比上涨0.7%，工业生产者出厂价格同比下降0.3%，自2018年5月以来，河南省工业生产者出厂价格指数增长幅度已经连续17个月低于购进价格指数增长幅度。从微观运行看，企业普遍反映，在部分原材料价格上涨的同时，企业融资、用工等成本不断增高，但工业产成品的价格却持续低迷，导致企业利润空间收缩，生产经营困难。在调研中发现，有些企业虽然营业收入增长明显，但是上缴税金却呈现下降态势，主要就是由于成本上涨和产品价格下降双向挤压导致的。从效益指标看，2019年1～8月，全市规模以上工业企业累计实现营业收入同比增长7.8%，居全省第16位（全国4.7%，全省14.7%）；实现利润同比下降20.2%，居全省第17位（全国-1.7%，全省22.2%）。

二是融资难题未得到有效破解。在宽松的货币政策下，“宽货币”与“紧信用”的矛盾依然存在，实体经济融资压力依旧较大。三季度工业企业问卷调查显示，有近45%的企业反映流动资金紧张，主要集中在装备制造、有色金属、化工建材等行业。部分小微企业、民营企业反映国有控股银行提

供的贷款类型与企业融资需求不相匹配，加之信息不对称，小微企业、民营企业融资仍比较困难。

四　加快推动洛阳工业高质量发展的对策建议

（一）抓工业经济运行和企业服务

围绕全年工业增加值增速8%以上的目标，一是加强工业经济运行监测分析和运行调度。认真落实运行分析月例会制度，逐月研判工业运行趋势，稳定全市工业增长预期。二是深入开展企业服务。持续推进服务企业“五个一”机制，开展服务民营企业“四项对接”活动。加强国家级中小企业公共服务示范平台建设，深化“放管服”改革，提升政务服务水平和质量。三是持续推进“提质倍增”试点行动。做好115家试点企业生产经营、项目建设运行监测、政策支持和服务保障。四是做好产融合作试点城市建设。加强与金融管理机构沟通对接，推进产业与金融深度合作。五是做好安全生产指导。深入开展工业领域安全生产指导，确保全市工信领域安全生产持续稳定。

（二）抓制造业高质量发展谋划

一是进一步完善《洛阳市推动制造业高质量发展行动方案》，提交市委研究审议后，抓好行动方案的贯彻落实。二是贯彻落实习近平总书记视察河南时的重要讲话精神，结合“不忘初心、牢记使命”主题教育，持续开展制造业高质量发展调查研究。三是提请省工信厅加快出台《关于支持洛阳市中原城市群副中心城市建设的若干意见》，加强对洛阳市先进制造业发展的支持。四是充分抓好国务院督查激励政策，跟踪洛阳大数据产业园国家级新型工业化产业示范基地创建工作。

（三）抓企业“三大改造”

力争提前完成全年500家企业的改造任务。智能化改造方面，开展省级智能工厂（车间）培育，积极创建省内重点培育工业互联网平台及国家级行业平台，推动全市综合性工业互联网平台及展厅于年底前建成并对外开放。做好下半年全省智能制造观摩筹备工作。绿色化改造方面，指导企业开展绿色化清洁生产技术改造，加快绿色铸造产业园建设。技术改造方面，推动一批企业入选河南省“十百千”示范应用工程和“首台套”重大技术装备。

（四）抓制造业创新能力提升

一是积极培育制造业创新中心。推动河南省轴承创新中心创建成为省级制造业创新中心，开展市级制造业创新中心认定工作，抓好国家级、省级制造业创新中心政策兑现。二是建设“工业设计之都”。配合做好“中欧（洛阳）工业设计大赛”，研究明确工业设计产业发展思路和举措，提请市政府印发实施《洛阳市工业设计产业提升三年行动方案》。

（五）抓工业和信息化项目建设

一是紧盯412个工业和信息化项目建设进度。力争黎明化工院搬迁等总投资109亿元的10个项目年底前实质性启动，总投资210.5亿元的阿特斯1.2GW太阳能黑硅制绒硅片项目等65个项目竣工投产，加快总投资1759亿元的忠旺集团铝精深加工等320个在建项目建设进度，力争412个项目全年完成投资500亿元。二是围绕重点发展领域，聚焦制造业高质量发展，开展2020年和“十四五”重点项目谋划。三是加大开放合作力度。深化与株机集团、格力电器、新松机器人、北京海空行科技等企业合作，力争推动一批合作项目落地实施。

（六）抓五大产业园建设

大数据产业园：推动中移在线数创大厦10月底完工投用，景安数据中心二期建设年底前具备投用条件，工业互联网二级节点项目10月底上线，旅游大数据平台年底前投用。格力智能制造产业园：加快推动格力中央空调项目年底前建成投用，洗衣机、冰箱项目尽快实质性开工建设。银隆新能源产业园：推动银隆新能源产业园整车项目实现批量化生产。轨道交通产业园：重点推进智能检修数字化车间、轨道交通核心部件新造及维保基地一期项目建设，加快轨道交通打磨车研发及生产、新松机器人智能轨道交通产业园项目落地实施。高端装备制造产业园：加快中航洛阳电光所电子电源项目建设进度。加大招商力度，着力推动产业园提质转型，打造洛阳市未来高端装备制造产业发展方式转变的示范区。

（七）抓民营经济和企业培育

发挥全市促进民营经济和中小企业发展工作领导小组作用，召开全市促进民营经济和中小企业发展工作领导小组工作会议，确保各项惠企政策落实落细。开展2018年度“小巨人”培育企业命名和达标考核奖励、中小企业发展专项资金申报。持续开展好服务民营企业“四项对接”系列活动。组织企业家素质提升培训。

B.19

2019年许昌市工业经济运行分析报告

焦建华　张廷山　曹洪涛*

摘　要： 2019年以来，许昌市围绕建设“智造之都”，认真落实高质量发展举措，工业经济运行平稳，运行质量不断提升，企业效益持续改善，综合实力继续走在全省前列。但工业运行也存在投资增长乏力、新增产能不足、环保管控约束趋紧等突出问题，未来需要在抓项目、抓服务、抓资金、抓调研上更下功夫。

关键词： 许昌工业　智造之都　特色产业　民营经济

2019年以来，面对复杂严峻的经济形势，许昌市委市政府注重抓牢发展第一要务，围绕建设“智造之都”宏伟目标，认真落实高质量发展举措，深入开展“四个一百”专项行动，着力破解制约企业发展的各类难题，坚持靶向发力，持续加压奋进，全市保持了总体平稳、稳中有进的经济发展态势，高质量发展取得了新成效。

一　2019年许昌工业经济运行态势分析

前三季度，许昌市工业经济运行平稳，运行质量不断提升，企业效益持续改善，总体来看，前三季度工业运行呈现以下几个特点。

---

* 焦建华，许昌市工信局党组书记、局长；张廷山，许昌市工信局党组成员；曹洪涛，许昌市工信局运行监测协调办公室主任。

（一）工业经济平稳较快发展，综合实力走在全省前列

一是规上工业增加值位次逐月提升。1～9 月，全市规模以上工业增加值累计增长 8.3%，高出全国平均增速 2.7 个百分点，高出全省平均增速 0.4 个百分点，居全省第 8 位，较一季度提升 5 个位次，较上半年提升 3 个位次（见图 1、图 2）。

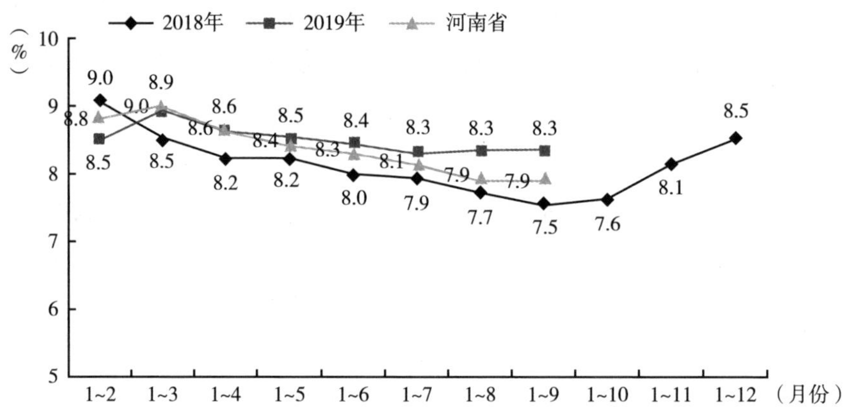

图 1　许昌市与河南省规上工业增加值增速比较

资料来源：许昌市统计局。

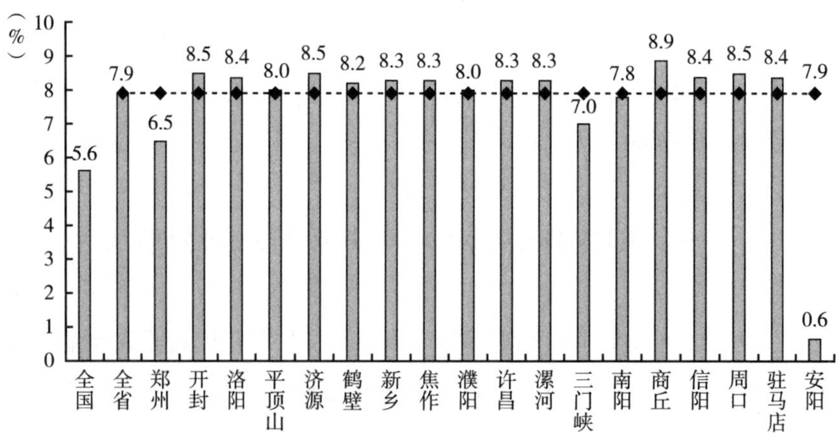

图 2　2019 年 1～9 月许昌市规上工业增加值增速比较

资料来源：许昌市统计局。

二是营业收入增速稳步提高。2019 年以来，全市规上工业效益指标平稳增长。1～8 月，全市规模以上工业企业营业收入同比增长 13.6%，增速居全省第 10 位，增速较一季度提高 4.2 个百分点，较上半年提高 4.3 个百分点；在全省位次较一季度提升 1 个位次，较上半年提升 3 个位次（见图 3）。

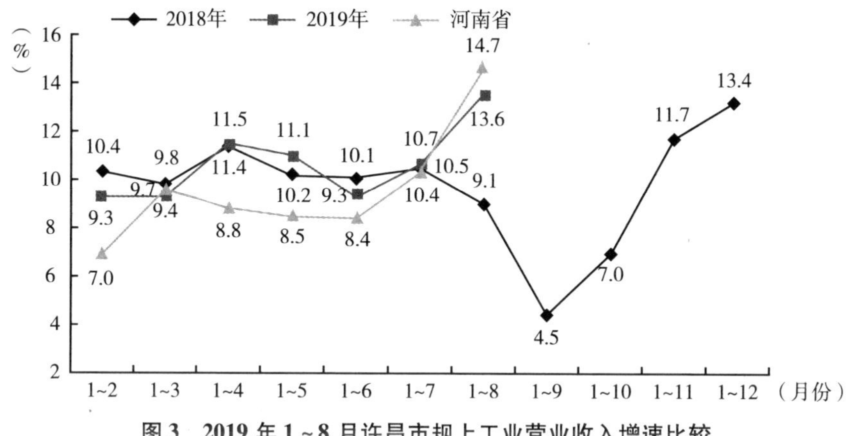

图 3　2019 年 1～8 月许昌市规上工业营业收入增速比较

资料来源：许昌市统计局。

二是企业利润增速明显加快。1～8 月，全市规模以上工业企业实现利润同比增长 28.8%，增速居全省第 7 位。增速较一季度提高 12.3 个百分点，较上半年提高 4.9 个百分点；在全省位次与一季度提升持平（见图 4）。

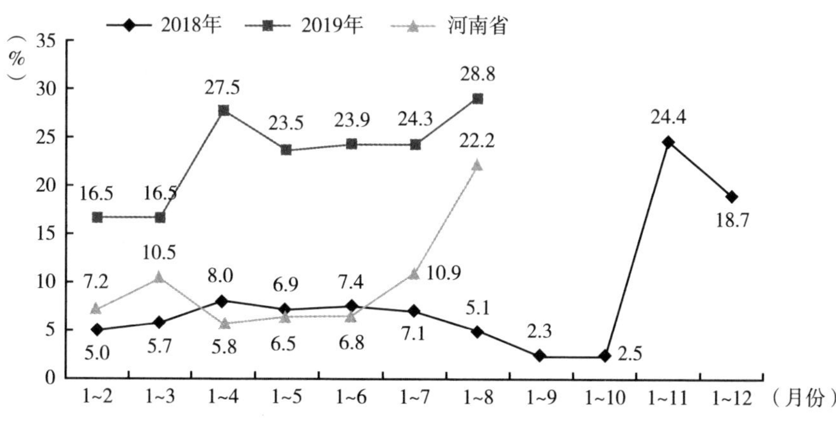

图 4　2019 年 1～8 月许昌市规上工业利润增速比较

资料来源：许昌市统计局。

在工业经济保持运行平稳、增速较快的支撑下，许昌市综合经济实力持续走在全省前列，以全省第13位的土地面积和第12位的人口，创造了全省第四的经济总量和第五的财政一般公共预算收入。2018年全市实现地区生产总值2830.6亿元，居全省第4位；人均生产总值63996元，居全省第6位；财政一般公共预算收入166.1亿元，居全省第5位，工业增加值1495.1亿元，居全省第3位，R&D研发投入强度达到2.02%，居全省第2位。2019年1～9月，全市生产总值完成2241.1亿元，同比增长7.5%，总量居全省第4位，增速居全省第9位。目前，许昌市生产的变压器、金刚石、工艺美术品、卷烟、发制品等部分工业产品在全省乃至全国居重要位置。其中变压器、以发制品和钧瓷为代表的工艺美术品、卷烟占全省同类产品比重分别达到44.1%、75.1%、25.3%。许昌市综合经济实力稳居全省靠前位次。

（二）特色产业培育亮点突出，转型升级发展步伐加快

经过多年发展积累，许昌市建立了门类比较齐全的工业体系，工业生产能力大幅度提升。2019年前三季度，许昌市二产实现增加值完成1297.3亿元，总量居全省第3位；占地区生产总值的比重为57.9%。许昌市先后培育壮大了装备制造、能源电力、食品加工三大主导产业和电力装备、超硬材料、发制品、烟草四大特色产业，正在大力推进智能电力装备、高纯硅材料和5G等9大新兴产业。2019年前三季度，全市能源电力、食品和装备制造三大主导产业增加值占规模以上工业的比重达到51%，对规模以上工业贡献率达到50.3%；战略性新兴产业增加值占全市规模以上工业比重达到19.5%，是河南省第二大战略性新兴产业核心集聚区；高成长性制造业占规模以上工业比重为48.4%，形成了以许继电气、森源电气为代表的千亿级装备制造产业集群，是全国重要的电力装备生产基地、全国重要的汽车零部件生产基地、中西部地区最大的电梯生产基地、长江以北最大的再生资源回收利用基地、全国最大的人造金刚石生产基地和发制品生产、出口基地。

在抓好特色产业培育的同时，主动调整产业结构，大力推进产业转型升级发展，相继出台了《许昌市先进制造业强市实施意见》《许昌市网络经济

强市实施意见》《许昌市制造业转型发展实施方案》等文件。按照“探索路径、打造样板、走在前列”的工作要求，以智能制造为引领，全面开展“三大改造”各项工作。制定下发了《关于印发许昌市2019年转型发展攻坚“三大改造”实施方案的通知》，对全市推动智能化改造、绿色化改造、技术改造工作进行任务分解，强化措施，不断加快产业转型升级步伐。智能化改造方面，印发《许昌市2019年推进工业智能化改造攻坚实施方案》；已入库智能化改造项目81个，总投资177.9亿元，2019年度投资76.1亿元，前三季度已完成投资34.2亿元，占年度总投资的44.94%。纳入省级智能制造项目库的项目（投资规模在3000万元以上）70个，总投资176.6亿元；森源电气等7家企业入选省智能工厂，许继电气等8家企业入选省智能车间，森源重工等4家企业入选省级制造业与互联网融合发展试点示范，森源电气和许继仪表2家企业入选河南省第一批智能制造标杆企业，长葛市产业集聚区、禹州市产业集聚区入选河南省第一批智能化示范园区建设试点名单。全市新增使用工业机器人2000台套，重点企业机器人密度（每万名员工使用机器人台数）达到150以上，新增64条智能化示范生产线。规模以上企业关键工序核心装备数控化率超过60%。中锋智能装备等3家企业纳入河南省第一批智能制造系统解决方案供应商推荐目录。全市143家企业开通两化融合评估系统账号企业，开通两化融合管理体系贯标账户企业76家，启动贯标企业58家，获得证书企业6家。上云企业达到868家，2019年新增上云企业139家。绿色化改造方面，已完成许昌市绿色制造体系申报工作，推荐11家企业申报绿色工厂，2家企业4个产品申报绿色设计产品。技术改造方面，许昌市筛选纳入全省技术改造库项目数量389个，总投资875亿元，年度计划投资321亿元，已完成投资150亿元，占计划投资的46.7%。

（三）民营经济日益壮大繁荣，辐射带动作用不断增强

许昌是河南民营经济最发达、最活跃的地区之一，目前民营经济占经济总量的85%以上，民间投资约占全社会总投资的90%，有“河南的温州”之称。截至2019年9月底，许昌市拥有非公经济市场主体25万户，非公企

业6.2万家，其中民营企业5.7万家，规上民营工业增加值超千亿元，已经形成3个超500亿元产业集群。民营经济税收贡献占许昌市的75%以上，民营经济吸纳就业总量占许昌市的85%，占新增就业总量的90%以上，进出口总额占许昌市的89%，民间投资占社会总投资的90%以上。在民营经济的有力推动下，截至2019年9月，许昌市拥有森源集团等超百亿元民营企业5家，拥有远东传动轴、振德医用敷料、裕丰纺织、西继迅达等12家营业收入超过30亿元的民营企业；拥有豪丰机械、大宋官窑、金阳铝业等50多家营业收入超过10亿元的民营企业。民营企业队伍已初步形成了“大中小梯队发展、行业门类齐全”的良好发展格局。

民营经济在不断壮大繁荣的同时，对许昌市经济发展的辐射带动作用不断增强。2018年8月29日，“中国民营企业500强”发布，许昌森源集团、黄河集团、众品食业、金汇集团4家企业上榜，超过河南省入围企业总数的1/4，森源集团提升了30位，金汇集团提升了11位。9月21日，2018年“河南民营企业100强”榜单发布。许昌9家企业上榜，其中森源集团、黄河集团、众品食业、金汇集团分别凭借2017年423.6亿元、261.8亿元、225亿元、206.2亿元的营业收入，居前10名的第4、6、9、10位，成为各自细分行业内的“单项冠军”，连续多年投资增速超过18%。5家民企跻身百亿俱乐部，民营上市企业河南省辖市最多，黄河旋风、瑞贝卡、森源电气、远东传动、恒达集团5家民企主板上市，24家民营企业新三板挂牌，中原股交中心挂牌民营企业10家。在这些龙头企业的带动下，形成了许昌电力装备、再生金属及制品、汽车及零部件、超硬材料及制品、食品及冷链、发制品等优势产业集群，成为支撑许昌工业乃至许昌经济发展的基石。

（四）高质量发展理念不断深化，“智造之都”建设有序推进

2019年，许昌市按照“探索路径、打造样板、走在前列”的总要求，大力推进“智造之都”建设，实现制造业创新体系创新链、资金链、人才链和产业链的有机融合，推动互联网、大数据、人工智能和制造业深度融合，聚焦工业“智能化改造”，实现工业转型升级，建设许昌“智造之都”。

一是以智能化改造为主攻点，扭住智能化改造这个牛鼻子，落实好许昌智能制造和工业互联网发展三年行动计划，加快“许昌制造”向“许昌智造”转变。高度注重网络基础设施建设，以北邮为支撑点引进5G，引进新一代信息技术产业，推动现有产业的转型升级。注重智能化生产，如裕丰公司投资3.5亿元，建成3万多平方米的数字车间。加快推动制造业与信息化深度融合和“企业上云”，加快企业数字化转型。实施电力装备、汽车及零部件等特色优势产业设备换芯、机器换人、生产换线的智能制造试点示范项目，推动企业规模化应用工业机器人和数控机床。二是以绿色化改造为关键点，积极构建绿色制造体系。大力推进节能降耗，引导企业开展能效水效“领跑者”行动，组织重点企业开展对标达标活动。鼓励企业开发利用可再生能源，大力发展循环经济。三是以技术改造为着力点，持之以恒抓出更大成效。出台《许昌市人民政府关于印发许昌市加快制造业高质量发展的若干政策的通知》，加大对企业高质量发展的奖励力度，持续推动更多工业企业普遍完成新一轮技术改造，通过技术改造实现转型升级，助推许昌市“智造之都、宜居之城”建设。

（五）新增产能有序达产达效，新旧动能转换接续有力

2019年以来，许昌市突出抓好重点工业项目建设，推动新增产能有序释放，培育经济增长新动能，以项目建设支撑和保障工业经济持续平稳增长。一是狠抓“三大改造”项目建设，加快新增工业产能释放。2019年，许昌市把工业重点项目建设作为工业稳增长的主抓手，市级滚动实施110个重点技术改造项目，突出抓好68个入选河南省智能制造项目库的重点项目建设。截至9月底，已竣工技改项目16个，已投产项目9个，新增产能23亿元。在促进经济增长新旧动能转化方面，许昌市重点加快构建襄城县煤焦化循环经济产业链，优化产业发展结构，拉开煤化工产业链条的延链、补链、强链的序幕，重点发展与主链关联度高、衔接紧密的精细化工、医药化工产业链，提升产品附加值及产品就地转化能力，形成特色产业。以煤化工产业与硅材料产业的有机结合为基础，打造“中原硅都”及千亿级硅材料

产业集群。大力实施焦化副产品综合利用项目，围绕焦炉煤气转化、余热余能利用开发、焦粒焦末回收利用，大力发展甲醇精制、焦粒焦末制水煤气、循环氨水余热综合利用等项目；围绕焦油深加工分支产业链，大力发展针状焦、延迟沥青焦、苯酐、蒽油洗油深加工、煤系沥青基碳纤维等项目，做优煤基化工产业体系，并逐步向硅材料、碳素、精细化工 3 个产业延伸发展，产业链骨干企业已突破 13 家，其中国家高新技术企业 2 家。预计到 2020 年底，许昌市循环经济产业园可实现年产值近千亿元，其中新增产值 300 亿元，有力接续了传统产业转型升级过程中被淘汰的落后产能，为许昌市工业稳增长提供了强劲新生动能。

（六）“四个一百”行动持续深化，企业困难得到有效解决

为打造全国、全省一流的营商环境，切实解决企业生产经营中面临的困难，破解企业融资难融资贵问题，妥善化解工业领域担保链风险，许昌市从 2018 年 10 月开始，深入开展“四个一百”专项行动，行动按照“解难题、增信心、建机制、促发展”的要求，持续开展，不断深化。专项行动开展以来，截至 2019 年 9 月底共收集问题 2586 条，办结 2411 条，办结率为 93.23%。其中工业企业和项目收集问题 461 条，办结 437 条，办结率为 94.79%；组织银企对接活动 27 场，帮助 749 家企业实现融资 106 亿元。为企业解除限制高消费 335 例、撤销失信 177 例，68 家企业债务风险、担保链问题逐步得到解决。通过持续深入开展“四个一百”专项行动，解决了一批制约企业发展和项目建设中的问题，企业融资和担保链问题得到有效缓解，促进了工业经济平稳运行，同时，发展质量效益不断提高，助推了“智造之都、宜居之城”建设。

二　存在的问题及原因分析

从前三季度工业运行情况看，许昌市工业经济运行保持平稳态势。当然同时也看到，2019 年以来全球经济增长放缓、中美贸易摩擦加剧、国际环

境复杂多变、国内经济下行压力增大等复杂局面。当前许昌工业存在投资增长乏力、新增产能不足、环保管控约束趋紧等突出问题，决战四季度、完成年初确定的工业增长目标任务压力较大。

（一）工业投资下滑明显

2019 年 1 ~9 月，全市工业投资增长 -6.9%（居全省第 15 位），比上月回落 3.9 个百分点，工业投资占固定资产投资比重 33.7%，比上年同期回落 2.3 个百分点。工业投资中占比较大的制造业投资增长 -7.5%，比上月回落 5.1 个百分点，占固定资产投资比重回落 2 个百分点。工业投资中增速下降较大的行业有：装备制造业同比增长 -12.4%，电子制造业同比增长 -44.2%，汽车制造业同比增长 -26.3%，金属制品业同比增长 -46.3% 等。分县区看，工业体量较大的长葛市工业投资增速同比下降 51.3%，示范区工业投资增速同比下降 57.9%，其他县（市、区）工业投资增速均有不同程度的下降。工业投资乏力，直接影响新增产能的释放和新旧动能转换的接续。

（二）环保管控约束趋紧

受冬季大气污染防治攻坚管控措施的实施，各县（市、区）进一步加大了对企业生产管控措施的落实力度，尤其是工业体量较大的禹州市、长葛市和襄城县等县（市），严格落实错峰生产、停产限产要求和道路运输管控，部分企业因此不能生产或不能满负荷生产。据市工信局监测的 100 户重点企业产值分析，2019 年前 9 个月，100 户重点企业产值总量较上年同期减少 21.8%。企业的产能释放受到制约，产量产值减少，对全市工业稳增长影响不可忽视。

（三）翘尾因素影响不可忽视

2018 年前三季度全市规上工业增加值增速持续下降，从年初的 9% 一路下滑到 9 月的 7.5%。2018 年 10 月，许昌启动“四个一百”专项行动，行动效果逐月显现，全市规上工业增加值增速从10月开始，逐月环比增长0.5个百分点，增速由2018年1～10月的7.6%猛增到1～12月的8.5%，四季度工业单月增速最高达13.2%，运行曲线翘尾明显。2019年前三季度，全市工业增速均保持在8.5%左右。受翘尾影响，2019年四季度，要实现平稳增长，单月同比增速均应不低于12%，工业稳增长压力较大。

三 推进许昌工业高质量发展的对策建议

2019年四季度，许昌面临着环保错峰生产、停产限产、中美贸易摩擦影响、上年运行指标翘尾影响等诸多不利因素，虽然当前经济下行压力较大，但经济持续稳定向好的基础没有改变。下阶段，围绕全年工业增长目标任务，强化运行监测，加大协调力度，千方百计稳工业，保持定力、坚定信心，抢抓机遇、决战决胜，确保全年工业增长目标任务圆满完成。

（一）持续深化“四个一百”，切实解决企业实际问题

一是采取问题清单督导服务措施。四季度，许昌市将开展企业大调查、大走访活动，全面排查停产半停产企业情况，凝心聚力开展企业服务，实行问题清单督办，对企业反映或提出需要解决的困难和问题，逐一登记，建立清单台账，市“四个一百”办公室以督办通知的方式提交所涉及的部门限期办理，定期召开联席会议，并将办理情况上报市委、市政府。二是提振企业家信心，提升企业管理水平。四季度，继续分区域、分行业开展企业家沙龙等企业家培训学习活动，加强正面宣传，提振企业家信心。对经济指标下滑过快的县（市、区）、对生产经营困难较大的企业和行业进行风险化解学习培训，邀请专家宣讲当前国内外宏观经济形势，引导企业家加强管理，强化风险意识，提升风险管控能力，稳定企业生产。三是对企业进行针对性服务。做好煤电油运生产要素的协调保障工作，协调有关部门严格执行河南省重点行业差异化错峰生产用电政策措施，引导企业加快绿色转型升级，确保企业继续为许昌工业稳增长作贡献。

（二）狠抓重点项目建设，促进新增产能投产达效

一是迅速开展重点工业项目建设进度督导服务。四季度，许昌市成立重点工业项目督导服务小组，对9个县（市、区）开展工业项目建设进度督导服务活动，督促各地加快项目建设进度，已建成的工业项目，督促企业尽快开工生产；已投产的项目，引导企业积极拓展市场，尽快达产。二是开展新增工业项目排查收集。对各地2019年确已停工的工业项目进行登记汇总，督促各地认真研判，尽快解决项目停工问题，短期内确已无法复工的项目，登记汇总，剔出重点项目库。对各县2020年计划新上工业项目进行排查收集，认真谋划2020年全市重点工业项目，培育新的工业经济增长点。三是督促各地加大项目建设问题的协调办理力度，及时解决企业实际困难，督促新建项目按期建成投产，促进新增产能释放，扩大新增产能增量。

（三）加大监测协调力度，围绕目标狠抓工作落实

一是分类施策稳运行。实施市工信局领导分包超百亿元企业措施，密切关注占全市规上企业产值总量20%以上的超百亿元企业的生产经营情况，协调处理企业遇到的困难和问题，及时上报企业存在的风险和隐患，确保大企业集团运行稳定；强化100户重点运行监测，针对增速低于10%和负增长的企业，逐家企业剖析原因，特别是下滑幅度较大的企业，从市场形势、产品竞争力、企业资金情况等方面入手，积极帮扶企业解决实际难题。二是四季度坚持每月召开工信系统经济运行分析会。坚持市领导主持每月组织召开的工业运行调度会，根据目前各县（市、区）工业指标运行情况，对各县（市、区）10月、11月、12月及全年工业经济增长情况进行逐月排名通报，排名情况报市四大班子领导并通报各县（市、区）党委政府。

（四）坚持开展问卷调查，掌握企业运行翔实情况

四季度，市工信局充分利用工信部企业生产经营情况问卷调查系统和河南省运行监测平台企业问卷调查系统，对全市重点工业企业生产经营状况、

企业订货量、设备生产能力利用率、企业流动资金情况等相关指标进行详细的问卷调查，掌握辖区内企业生产经营翔实的一手资料，为更好地监测分析许昌工业经济运行提供可靠翔实的素材，为及时了解掌握企业微观经济活动提供分析研判依据，及时消除工业经济运行潜在的重大隐患，确保圆满完成年初确定的工业增长目标任务。

案 例 篇

Enterprise Articles

B.20
洛阳国宏集团发展态势及展望

王红超　李世武　关 毅*

摘　要： 洛阳国宏投资集团有限公司（以下简称国宏集团）秉持“服务区域发展，提升自身价值”的企业使命，始终坚持以市场化运营为导向，发挥投融资、资本运营、资源集成、国资战略重组等综合功能，促进传统产业升级，引导战略新兴产业发展，推动国有企业改革，实现国有资产保值增值，全面服务洛阳经济转型升级和供给侧结构性改革。近年来，国宏集团以党建铸灵魂、以战略为引领、以改革促发展，强化业务体系与洛阳市发展战略对接，着力打造“省内领先、行业知名”的地市级国有资本投资运营公司。通过对国宏集团发展历程的总结和思考，为国有企

* 王红超，洛阳国宏集团办公室主任；李世武，洛阳国宏集团研究发展部部长；关毅，洛阳国宏集团研究发展部主管。

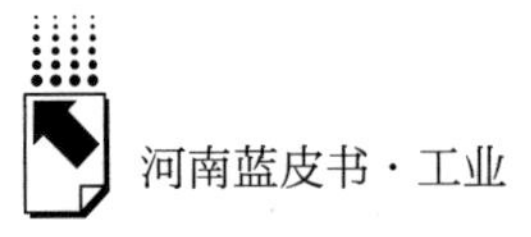

业高质量发展提供一定借鉴。

关键词： 国宏集团 国有企业 国有资本投资运营

一 国宏集团基本情况介绍

国宏集团成立于2013年6月，是洛阳市属国有独资公司，洛阳市工业领域唯一的国有资本投资运营公司省定试点单位，中国服务业500强企业。国宏集团是一拖集团、洛玻集团、中铝洛铜、中钢耐火、华能洛热等驻洛央企的参股股东，所属企业洛阳矿业集团有限公司是世界级矿业巨头洛阳钼业（股票代码：603993）的重要参股股东。其发展定位是，以市场化运营为导向，着重在工业领域发挥资本运营、资源集成、国资战略重组等综合功能，致力于传统行业转型升级、战略新兴产业引导培育，统筹协调解决国企改革遗留问题。

国宏集团注册资本20亿元，拥有7家二级企业和55家三级全资、控股、参股企业，主营业务涵盖产业投资运营、资产运营管理、园区综合开发、资源投资开发和现代服务业五大业务板块。2016～2018年，国宏集团分别实现营业收入35.43亿元、95.80亿元、121.48亿元，年均增长率为85.17%；利润总额4.88亿元、5.34亿元、9.75亿元，年均增长率为41.29%；资产总额达到151.68亿元、180.43亿元、201.85亿元，年均增长率为15.36%；净资产达到104.31亿元、136.14亿元、141.23亿元，年均增长率为16.36%；资产规模不断扩大，经营业绩持续增长，综合实力显著提升。

二 国宏集团发展态势及亮点工作

（一）明方向——围绕功能定位，明确发展战略

作为中原城市群副中心城市，洛阳市致力于建设全国重要的现代化装备

制造业基地和国际文化旅游名城，形成带动全省经济发展新的增长极。同时，洛阳市立足工业门类较为齐全、部分领域优势明显的产业基础，提出构建“五大主导产业、六大新兴产业、五大特色产业”的“565”现代产业体系。国宏集团作为洛阳市工业领域的国有资本投资运营主体，在洛阳市建设全国重要的现代装备制造业基地和“565”现代产业体系中，肩负着重大的责任和使命，承载着重大的历史机遇和发展空间。

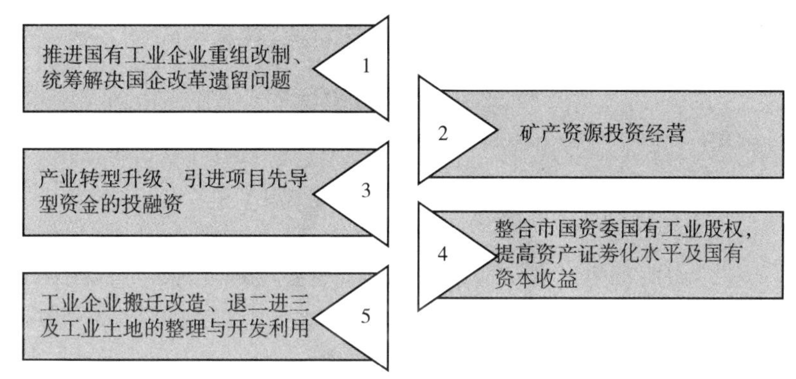

图1　国宏集团五大职能定位

国宏集团秉承“服务区域发展、提升自身价值”的企业使命，强化业务体系与洛阳市发展战略对接，服务区域工业发展。国宏集团明方向、定措施，确立了2016～2025年发展战略规划，力争到2020年总资产达到200亿元，实现营业收入200亿元以上；2025年总资产达到500亿元，实现营业收入500亿元以上。确定了业务整合、资本提效、管控优化、管理配套和项目带动“五大发展战略”，促进资源、资产、资本、资金“四资联动运营”，带动产业投资运营、资产运营管理、园区综合开发、资源投资开发和现代服务业“五大业务板块”全面、均衡、高质量发展，着力打造省内领先、行业知名的国有资本投资运营公司。

（二）促提升——一本战略坚定执行，五大板块精准发力

在实际工作中，国宏集团始终坚持发展战略坚定执行，注重集团公司五

图2　国宏集团五大业务板块

大板块均衡、有质量的发展。以战略规划落地为抓手，进一步明晰功能定位，五大板块精准发力。

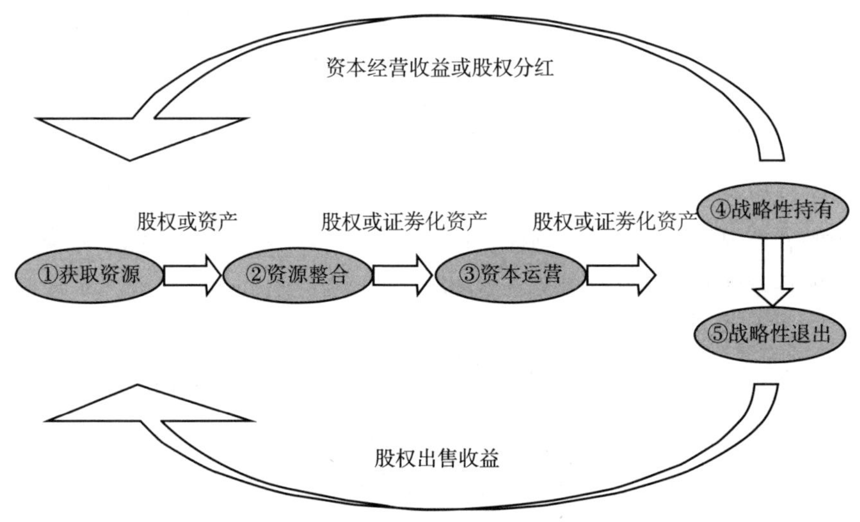

图3　国宏集团投融资模型

1. 资源投资开发板块

以所属洛矿集团为平台，抢占市场先机，在地热新能源、非金属矿产开发等方面进行有效探索，为实现可持续发展奠定了基础。全力支持洛阳钼业海外资源并购项目，积极推进巴西铌和磷矿、刚果（金）铜钴矿两个项目并购和180亿元定向增发，加快企业战略转型，助力洛阳钼业步入国际化矿企行列。目前，洛阳钼业已发展成为全球五大钼生产商之一，最大钨生产商，第二大钴、铌生产商和全球领先的铜生产商，同时也是巴西境内第二大磷肥生产商。

2. 产业投资运营板块

一是以所属宏科创投为平台，打造涵盖国家军民融合基金、河南省军民融合基金、洛阳市军民融合基金等首期募集总规模达636.5亿元的10只基金，该基金群将持续立足洛阳、联结河南、辐射全国，为传统工业转型升级、战略新兴产业快速发展添燃油、增动力。2018年，下属洛阳创投成功登记为私募基金管理人，成为洛阳市第一家由政府全资控股的基金管理公司。二是战略重组洛化宏达。出资5亿元战略重组洛阳炼化宏达公司，投资建设60万吨/年工业三苯高端石化项目。截至2019年三季度，累计实现投资23.69亿元，现已全面完成工业三苯项目建设、试运，预计2019年底前打通全流程。该项目将有效整合洛阳市石化产业资源，共同谋划上下游产业发展项目，搭建全链条供应体系。三是出资设立朗宸公司，打造朗宸旅居车品牌。引入世界顶级房车制造商德国海姆集团，成为河南省近年来引入外资的典范，使洛阳市汽车产业发展迈出坚实的一步，同时也为未来全力打造具有全球影响力的合资房车品牌奠定有力的支撑。四是引入康达卡勒幅。下属东证洛宏股权投资基金通过“外投内引”的方式，成功引入上海康达卡勒幅医疗科技项目落地洛阳，填补了中原地区高端医疗装备尚属空白的短板。五是前瞻布局着眼未来发展，全力推进工业互联网平台及河南省首个工业互联网标识解析二级节点项目，为带动全省乃至中西部地区中小企业信息化建设和智能化改造提供专业化、定制化支持。

3. 资产运营管理板块

一是以所属国资公司为主体，打造以资产运营和产业投资为主导的国有资本平台。形成以资源资产化、资产资本化、资本证券化为支撑点，以国际贸易、科技服务、人力资源为发力点的股权运作与现代服务“双载体”。二是以所属国润公司为主体，完成国家、省、市部署安排的驻洛央企“三供一业”物业接收工作，积极化解排查信访稳定和历史遗留问题，为维护洛阳市社会稳定发展大局提供有力的保障。

4. 园区综合开发板块

以所属园区发展公司为主体，有效整合苑泰地产、豫孟通、邙山驾训、东大产业园、中信科创园、中欧科创园等资源，初步形成产业园区雏形，为洛阳市引进军民融合、先进装备制造、新材料、电子信息、机器人及智能制造、新能源等相关企业落地提供了前沿阵地，为促进新兴产业由集聚发展向集群发展提供了强有力的支撑。增资入股东大产业园，布局新材料产业基地。以股权为纽带，整合豫孟通和邙山驾训资源，全力打造豫孟通驾考综合服务园区。参股中信科创园项目，为洛阳市先进装备制造和军民融合产业创新提供了重要的载体。拟成立中欧科创园项目公司，致力于打造中国与欧洲先进制造业相结合的园区平台。

5. 现代服务业板块

一是所属洛矿集团旗下的类金融板块逐步搭建。其中，华泽小贷作为省内规模最大、洛阳市首家国有控股的小额贷款公司，先后获得“2017 年中国小微机构竞争力百强”“2018 年全国优秀小贷公司”等荣誉称号，经营区域覆盖全省。国鑫担保积极开展贷款担保、票据承兑担保、贸易融资担保等担保业务，创新开展低风险的司法拍卖贷款担保和诉讼保全担保业务，多种方式支持洛阳市工业企业发展。国宏租赁成为洛阳市首家内资融资租赁试点企业，通过支持“气源”入洛工程、三洋铁路等重大项目，为拉动社会投资、服务实体经济转型升级提供良好的金融支持。二是设立国宏国贸公司，为洛阳市企业深度融入“一带一路”建设，开拓国际市场提供全方位服务。三是人社人力公司围绕“派遣转外包、流水转营收”工作主线开展业务，全面推进基础化、单一化的产品服务向高利润、高附加值的综合服务转变；人事人才公司持续规范招考招录业务，整合客户信息搭建线上快速对接平台。四是以宏睿公司为主体，承办《洛阳企业与企业家》刊物，结合洛阳市产业规划及国家、省、市最新政策，开展各类咨询业务，助力企业找准方向，实现长远发展。五是生产力促进中心谋划布局以科技服务、会展经济、科技金融等为主线的发展思路，将打造洛阳市小微企业科技金融全方位服务的平台。

（三）抓规范——坚持市场化运营，激发企业活力

国宏集团结合企业自身实际，积极开展国有资本投资运营公司试点改革。在改革实践中，国宏集团坚持党的领导，坚持市场化、专业化运营方向，完善法人治理结构，加强内部管理，积极发展混合所有制经济，初步构建了具有市场竞争力、活力、凝聚力的经营机制。

1. 强党建：全面加强党对国有企业的领导

国宏集团认真落实全面从严治党要求，把党建工作总体要求纳入公司章程，明确党组织在公司法人治理结构中的法定地位；规范党委参与决策程序，明确党委研究讨论是董事会、经理层决策重大问题的前置程序。全面推行所属企业党组织书记、董事长一肩挑，持续加强基层党组织政治建设。截至 2019 年 9 月，国宏集团下设 5 个党委、7 个总支、71 个支部，管理党员 2689 名，确保企业发展到哪里，党的建设就跟进到哪里，党支部的战斗堡垒作用就体现在哪里，为企业做大做优做强提供坚强组织保证。

2. 试机制：大力发展混合所有制

根据国家省市政策精神，国宏集团确定了混合所有制改革思路：集团公司层面保持国有独资；二级企业“宜独则独、宜控则控”，三级企业“需控则控、能参则参”，施行一企一策，“成熟一家、混改一家、完善一家”；对于新设企业，原则上均采用混合所有制或股权多元化方式。在具体操作和执行层面，国宏集团按照“选准行业、找好合作伙伴、规范操作”原则，紧紧围绕洛阳市“565”现代产业体系，主动寻求与发展潜力大、成长性强、符合全市产业布局的非国有企业开展合作，发展混合所有制经济。比如，2013 年洛阳钼业（股票代码：603993）进一步深化混合所有制改革，支持民营资本鸿商产业控股集团有限公司成为洛阳钼业第一大股东，此后洛阳钼业积极推进海外并购，通过连续的海外并购和 180 亿元定向增发，位居国内有色板块 A 股

和河南省上市公司市值第一名，跃居全球矿业上市公司前十强。再如，2016年，国宏集团通过增资扩股方式重组洛阳炼化宏达实业有限责任公司，联合投资60万吨/年工业三苯高端石化项目，带动洛阳市高端石化产业发展。截至2019年9月，国宏集团通过入股新建、存量混改等方式设立和参股的混合所有制企业已达21家，90%以上的营业收入和利润均由混合所有制企业贡献。通过发展混合所有制经济，国有资本和民营资本实现优势互补、共同发展，实现了“1+1>2”的效果，取得了较好的经济效益和社会效益。

3. 搭体系：完善现代企业制度和管控体系

通过出台12大类别126项规章制度，不断完善法人治理结构，逐步搭建起现代企业管理制度框架。明确了集团总部战略引领、宏观管控，二级企业运营管理、保值增值，三级企业生产经营、成本控制的“三级管控体系”；形成集团公司战略决策、统筹协调、制度风控、监察审计、考核评价和上层支援的“六大中心定位”，构建了以战略管控为主的复合型集团管控体系；围绕战略、投资、财务、人力资源、安全环保、审计、风控、法务、党工纪“九个管控条线”，明确母子公司管控界面和权力清单（见表1）。

表1　国宏集团管控模式对比

	股权情况	下属公司分类	业务领域	管控指标	目标
战略管控	控股公司	商业类	核心业务及战略性业务，如融资服务、资源投资开发、高端服务业、产业园区综合开发	战略规划、高管人事任免与薪酬、重大项目投资审批、财务目标及完成情况、业务协同等	财务指标、长期战略目标的实现
财务管控	控股公司、参股公司	商业类	非核心业务及现金流业务，如安保服务、供热工程及服务、传统石化等	财务目标及完成情况，如营收、利润、资信及国有资本流动、保值增值状况等	营收利润最大化
公益管控	控股公司、参股公司	公益类	资产运营管理板块的政策性业务	服务水平、成本控制、社会效益、资产保值增值等	社会与经济综合效益最大化

4. 重管理：完善法人治理，强化内部管理

制定了党委会、董事会、监事会、总经理办公会议事规则，形成了分工明确、各负其责、协调高效的法人治理运转机制。董事会层面设立战略与投资、薪酬与考核、审计与风险管理及提名4个专门委员会，使董事会的决策进一步科学化、规范化。有序推进经理层市场化选聘和契约化管理，在洛阳市首家进行了职业经理人市场化选聘试点，总经理市场化选聘四年来，公司资产规模、营收、利润等指标均实现大幅增长。目前，国宏集团在所属宏科创投、国资公司、园区公司开展了职业经理人公开招聘。

5. 树文化：在实践中建设国宏集团企业文化

总结提炼出以“首要的一条便是不能亏损、全面推广EVA指标测算、资金集中统一管理、市场化、持续开展对标工作、投资要有收益、支部建在连上、企业文化入心入脑、HSE、稳定压倒一切”为主要内容的国宏集团十项管理方法，即“国宏十法”，使之成为国宏集团落实战略、经营管理的基本方法和管理者的基本工具。从“党建引领、安环稳廉、经营有序、效益良好、创新发展、品牌美誉”六个方面入手，着力在所属企业建设“六星企业”，延伸一流企业的内涵，真正使所属企业做大做优做强，着力推动高质量发展。提炼形成了国宏集团企业文化体系，内容包含“服务经济发展、提升自身价值”的企业使命、“忠诚、进取、高效、共赢”的企业核心价值观和“凝心聚力、勇往直前”的企业精神。编制印发企业文化宣传手册，

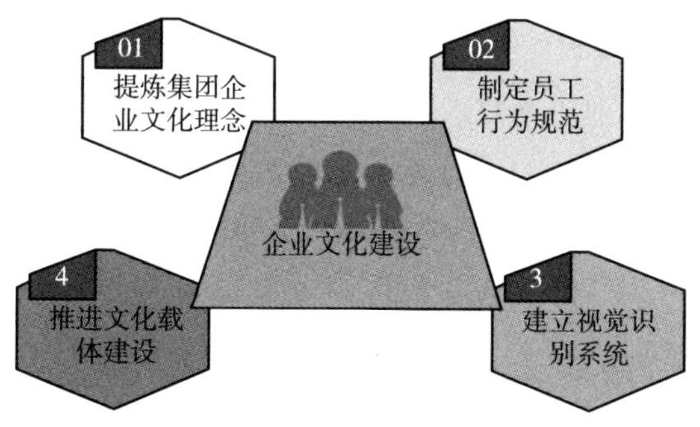

图4　国宏集团文化体系建设

创作《国宏之歌》，出版了《在深化改革中创新奋进——“国宏十法”的实践与经验》，提升国宏集团企业文化的认同感和团队凝聚力。

三　国宏集团2020年工作展望

2020 年国宏集团将以战略发展为引领，坚持党的领导，践行国企责任，紧紧围绕洛阳市“9 +2”工作布局和“565”现代产业体系，稳健经营、科学发展，将国宏集团打造成为产业布局合理、盈利能力突出、管理规范高效、市场竞争力强的“省内领先、行业知名”的国有资本投资运营公司。

（一）坚持战略引领

国宏集团始终把战略作为公司的头等大事来抓，坚持不懈推动“一本战略坚定执行”，发挥战略决策中心作用，构建以战略管控为主的复合型管控体系。高度重视发展战略和规划编制工作，重点在对标管理、高质量发展、主业谋划和战略目标制定等方面努力，高质量、高标准地编制规划，使战略规划能够准确把握新形势、客观反映新问题，具备较强的可执行性，符合各公司实际情况。各公司、各板块统筹谋划，坚持主业明晰坚实，辅业支撑有力，并严防盲目扩张。

（二）推动五大板块创新发展

1. 资源投资开发板块

着力推动洛阳钼业进入收入千亿级国际化大公司的行列，持续围绕现有产业布局，形成全产业链的协同效应，打造成具有国际影响力的有色金属矿业投资集团；加强对洛阳区域内地热能、非金属矿产资源的开发利用，短期见到成效。

2. 产业投资运营板块

着力打造品牌基金集群，构建资本运营平台，助力战略新兴产业引导培育和传统产业升级改造；投资项目注重与当地产业的协同，形成内部多板块联动协同，重点关注高端装备制造、新材料、新能源、集成电路、医疗健康等产业；把握资本市场并购重组战略机遇期，通过并购、借壳等方式培育1～2家上市公司。

3. 现代服务业板块

重点构建多元化金融服务体系，加强与外部金融机构合作，创新业务模式，坚持市场化运营，打造成省内标杆。大力发展国际贸易、科技金融服务、咨询服务、人力资源服务，各板块之间形成合力，实现资源共享。未来探索会展经济、电子商务、培训教育等业务方向，着力打造洛阳市现代服务业新名片。

4. 资产运营管理板块

着力打造国企改革资产重组处置、产业投资和资本运作平台。加快资产证券化步伐，2020年资产证券化率达到35%以上，进一步增强市场化运营能力、融资能力和创新能力；以央企物业接收为契机，发展新兴业态，打造智慧社区和健康养老标杆项目。

5. 园区综合开发板块

着力推进资源整合和股权划转，重点关注产城融合、海绵城市、信息化城市等方向，建设新一代产业示范园，着力打造服务洛阳产业转型发展的平台。

（三）着力打造国宏党建品牌

坚持围绕中心、服务大局，聚焦主责、狠抓落实，不断夯实基层基础、完善党建工作管理体系，使国宏集团党的建设工作向制度化、标准化、品牌化、信息化、常态化方面迈进。全面加强党的领导，做到“四个坚持”，规范公司法人治理结构，进一步建立科学、民主、依法、合规的决策制度，使公司党委政治核心和领导核心作用得到充分发挥。建设智慧党建平台，将基层动态、党员干部管理、教育学习、基层声音等工作网络化、智能化管理，让智慧党建真正深入基层党组织，切实减轻基层负担。创建国宏党建品牌，通过党建工作和业务工作相融互促，实现党建工作和业务工作两个高质量发展，建设具有国宏特色的“奋进国宏”党建品牌。充分发挥党建在国企改革发展中的引领作用，推动党建工作与业务发展的相融互促，为国宏集团持续快速健康发展提供坚强的政治保障。

（四）坚持投资体制改革创新

坚持包容开放的投资理念，加强与各类高端智库、证券研究所和行业协会的对接交流，“靠大联强、借力发展”，发掘优质项目、对接优质资源，形成项目资源“由点到线及面”的过程。加强与上市公司合作，以产业为基础、以资本为纽带，通过“兼并重组、定向增发、可转债、基金”等方式引入高质量项目，打造新兴产业集群。围绕洛阳市优势产业，采取共建产业园等方式推动产业集聚发展，形成集聚效应，提升影响力和竞争力。加强产业链布局和建设，围绕现有有色金属、石油化工等产业深耕细作，明确高端装备制造、新材料、电子信息等新兴产业加速布局，以延伸链条推动产业做精、做优、做深，吸引产业链上下游企业集聚。

（五）持续推动国企改革

深化国有资本投资运营公司建设，把握改革最新动向，进一步深化国有资本投资运营公司建设，争取试点政策支持，释放改革动力和活力。稳妥推进混合所有制改革，力争通过股权多元化激发更大的活力和竞争力。建立激励机制，让企业经营者和职工的收益与创造的利润和价值呈正相关；建立容错机制，充分调动领导干部在改革中敢担当、善作为的积极性。

（六）加强人才队伍建设

从理念上重视人才队伍建设，加快市场化的人才招聘及人才激励体制建设，建立专业人才储备机制，多方位提升人才团队专业化水平。科学辩证地看待人才，突出品德、能力、业绩导向，为员工提供施展才能的机会和平台，为员工脱颖而出创造良好的企业环境。深化员工发展体制机制改革，完善员工培养、改进员工评价机制、创新员工流动机制、健全员工激励机制，最大限度地把员工的奋斗精神、创造活力激发出来。

B.21
洛化宏达实业的高端石化之路

焦海超　刘晓静*

摘　要： 洛阳炼化宏达实业有限责任公司（以下简称洛化宏达）是具有一定规模的以化工化纤生产、相关贸易服务业务为主的集团型企业。公司拥有化工化纤生产、贸易服务业务、检维修服务、饮用水生产等多个领域。近年来，洛化宏达始终坚持"发展梦"，强化责任担当，在不断推进企业改革转型的同时，着力做强做优市场化竞争性业务，较好地发挥了支撑、引领和带动作用。

关键词： 洛化宏达　高端石化　延链补链

一　洛化宏达基本情况介绍

洛化宏达前身是中石化洛阳分公司下属企业，成立于1992年9月。2009年，按照中石化改革政策实施改制，成为改制职工持股的有限公司。2016年9月，与洛阳市国资委下属国宏投资集团战略合作，成为以国资为第一大股东的混合所有制企业。

公司经过20多年的艰苦创业，已发展成为具有一定规模的以化工化纤生产、相关贸易服务业务为主的集团型公司。拥有固定资产30亿元，员工

* 焦海超，洛阳炼化宏达实业有限责任公司总经理；刘晓静，洛阳炼化宏达实业有限责任公司综合管理部文秘。

1500多人。主要业务包括化工化纤生产、石化产品贸易以及油气化工产品装卸、检维修等生产性服务业。洛化宏达下属有供销分公司、华龙油气装运分公司、实华贸易分公司、化纤材料分公司4家分公司；有洛阳炼化宏力化工有限公司、洛阳实华合纤有限公司、洛阳宏兴新能化工有限公司、兴宏安装检修有限公司、宏达纯净水有限公司等6家全资或控股子公司。公司的化工化纤生产板块现有12万吨/年气体分离、3万吨/年聚丙烯、10万吨/年MTBE及2万吨/年异丁烯、10万吨/年碳四裂解制丙烯等化工生产装置；有18万吨/年聚酯、15万吨/年直纺涤纶短纤维等化纤生产装置。主要工业产品有MTBE、丙烯、液化气、异丁烯、轻烃、聚酯切片、涤纶短纤维等。公司的贸易服务板块有成品油批发、油气化工产品贮存装卸、石化装置检维修、信息技术服务等业务，以及洛阳市首批通过QS认证的饮用水生产企业。

二　当前洛化宏达发展态势及亮点工作

近年来，面对复杂多变的形势和市场，洛化宏达始终坚持发展信心不变、改革力度不减、攻坚步伐不停，在抢抓机遇中主动出击，在爬坡过坎中克难前行，在改革创新中激发活力，在转型发展中抢占先机，实现了效益提升、结构优化、实力增强、企业和谐。

（一）抓住转型发展这个中心任务，补短板、增动能

围绕提高发展质量和效益，延伸主业链，涉足新型产业，不断培植企业经济新的增长点，逐步形成了多元经营、优势互补、差异竞争的经营新格局。实施“走出去”发展战略，积极整合各种资源，实现与国宏集团的成功合作，开启了企业跨越发展的新篇章。注重内涵发展，深入挖掘潜能，围绕提高资源利用率和整体效益，建设10万吨/年碳四精深加工、10万吨/年MTBE精脱硫装置，增上石脑油卸车设施、4×650立方米化工球罐、脱戊烷塔等一批新上和填平补齐项目。实施跨区域发展，整合资本、技术和管理优势，组建了宏兴新能化工有限公司。2018年3月开工建设60万吨/年工业

三苯项目，2019 年 8 月 26 日顺利中交，已进入装置试运阶段，计划年底前打通全流程。落实环保治理要求，完成了热煤炉油改气、油气回收、高含盐污水治理、下装车改造等环保治理项目。着眼化工板块转型，完成了 MTBE 装置叠合改造，并实现开车一次成功。立足长远发展，加强顶层设计，拟订了公司 2017～2025 年发展战略规划，企业持续发展的蓝图更加清晰。公司销售收入逐年攀升，2018 年突破百亿元，创历史新高，迈入洛阳市 50 家重点企业阵营。

（二）抓住创新管理这个永恒主题，优运作、提质效

着眼集团化规模，遵循集团化管控、专业化运营和分层次管理思路，从生产、经营、管理、发展的每一个细节、每一个环节入手，节能降本，挖掘价值，以精益求精、精耕细作、精打细算的态度促进制度、措施的落实与执行，破除观念束缚，消除机制障碍。

1. 用严抓细管夯实 HSE 根基

将确保安全环保生产作为保障企业全面可持续发展的基础性工作，提出并践行“严字当头、细字当家、实字为先、恒在坚持”的理念，科学管控，严抓细管，全力打造本质安环型企业。严格实施 HSE 分级管理，全面落实专业和属地安全主体责任，着眼薄弱环节，狠抓三基、狠反三违不放松，持续开展“我要安全”“从严管理”等活动，大力推广“四不两直”的检查方式，进一步强化全员安全意识。强化安全环保法律法规和事故案例学习，组织 JSA 知识培训等安全技能训练，坚持公司领导每月下基层安全督查，组织月度 HSE 例会，突出领导安全引领力，促进了责任落实。加强关键装置、要害部位的安全监控，积极推进双重预防机制建设，发布公司重大 HSE 风险清单，严格落实管控措施。坚持“三个面向”“五到现场”，督促专业管理部门用“钉钉子”的精神，用实在的措施、实际的行动去解决实际问题。加强现场双监护、现场应急处置卡的管理和使用，职工处理突发事故的应变能力得到提高。健全岗检机制，创新岗检方式方法，开展专业讲评，应用信息化管理手段等，专业管理水平有效提高。

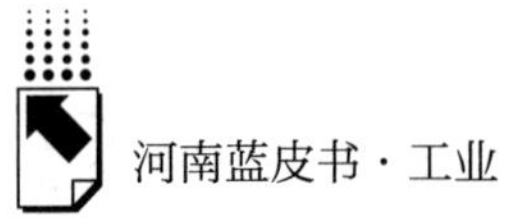

2. 用全面优化创造最大价值

持续深化以实现效益最大化为目标，以全程优化、滚动优化为主径，建立健全包括财务、投资、采购、营销在内的全方位优化工作机制，不断推进精细管理。开展经济核算，加强成本考核；改进预算管理，建立经济活动分析，制定落实优化措施。各生产单位结合装置生产特点，优化经济技术指标，搞好平稳操作和节能降耗，优化产品结构调整，以增量带动、优化存量，使资源结构、装置结构、产品结构、人员结构更加具有竞争力，把规模优势、技术优势转化为市场优势和效益优势，做到了整体效益最大化。贸易单位积极转变观念，内抓降本增效，外拓产品市场，以优质产品和服务打响企业品牌。

3. 用管理创新激发内生动力

坚持深化体制机制改革，推进管理突破创新，坚持集团化管控、专业化运营，以完善基础管理、全面预算和信息化三大管理平台为抓手，有机融合安全、生产、成本、标准化管理等，建立健全各项管理制度，修订完善目标管理考核体系，建立各专业、各层面的工作标准、业务流程和工作规范，使各项管理做到有章可循。积极引入先进管理理念，开展质量、环境、职业健康安全一体化整合认证，建立实施 QHSE 管理体系。强化目标管理，坚持月度预算对标管理和差异化考核，促进了公司整体经营目标的顺利实现。推行全员绩效考核，营造从严从实的管理生态。逐步加强对各单位、部门的统一协调，统筹推进新项目开发，实行财务、车辆集中管理和办公等，为基层单位专心搞好生产经营创造了条件。加快推进信息化建设，完成了人力资源、财务管理、设备资产管理、供应链等系统建设，实现 ERP 系统、MES 系统、电商平台和智能物流系统上线运行。

（三）抓住人才队伍这个第一资源，提素质、强支撑

打造一支业务精、作风硬、素质高的员工队伍，是企业建设发展的迫切需要。多年来，公司保持了积极向上的发展势头和团结和谐的企业氛围，其关键在于持续加强三支队伍建设，促进队伍素质整体提升，夯实企业发展基

础。注重抓好关键少数，深入开展“三严三实”、“四讲四有”和“两学一做”主题实践活动，坚持集中培训，抓实廉洁教育，适时交流调整，促使领导人员身先士卒、干事创业。注重优势发挥，通过开展技术攻关、业务交流、成果发布等形式，促使技术和管理人员立足岗位、展现才华。注重技能提升，创新形式，加大应知应会培训力度和新技术、新知识学习，技能操作人员素质显著提升。注重后备队伍建设，加大专业对口大学生引进力度，实施队伍结构调整及特殊工种提前退休，充实了新生力量，优化了员工结构，为公司持续发展提供了人力支撑。

（四）抓住党的建设这个坚强保证，显优势、强引领

发展必须依靠职工，只有凝聚起广大职工的精气神，企业才能实现新追求。公司党委秉承“传承创新、加强改进、务实高效”的党建工作理念，生产在哪里，党建思想政治工作就做到哪里，“围绕生产搞党建、围绕党建保生产”，努力实施优势转化工程，八项“子工程”的实施推进使党建工作服务生产的作用持续彰显，成为生产经营强大的政治保证和思想保障。坚持一年一个主题教育活动，一年一次活动大讨论，深化形势任务教育，做实全员大讨论、交班交思想，凝聚干事创业的思想共识。唱响主旋律，弘扬正能量，开展月评“最美青工”“最靓女工”、季评“四面流动红旗”、年评“宏达明星”活动，学习先进、崇尚实干的氛围更加浓厚。抓实期盼事、抓好关注事、抓细贴心事，冬送温暖，夏送清凉，促进员工与企业共建共享。此外，内容丰富、形式多样的文体活动，也极大地满足了职工的精神文化生活需求，营造了企业和谐稳定的良好局面。

三　2020年洛化宏达发展展望

（一）咬定一个目标

全力推进工业三苯项目建设及产业链延伸，加快化工化纤转型升级，努

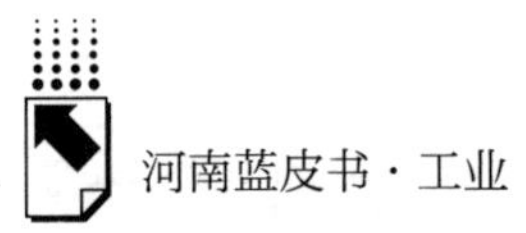

力推进高质量发展，积极拓宽贸易服务业务空间，加强队伍建设，勇于改革创新，实现打造成为区域领先、石化为主、相关多元、产值百亿的高端石化企业集团的奋斗目标。

（二）实施四大战略

——更加聚焦价值引领，坚持以提高发展质量和效益为中心，充分发挥价值管理和导向的约束作用，使一切工作都向价值创造聚焦，把每个产业链都打造成为有效益的价值链。

——更加突出创新驱动，坚持科技创新和管理创新双轮驱动，围绕价值创造和培育新的增长点，推动体制机制、模式方式等全方位创新，不断聚集发展新要素、释放发展新动力、打造发展新动能。

——更加注重资源优化，充分发挥市场在资源配置中的决定性作用，充分发挥集团化优势，更加注重各类资源的统筹优化，不断提高资源效率、资本效率和劳动效率，为高质量发展提供全面、有效的资源保障。

——更加强化绿色低碳，树牢发展决不能以牺牲安全为代价、绿水青山就是金山银山的理念，坚持安全发展、质量至上、环保优先、以人为本，构建完善安全的环保责任体系和长效机制，打造安全绿色发展新优势。

（三）强化兴企能力建设，增强打造一流的推动力

1. 提升运营水平

强化系统思维，抓好全流程全要素优化，努力做到流程路线最优、运行工况最佳、产品结构最好、资源利用和经济效益最大化；坚持眼睛向内、苦练内功，狠抓增产增效、优化增效、降本增效，充分发挥技改技措项目作用，全面提升生产经营水平和企业盈利能力。

2. 抓实安全环保

树牢“发展决不能以牺牲安全为代价”的红线意识，深刻认识安全生产的极端重要性，切实将安全生产摆在一切工作的首位，真正做到安全先于

一切、高于一切、重于一切，发展为安全让路、生产为生命让路。认真贯彻习近平生态文明思想，树立“绿水青山就是金山银山”理念，识别大风险、消除大隐患、杜绝大事故，打好污染防治攻坚战和蓝天保卫战，提高本质环保水平，提升绿色发展能力。

3. 加快转型步伐

落实高质量发展要求，注重顶层设计，科学谋划，稳妥推进，坚持内涵、外延发展并重，着力提升主业发展质量，加快培育新业务、新业态，初步形成资源充分利用、发展相互协同的高端石化产业链。坚持安全发展、绿色发展、融合发展，强化技术创新对产业发展的引领作用，提高资源利用效率、全要素生产率。主动应对数字革命，做好信息化和工业化深度融合这篇大文章，加强信息化基础工程的全覆盖和全提升，推进生产经营、企业管理数字化、智能化。以“控股子公司引入战略投资者+财务管理类金融化+资产证券化”为抓手和突破口，全面提升洛化宏达资本管理效能。加强沟通，主动协调，切实推进聚酯新材料及差别化短纤项目前期工作。利用先进技术改造提升现有装置，补齐制约装置高效运行短板，加快推进碳八烯烃深度精制项目，积极推进合纤公司侧线改造新上生产土工无纺布项目。

4. 创新管理机制

积极探索应用更为灵活的经营机制和管理模式，发挥混合所有制优势。强化集团化管控、专业化运营，不断改进完善，加强职能部门、专业公司作用发挥，进一步落实生产板块主体责任，通过压扁管理层级、合并同类项，提升管理效率，提高价值创造。强化规范管理，将依法合规诚信经营作为企业安身立命之本，自觉运用法治思维和法治方式想问题、做决策、办事情，加强风险管控。强化精益管理，加快健全完善以市场为导向、以规划计划为龙头、以财务管理为核心的经营管理机制，进一步完善绩效管理体系，深化与扩大经济增加值（EVA）考核应用，引导一切经营活动向价值创造聚焦，努力探索精益管理的实践经验。强化成本意识，事事精打细算，处处勤俭节约，加强原料采购、生产过程、产品销售、项目建设、物资采购、库存管

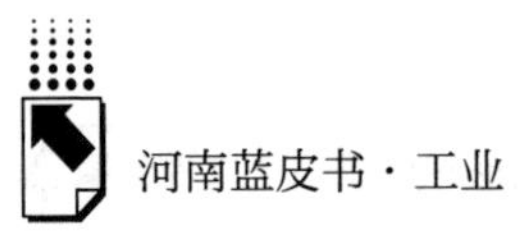

理、资金管理等多环节、全方位成本管控，发挥成本考核倒逼作用，努力打造低成本竞争力。

（四）强化人才队伍建设，积蓄打造一流的中坚力量

没有人才，一切归零。坚持把人才资源作为企业的核心资产来经营，健全完善生才、聚才、理才、用才的长效机制，使人才规模、质量和结构满足转型升级、打造一流石化企业集团的需要。严控总量、盘活存量，深化劳动人事分配制度改革。研究用好劳动政策，优化结构、瘦身健体，建立实施人员退出机制，激发队伍活力。坚持外部引进与内部培养并重，适时引入职业经理人等高层次人才，努力造就一支数量适宜、结构优化、素质优良、创新能力较强的员工队伍，在高端石化、经营管理、资本运作等专业领域拥有数名有一定影响力的专家型人才。改进完善考核评价机制，突出人均劳动率和成本贡献率，建立实施与能力水平、工作业绩相适应的薪酬体系。全面推行队伍建设“三大序列”管理，畅通员工职业发展通道，为人才成长和发展提供机制保障。

（五）强化党建质量提升，彰显打造一流的政治优势

以习近平新时代中国特色社会主义思想为指引，突出政治功能，发挥政治优势，以党建高质量推动发展高质量。聚焦党建主业主责，不断健全党委发挥政治核心作用的体制机制，不断强化各级党组织抓党建的责任意识，形成主体清晰、内容明确、横向到边、纵向到底的责任体系。围绕安全环保、提质增效、项目建设等选好工作载体，大力开展争创“先进党组织”及“红旗党员责任区”活动，推动支部工作向夯实“三基”、服务中心发力，彰显基层组织的政治核心和战斗堡垒作用。坚定不移推进党风廉政建设，深化监督执纪问责“四种形态”运用，特别是“第一种形态”的规范化、制度化运用，营造风清气正、干事创业的一流政治生态。在强化思想引领上持续发力，坚持不懈抓好意识形态工作，做实做活形势任务教育，汇聚推进改革发展的强大精神力量。在厚植企业文化优势上持续发力，加大企业宗旨、

企业愿景、核心价值观的宣贯力度，推动“自觉自强、创新创造”“务实尽责、敬业担当”的精神和作风落地生根。

进入新时代，面对新形势，洛化宏达将以更加磅礴的气势、更加坚定的步伐、更加崭新的姿态，锐意进取，奋发图强，在转型升级、高质量发展之路上阔步前行，奋力谱写建设产值百亿高端石化企业集团新篇章！

B.22
河南华辰科技创新模式与走势分析

张卫华*

摘　要： 河南华辰智控技术有限公司（以下简称“华辰智控”）专注于生物识别信息安全技术的研发应用及产业化，公司在该领域已持续深耕十年，拥有多项国家专利、软著和世界领先的自有识别算法专利，是省市科技创新的重点扶持单位、国家高新技术企业。华辰智控是河南省众多科技型中小企业中的一个缩影，始终坚持自主创新，秉持十年只做一件事的信念：做好自己，是金子总会发光。纵观公司成长史，其创新模式具有一系列特点，例如，保持企业骨干团队的进取心与稳定性，培养自身技术带头人与引进外援专家相结合，把科技创新作为支撑企业发展的内生源动力，坚持不懈加大研发投入等。

关键词： 华辰智控　自主创新　创新模式　创新历程

华辰智控作为河南省虹膜生物特征识别工程研究中心和技术中心，以人工智能+虹膜生物特征识别技术与国家公共事务管理、网络信息安全、大数据、云计算、物联网、工业互联网的深度融合发展为技术研发和市场开拓方向，专注于生物识别信息安全技术的研发应用、标准制定、解决方案设计、系统运营服务及成果产业化。公司在该领域已持续深耕十年，拥有多项国家

* 张卫华，河南华辰智控技术有限公司董事长。

专利、软著和世界领先的自有识别算法专利。相关研究课题多次被评为省、市、区级的重大、重点科技攻关及新技术推广项目，荣获国家中小企业技术创新基金，省、市科技进步奖等，是省、市科技创新的重点扶持单位、国家高新技术企业。

一　华辰智控十年创新历程

华辰智控，秉持十年只做一件事的信念：做好自己，是金子总会发光。

2008 年，几位有着同样理想和信念的技术型从业者放弃之前安稳的工作，在郑州大学组建了生物识别技术研发中心。组建之初，就树立科技兴企理念，把技术创新作为提高绩效和竞争力的关键，立志要在河南本土把生物识别技术的品牌做起来，引领未来生物识别技术在各领域的新型应用，成为国内相关信息安全产业经济增长周期的先导。

2012 年，在经过三年多的技术积累与专项开发产品的打磨后，华辰智控全面重组，正式进入研发成果的成品转换和生产应用阶段；公司将虹膜识别技术应用于金融支付的研究课题获得国家中小企业科技创新基金的支持，政府的关注极大地鼓舞了刚起步的华辰人。

2013 年初，公司开始参加国际安博展、国际金融展、中国生物识别技术与应用展等各种相关展会，将打着自己注册商标的生物识别信息化系列产品有序推向市场，迅速在学校、机关、金融、会所等各个领域都有了稳定运行的应用业绩，赢得用户一致好评。自此，华辰智控填补了河南没有虹膜生物识别领域研发生产企业的空白，而国内生物识别信息安全的应用市场上，也首次亮出了来自河南的产品商标。

一道微光，足以照亮我们前行的路。从 2008 年至 2013 的五年中，国内生物识别市场始终没有多少看点和噱头，尤其是虹膜生物识别技术，虽在生物识别领域被公认为最为精准和卓越，更被世界各权威机构预测出未来应用市场的巨大潜力，但只是叫好不叫座的一道微光。然而，正是这道微光，在下一个五年后将华辰智控的梦想照进了现实！

华辰智控，十年磨一剑，今朝试锋芒！

2014 年，在技术骨干成员们最需要鼓励与支持的时候，华辰智控荣获了默默耕耘五年来的第一个市级科技进步奖。虽然当时政府还没有多少经济上的补贴，但这份荣誉对于专注虹膜识别技术五年之久的科技型小微企业来说弥足珍贵。同年，郑州市金水科教园区向崭露头角的华辰智控递出橄榄枝，邀请公司作为信息安全高新技术的代表企业签约园区的上海交通大学中原研究院，并迁址入驻园区。三年免租的优惠政策让公司及时地感受到了政府对科技型发展中企业的关怀，每一位华辰人更坚定了初心和信念。

2015 年，公司逐步增进与业内名企的应用协作关系，联手华安保全、浪潮信息等，加快技术成果的市场转化应用与推广；公司保持着与省市社保、医保信息中心相关负责人的沟通交流，将未来应用于医保社保方向的虹膜识别技术的研发作为重中之重，专项课题被评为金水区政府重大科技攻关项目和重大专项推广产品，该项目产品应用了多项公司核心专利技术，嵌入了新型虹膜信息控制应用软件，成为华辰智控的尖刀产品。

2016 年，公司作为中国生物识别技术创新联盟的唯一河南成员，开始全面加强与国内外领先研发机构的技术交流协作。与中科院自动化研究所达成了技术联盟并联手推出生物识别新品等；多模态生物识别大数据平台系统研发成功并进入内测；技术产品进入升级阶段，产值也在逐渐抬头的市场中取得了小幅增长。

2017 年，公司积极拓展省外业务，参与了公安部在新疆维吾尔自治区的虹膜数据库建设试点工作，信息安全产品的应用范围更为宽泛；同年年底，市科技局批复公司为“郑州市虹膜识别工程技术研究中心”。就在这一年，华辰智控在经历了中国特色社会主义市场经济的洗礼后终于破茧而出，正式成长为国家高新技术企业。

2018 年，公司“双虹膜和面部图像检测智能识别技术的研发与应用”项目荣获河南省科技进步奖、河南省高成长软件企业称号、国家自主创新示范区郑州片区科技创新工作创新平台建设先进单位称号；“多模态生物识别大数据平台”系统顺利通过国家权威机构检测并取得软著权，在郑州大学上线运行。该系统经河南省工信厅评审，作为河南八个入选项目之一推荐至国家工信部参评年度国家网络安全技术应用示范项目；同年年底，河南省发改委正式核准公司联手郑州大学共建“河南省生物特征识别工程技术研究中心”，成为国内极少数的该领域省级研究平台。

二　华辰智控创新模式基本特点分析

国务院、河南省政府在促进中小企业发展的政策中提出，中小企业是我国国民经济和社会发展的重要力量，促进中小企业发展，是保持国民经济平稳较快发展的重要基础，是关系民生和社会稳定的重大战略任务。中小企业是推动地方经济发展的基本力量、提供财政收入的重要来源、解决就业的主要渠道和维护社会稳定的关键因素，科技型中小企业作为培育发展新动能、推动高质量发展的重要力量，在科技创新方面更是发挥着重要作用。

华辰智控是河南省众多科技型中小企业中一个小小的缩影，纵观公司成长史，其创新模式可归集为以下几个特点。

第一，保持企业骨干团队的进取心与稳定性至关重要。事在人为，公司骨干团队始终如一的团结进取之心和稳定性，是公司十年一盘棋的法宝。关键位置的几位关键人物能够在关键时刻不忘初心、有大局观，能够正确对待眼前利益与长远利益以及公司与个人之间的关系，公司才得以按部就班地稳步发展。

第二，因人而异、专项专案的创新研发措施。用对人才能做对事，公司在确定开始某个专项研发课题前，必先针对专项情况选出适合的带头人，若缺乏适配人选宁可暂不启动。本着因人而异、专项专案的原则，公司将依据项目带头人的情况特点结合项目制定课题开发专案，以保障项目的品质与成功率。

第三，培养自身技术带头人与引进外援专家相结合。前沿技术的开发风险远超传统产业，可使用和交流的专业人员极少并缺少可借鉴经验。公司骨干团队早在 2007 年就走出国门，向美国、韩国等生物识别技术的知名机构学习。在公司组建后，更是创造多种机会向国内外的领先研发机构进行学习交流。打铁还要自身硬，公司首先是把培养公司技术人员放在第一位，再结合研发项目需求引进必要的外援专家联手共建，以求最佳技术成果的形成。

第四，把科技创新作为支撑企业发展的内生源动力，坚持不懈地加大研发投入。习近平总书记强调，抓创新就是抓发展，谋创新就是谋未来。公司从创立之初，就树立了科技兴企的理念，把技术创新作为提高绩效和竞争力的关键。在应用市场尚不成熟的情况下，公司始终坚持对技术研发和市场培育的投入有序进行、逐年递增。

第五，开发先进适用的技术产品，研制适销对路的平台系统，并不断提高产品级别与质量。市场为王，卓越的技术产品要在顺应市场需求的条件下应运而生，才能有生命力和延展性。而好质量才能造就好产品，产品质量就是市场保证。

第六，注重知识产权保护，积极创建自主品牌。公司骨干成员集结起来的第一件事，就是注册自己的品牌商标，有了自己的品牌，企业就被赋予了灵魂。因为做的是科技创新的前沿行业，公司在知识产权保护方面做足了功课，以保全智力成果，增强企业的技术实力和经济实力。

第七，多途径进行产学研联合和资源整合。当今早已不是单打独斗的年月了，瞬息万变的信息时代唯有取长补短、联盟作战，才有可能赢得一方。公司初建技术研发中心，共建方就是河南双一流学府郑州大学。高起点铸造高品质，之后陆续开展了与中科院自动化研究所、上海交通大学等国内科研院所的研发共建。另外，公司还与国内各领域名企建立战略合作关系，在技术开发、市场拓展等方面结成互利互惠的价值链，共同将技术产品推广到各个应用领域，在促进科技成果的落地上取得良效。

第八，耐得住前沿技术的寂寞，不等风口、不靠政策。2008 年，在公司选择开始投入生物识别技术的研发工作时，各领域的应用市场尚在培育期，虽潜力巨大却也危机四伏，前行路上有着诸多不确定性。公司用三年多时间完成了基础的技术积累和产品定型，又用了近四年的时间做技术成果与应用市场的磨合，这七年里公司没有坐等风口，也没有依靠利好政策的出台，而是顺势而为地去做着自己既定的目标专项。比如，智慧教育、智慧医保社保、智慧公安等行业系统的研发课题。直至2016年，应用市场终于随着国家各项推动政策的落实开始有了起色，而公司的技术产品和平台建设业已成熟，直接进入市场投放阶段。

第九，看准行业升级契机，引领专业领域新型应用。看好的行业机会，公司就一定会去争取国内的先锋站位。既然做的是创新技术，就要引领生物识别技术领域的最新应用，而不是跟风效仿。这样，华辰智控的河南品牌才能在国内生物识别行业叫响，也才能有健康持续发展的空间。

三　2020年华辰智控发展趋势分析

近年来，国务院颁布的《国家新型城镇化规划（2014～2020年）》，工信部颁布的《促进新一代人工智能产业发展三年行动计划（2018～2020年）》，以及河南省委《关于科学推进新型城镇化的指导意见》等相关文件纷纷出台，最为利好的是公安部在2019年2月下发的《全国刑侦信息专业应用系统虹膜身份核查子系统建设方案》，为生物识别信息安全技术的应用发展创造了极好的政策环境。生物识别技术作为精准智能识别、判定、拦截技术与网络安全防护、大数据、云计算、人工智能、区块链、物联网技术有着良好的融合度。随着国家“十三五”规划的纵深实施，该技术跨领域应用会更加广阔。

2020年，华辰智控将继续坚持自主创新，持续加大技术研发创新的投入，在平台建设方面，加大省级研发平台的建设力度。截至2019年9月，公司已经顺利通过了CMMI国际评估认证，软件集成与运营服务再次进阶；在参展参赛方面，公司先后参加了河南省军民融合产品成果展、河南数字经济峰会产品展等，专向开发项目在物联中国创新大赛中荣获河南最具投资价值五强，相关国家级及省市级媒体多次对华辰智控的科技创新进行跟踪报道。在业务拓展发面，公司将继续推动科技成果的落地应用，将企业的产品和技术更加广泛地服务于安全级别较高的领域，如智慧公安、智慧政务、智慧司法、智慧金融、智慧社保、智慧通关、智慧防护、移动支付等专项网络系统的身份识别管理及应用，以期实现经营业绩的迅速增长，成为河南战略性新兴产业发展的新亮点。

从市场趋势来看，华辰智控2020年将致力于最大的市场增长点——智慧教育和智慧公安的开发。先看智慧教育，随着公司“多模态生物识别大数据平台”在高校系统的推广应用，将逐步形成一个可持续性扩展服务的教育系统平台。该平台将全方位融通智慧校园的信息管理系统，应用虹膜、人脸、指纹等生物识别技术进行各层级身份管理和访问授权控制，具备高网络安全防护和良好的扩展性。该平台以生物识别技术为基础，建立特色校园ID体系，通过无卡消费、无卡教务等给学生和老师带来方便快捷的虚拟化现实体验，提高生活品质及学习效率。该系统基于BI分析引擎，通过对平台资源数据的集成分析，为学校管理层提供决策依据，有效升级智慧校园的管理水平。

再来看虹膜生物识别领域，最为振奋的是智慧公安项目。公司的虹膜识别产品取得了公安部权威机构的检测认证，可应用于公安部2019年在全国范围内部署的虹膜数据库建设。入围这次全国性公安口技术升级建设的企业共14家，华辰智控是唯一的河南生产供应商。作为人口大省，河南面临的是一个亿级虹膜数据库的建设任务，投入将超过十亿元，加之未来三代身份证等技术关联，应用市场在近年将有望突破百亿元。公司作为河南唯一政府认定的虹膜工程研究中心和技术中心，又是河南唯一取得生产供应资格的企业，业务发展前景广阔。

借着新中国成立70周年华诞的盛世东风，华辰智控即将迎来飞速发展的最好时光。

四　关于加快华辰智控创新发展的思考

2019年9月，习近平总书记在郑煤机公司进行制造业转型升级考察调研时指出，中国已经是制造业大国，在相当一部分领域产量规模世界第一。中国必须搞实体经济，自力更生是我们的基础。我们现在制造业是世界上最大的，“大”和“全”有了，在“高精尖”方面还有不少短板，还要继续攀登，通过技术创新、产业创新、转型升级，把我们国家的制造业搞上去，把实体经济搞上去。

华辰智控作为河南科技型中小企业的代表，从事的是“高精尖”行业，干的是技术创新和产业创新的活儿，做的是先进制造业的实体经济，且始终坚持自主创新，对习近平总书记的指示精神深受鼓舞。为了加快华辰智控创新发展步伐，需要做好以下工作。

一是持续深化河南省虹膜生物特征识别工程研究中心的平台建设工作，适时启动国家级科技创新平台的申报。

二是在继续深耕国内市场的同时，积极践行国家“走出去”战略。事实上，目前华辰智控已有美国、韩国和印度的意向代理商在接洽。

三是引入战略投资机构，推动科技企业进入资本市场的前进步伐。目前已有多家意向机构在接洽中。

四是在重大技术升级换代的卡点，积极沟通和参与政府采购项目。有时只需一次重要项目的参与承担，就可以成就一个中小企业升级为河南自己的强企和名企。比如这次公安部在全国范围内的虹膜数据库建设任务，对于公司来说就是一次规模空前的转型升级机会。作为河南的虹膜识别技术研究中心，需要加强和政府相关部门的沟通联系，争取更多的关注和政策支持。

Abstract

This book is compiled under the auspices of Henan Academy of Social Sciences, with the theme of "upgrading Henan Manufacturing with three major transformations" . It comprehensively analyzes the overall situation and main characteristics of Henan industrial economy operation from January to September 2019. This book deeply analyzes the problems existing in the operation of Henan industrial economy, studies and judges the situation faced by the high-quality development of manufacturing industry, and looks forward to the development trend of Henan industrial economy in 2019 and 2020. The book is divided into six parts: general report, evaluation part, comprehensive part, industry part, regional part and case part. It puts forward new ideas and Countermeasures for the high-quality development of Henan industry.

The general report is written by the research group of the Institute of industrial economy, Henan Academy of Social Sciences, and represents the basic point of view of the book on the analysis and prediction of Henan industrial economy in 2019 - 2020. According to the report, since 2019, in the face of complex changes in the internal and external environment, we have continued to promote intelligent transformation, green transformation and technological transformation. The industrial operation has made steady progress, showing a good trend of "five stability and five rise", and the main economic indicators are better than expected and better than the whole country. However, the industrial operation also shows that the output is "under pressure in the process of entering the market, while the good one has the advantages" . It is predicted that in 2019, the growth rate of industrial added value above Designated Size in Henan Province will remain at about 7.8% , and in 2020, it is expected to be stable and slow down, at about 7.7%. On the whole, the industrial operation will show the characteristics of steady progress, and continue to maintain the good trend of "small fluctuation of growth rate, continuous optimization of structure, acceleration of industrial upgrading and improvement of development quality" .

In the evaluation part, the industrial development quality of 18 cities in Henan Province is comprehensively evaluated by constructing the evaluation index system of high-quality development of regional industrial economy. The evaluation index system is divided into five categories: innovation index, coordination index, green index, opening index and sharing index, with a total of 18 specific evaluation indexes. The results show that Zhengzhou, Xuchang, Luoyang, Jiyuan and Jiaozuo are among the top five regions in terms of high-quality industrial economic development. In terms of innovation and development, Luoyang, Zhengzhou, Xinxiang, Jiyuan and Pingdingshan are among the top five. In terms of coordinated development, Luohe, Zhoukou, Jiaozuo, Xuchang and Sanmenxia are among the top five. In terms of green development, Xuchang, Luohe, Puyang, Zhengzhou and Nanyang are in the top five. From the perspective of open development, Zhengzhou, Jiyuan, Hebi, Sanmenxia and Luohe are in the top five. From the perspective of shared development, Zhengzhou, Jiyuan, Anyang, Jiaozuo and Luoyang rank in the top five.

Comprehensive section, industry section, regional section and case section carry out special research on industrial development of Henan in 2019. In the comprehensive part, it analyzes in-depth from the perspectives of intelligent manufacturing, digital transformation, green transformation, scientific and technological innovation, cluster upgrading, financial support, etc. The industry section conducts research on Henan food industry, non-ferrous metal industry, traditional industry, etc. The regional part analyzes the situation and Prospect of industrial economy in Zhengzhou, Luoyang and Xuchang. The case mainly introduces the development of three enterprises.

The book strives to systematically show the progress and highlights of high-quality industrial development in Henan since 2019, as well as the positive results of "three major transformations" led by intelligent manufacturing. Present the practice and exploration of key industries, characteristic regions and typical enterprises in high-quality development, truly reflect the situation and existing problems faced by high-quality industrial development in Henan Province, and put

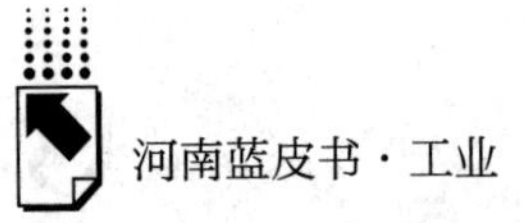

forward targeted ideas and countermeasures.

Keywords: Henan; Industrial Economy; "Three Major Transformations"; "Made in Henan".

Contents

I General Report

Abstract: since 2019, in the face of complex changes in the internal and external environment, we have continued to promote intelligent transformation, green transformation and technological transformation. The industrial operation has made steady progress, showing a good trend of "five stability and five rise", and the main economic indicators are better than expected and better than the whole country. However, the industrial operation also shows that the output is "under pressure in the process of entering, good and excellent". It is expected that the growth rate of industrial added value above the designated size in Henan Province will remain at about 7.8% in 2019, and it will slow down in 2020, at about 7.7%. On the whole, the industrial operation shows the characteristics of steady and progressive. It will continue to maintain "small fluctuation in growth rate, continuous optimization of structure, acceleration of industrial upgrading and improvement of development quality" Good trend.

Keywords: Henan; Intelligent Manufacturing; Industral Economy

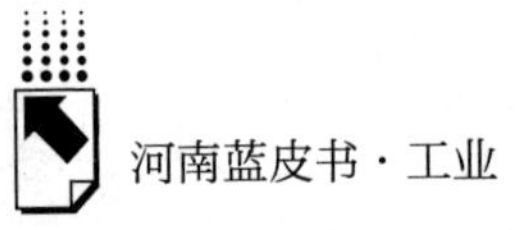

Ⅱ Evaluation Article

B. 2 Economy in Henan Province

Abstract: The development of Henan industrial economy is in a critical period of climbing the slope and crossing the ridge, and improving the quality of development is an important task for the healthy and sustainable development of Henan industrial economy. Drawing on the existing research results, the evaluation index system of high-quality development of Henan regional industrial economy constructed in this report is divided into five categories: innovation index, coordination index, green index, open index and sharing index, totaling 18 specific evaluation indexes. Zhengzhou, Xuchang, Luoyang, Jiyuan and Jiaozuo rank among the top five in the comprehensive ranking of high-quality development of regional industrial economy in Henan Province. From the perspective of innovation and development, Luoyang, Zhengzhou, Xinxiang, Jiyuan and Pingdingshan rank in the top five; From the perspective of coordinated development, Luohe, Zhoukou, Jiaozuo, Xuchang and Sanmenxia rank the top five; From the perspective of green development, Xuchang, Luohe, Puyang, Nanyang and Zhengzhou rank the top five; From the perspective of open development, Zhengzhou, Jiyuan, Hebi, Sanmenxia and Luohe rank the top five; From the perspective of shared development, Zhengzhou, Jiyuan, Anyang, Jiaozuo and Luoyang rank the top five. Finally, the report proposes that we should reshape the spirit to promote the high-quality development of industrial economy, innovation-driven support for the independent development of industrial economy, green transformation to promote the sustainable development of industria 1 economy, intelligent transformation to enable the high-quality development of traditional industries, and take various measures to coordinate the promotion of high-quality development of regional industrial economy in Henan Province.

Keywords: Industrial Economy; Innovative Development; Open Development; Green Development

Ⅲ Comprehensive Articles

Abstract: "Made in China 2025" clearly proposes that we should take the deep integration of new generation information technology and manufacturing industry as the main line, and take promoting intelligent manufacturing as the main direction of attack, so as to realize the historical leap of manufacturing industry from big to strong. This paper analyzes the current situation and existing problems of Intelligent Manufacturing in Henan Province, summarizes the successful practices and typical cases in the process of intelligent transformation of enterprises in our province, and probes into the key work and relevant measures and suggestions to speed up the development of Intelligent Manufacturing in Henan, which has important practical and theoretical significance for speeding up the construction of advanced manufacturing industry in Heilongjiang Province and promoting the high quality development of the manufacturing industry.

Keywords: Henan; Intelligent Manufacturing; Intelligent Transformation; Advanced Manufacturing

Abstract: In recent years, Henan Province has made some progress in promoting the digital transformation of manufacturing industry by taking the integration of industrialization and informatization as the main line, intelligent manufacturing as the main direction and increasing policy support. It should be noted that there are both favorable and constraint factors in the digital transformation of Henan manufacturing industry. At present, the digital transformation of manufacturing industry should focus on R & D mode, manufacturing mode, organizational form, product form, business mode, etc. and we should know the content and direction of transformation; to give full play to the leading role of enterprises, on the other hand, we should pay attention to the overall improvement of the industry, rely on the strong support of the government. We will accelerate the transformation and upgrading of traditional manufacturing industry through the support of enterprises and the coordinated promotion of the government.

Keywords: Henan; Manufacturing industry; Digital Economy; Digital Transformation

B. 5 The Path and Countermeasure of Henan Industry Green Transformation Development

Wang Zhongya / 060

Abstract: Green transformation is an important driving force for the high-quality development of industrial economy. In recent years, Henan's industrial green transformation and development has achieved remarkable results, the utilization efficiency of energy resources has been continuously improved, the level of pollutant emissions has been continuously reduced, energy-saving and environmental protection industries have flourished, and typical cases of green transformation and development have emerged. Compared with developed provinces, due to the influence of natural resources endowment factors, the problems of heavy industrial structure and extensive development mode in Henan are still very prominent. Achieving the goal of environmental regulation through green system innovation, enhancing the efficiency of resource utilization through green technology innovation, and enhancing the core competitiveness of enterprises through green management innovation. Accelerating the green transformation and development of Henan's industry is a complex systematic project, which requires efforts in publicity and guidance, industrial cultivation, financial support and open cooperation.

Keywords: Industrial Green Transformation; System Innovation; Technology Innovation; Management Innovation

Abstract: This paper puts forward the internal logic of industrial policy and establishes the system framework of industrial policy-making. On this basis, this paper analyzes the future manufacturing strategic orientation of the UK and China, and discusses the similarities and differences as well as the mutual reference. This paper points out in particular the incoherence, instability and unevenness of the evolution of dynamic industrial policy. These discussions lay a theoretical foundation for the formulation of future manufacturing industry policies in Henan Province, and also have policy guidance value for the future development of manufacturing industry in China and other countries in the world.

Keywords: Future Manufacturing; Made in China; Advanced Manufacturing

Abstract: The new generation of scientific and technological revolution and industrial revolution, as well as the critical period of China's economic transformation, not only bring unprecedented innovation, but also have a profound impact on the regional economic spatial pattern. The level of scientific and technological innovation has become the key to whether the region can stand out in the fierce competition and achieve high-quality economic development. After years of efforts, Henan has made remarkable achievements in the development of scientific and technological innovation, the main body of innovation has been growing, the development of innovation carriers has been accelerated, and the level of open innovation has been significantly improved. However, it still faces problems such as insufficient construction of scientific and technological innovation environment and large gap in the level of scientific and technological innovation. Throughout the country, Hangzhou, Guizhou and other places in the development of new economy, cohesion of new resources, layout of new industries and other aspects have many advanced experience worthy of Henan learning. Based on the full combination of provincial conditions, in the future, Henan should straighten out the development ideas, start from promoting the opening and cooperation to improve the innovation system, focus on major projects to lay a solid foundation for scientific research, deepen the system reform to break the development bottleneck, and make every effort to improve the level of scientific and technological innovation in Henan.

Keywords: Henan; Scientific and Technological Innovation; Economic Transition

Abstract: Entrepreneurship in the new era is the internal driving force of the high quality development of the economy. At present, there are still gaps and deficiencies between the overall outlook of Henan manufacturing entrepreneurs and the excellent entrepreneurial spirit, For example, the willingness to innovate and start a business is weak, and the awareness of risk, integrity, cooperation, internationalization, and social responsibility is not strong. Since 2018, Henan has implemented a project to promote entrepreneurship and improve the environment for the growth of entrepreneurs. At present, initial results have been achieved, but the lack of attention to the promotion of entrepreneurship, the inadequacy of relevant institutional policies and measures, and the poor business environment still pose constraints to the high-quality development of manufacturing industries. Henan needs to vigorously promote good entrepreneurship, create a group of outstanding entrepreneurs, drive high quality manufacturing development.

Keywords: High-quality Manufacturing Development; Entrepreneurship; the Role of Entrepreneurs

Abstract: In recent years, affected by many factors, such as the slowing down of economic growth at home and abroad, the sluggish development of real economy, the vigorous development of digital economy and the change of market demand, the development of Henan industrial agglomeration has generally encountered bottlenecks. In 2019, the development of industrial agglomeration area will face great changes and challenges such as the transformation from land finance to Tax finance, from real estate driven to industry driven, and from heavy assets to light assets. The mode of "heavy development and light operation" of industrial agglomeration area will be unsustainable. The development of the park needs to deepen the reform, innovative thinking and expand the opening-up in the management system and operation mode, so as to realize the "secondary entrepreneurship" and smoothly realize the transformation and upgrading from the "entrepreneurial period" to the "innovative period".

Keywords: Industrial Agglomeration Area; Secondary Entrepreneurship; Henan

B. 10 Research on the Current Situation and Countermeasures of Financial Support for High Quality Development of Henan Manufacturing Industry

Ye Weiping, *Tong Baochen*, *Zhang Kai and Wang Zhuang* / 122

Abstract: In recent years, with the continuous decline of traditional industry profits and the centralized exposure of financial risks, mutual trust between banks and enterprises has been seriously impacted. In addition, the problems of difficult and expensive financing for enterprises are prominent. The investment in manufacturing industry continues to be depressed, and the pressure for stable growth is great. The problem of difficult and expensive financing has a long history and is deeply rooted. It is a stubborn problem all over the country and even the world. It involves not only banks and enterprises, but also government departments, guarantee institutions, financial supervision and many other aspects. It is also closely related to the establishment and improvement of financial system and financial ecology. In view of the current situation and problems of financial support for the high-quality development of manufacturing industry, this paper adheres to the problem orientation, through in-depth field investigation and research analysis, and drawing on the advanced experience of the province and abroad, puts forward practical policy measures and suggestions.

Keywords: Henan; Finance; Manufacturing Industry

Abstract: Based on the data of industrial enterprise database in 2004, 2009 and 2013, this paper explores the spatial pattern and influencing factors of manufacturing industry in Henan Province from the county level by using ESDA method and geographic detector. The results show that: ① the manufacturing industry in Henan Province shows obvious agglomeration, and the spatial differentiation of output value is obvious. The high value cluster area is formed on the line between Luoyang Zhengzhou Xuchang, and large area of low value cluster area is formed on the line from Luoning, Luanchuan to Gushi and Xinxian. ②The development process of manufacturing industry in Henan province accords with the characteristics of "point axis" spatial structure system. With Luoyang City, Zhengzhou City and Xuchang City as the core points, along the Longhai railway line and JingGuang railway line, the development axis is formed in the three core point sections. ③The spatial distribution of manufacturing industry in Henan Province is significantly affected by the market, transportation and industrial base, and the labor cost is less affected, among which the government plays a greater role in promoting.

Keywords: Manufacturing Industry; Spatial Patter; Geodetector; Henan Province

Abstract: At present, Henan advanced manufacturing industry is restricted by unreasonable talent structure, low proportion of R & D investment and insufficient release of industrial agglomeration effect. Accelerating the development of advanced manufacturing industry in Henan Province is an important way to lead the high-quality development of manufacturing industry in Henan Province. Henan should aim at the development direction of international advanced manufacturing industry, accelerate the deep integration of advanced manufacturing industry and modern service industry, vigorously promote the cluster development of advanced manufacturing industry, vigorously develop the private economy, optimize the development environment of advanced manufacturing industry, constantly promote the transformation and upgrading of manufacturing industry, and lead the high-quality development of manufacturing industry.

Keywords: Advanced Manufacturing; Cluster Development; Henan

Ⅳ Industry Articles

B. 13 Development Report of Henan Food Industry in 2019

Li Jingyuan / 168

Abstract: As an important leading manufacturing industry in Henan Province, food industry provides an important supporting role for the realization of steady progress in the real economy of the province. In 2019, Henan food industry further achieved high-quality development through the implementation of intelligent transformation, green transformation and enterprise technology transformation. However, under the influence of economic downward pressure and external market environment, Henan food industry also faces new opportunities and challenges. In order to realize the strategic goal of building Henan into a strong province of food industry and a food safety province, the following countermeasures and suggestions are put forward: continue to implement the "Three major transformations", actively seize the high-end product marke, improve food traceability system, and develop the modern agricultural product processing industry.

Keywords: Henan Food Industry; "Three Major Transformations"; Consumption Upgrading; Food Safety

Abstract: Since 2019, the nonferrous metals industry in Henan Province has been running steadily, its economic benefits have declined, the benefits of different products have been significantly differentiated, and the pace of transformation and upgrading of key enterprises has accelerated. At the same time, the development of the industry is also faced with the rising cost of raw materials, intensified homogenization competition, increased investment in environmental protection and other issues. Henan nonferrous metal industry must stand at a new height, solidly promote the high-quality development of the industry, adjust the industrial structure, improve the efficiency and toughness of industrial operation, adhere to technological innovation, energy conservation and emission reduction, improve product quality, and gradually realize the extension of the value chain from the low-end to the high-end.

Keywords: Henan; Non Ferrous Metals; Energy Conservation and Emission Reduction; Restructuring

Abstract: As an important part of Henan's industrial system, the transformation and upgrading of traditional industries in 2019 has a good development trend, the transformation and upgrading process has been significantly accelerated, and the ability of element support has been enhanced, and remarkable results have been achieved. However, the factors restricting the transformation and upgrading of traditional industries in Henan Province are still prominent. It is urgent to grasp the opportunities and advantages, further clarify the key path of transformation and upgrading, accelerate the supply of innovation policies, vigorously build a good environment for promoting the transformation and upgrading of traditional industries, and promote the traditional industries to be green, intelligent and technological transformation in depth.

Keywords: Henan; Traditional Industry; Synergetic Development

B. 16 Thoughts and Countermeasures for Realizing High-end and Intelligent Development of Equipment Manufacturing Industry in Nanyang

Xia Chunyang / 205

Abstract: Accelerating the high-end and intelligent development of equipment manufacturing is an important way to realize the transformation of Nanyang from a city with large manufacturing industry to a city with strong manufacturing industry. Nanyang has the foundation and advantages of developing high-end intelligent equipment manufacturing industry, with clear leading industry characteristics, obvious advantages of leading enterprises and effective improvement of product level. However, there are also problems such as small scale of enterprises, loose connection of industrial chain innovation chain and insufficient system integration ability. Nanyang needs to increase its efforts in industrial focus, policy innovation, intelligent transformation, and integration and innovation.

Keywords: Nanyang; Equipment Manufacturin; Intellectualization

Ⅴ Regional Articles

Abstract: In 2019, Zhengzhou adhered to the guiding ideology of Xi Jinping's new socialist ideology with Chinese characteristics, thoroughly implemented the spirit of the important speech of general secretary Xi Jinping when inspecting Henan's visit to Zhengzhou, resolutely implemented the new development concept, pushed forward the structural reform of the supply side of manufacturing industry, vigorously implemented the strategy of "making strong cities", and maintained steady progress in the industrial economy. From January to September, the added value of industries above designated size increased by 6. 5% year-on-year, 0. 9 percentage points higher than the national average, ranking 8th and 9th among 27 provincial capitals and 35 large and medium-sized cities. In the future, Zhengzhou will take the construction of the National Central City as a whole, seize the major strategic opportunities of "five zone linkage" and "four-way coordination", adhere to the general tone of "seeking progress in stability", vigorously implement the three-year action plan for high-quality development of manufacturing industry, accelerate the construction of the national important advanced manufacturing base, and strive to achieve the stable and healthy development of the city's industrial economy.

Keywords: Zhengzhou; Industrial Economy; Economical Operation; Restructuring

B. 18 Analysis Report on Industrial Economic Operation of Luoyang in 2019

Zhao Zhanwei, Hao Shuang / 224

Abstract: Since 2019, Luoyang has adhered to the general tone of seeking stability and progress, and has taken measures to promote the smooth operation of the industrial economy and the high-quality development of the manufacturing industry. The operation of the industrial economy has shown a good momentum of steady progress, stability, newness, and stability. The structural adjustment has been steadily advanced, the new and old kinetic energy has been accelerated, and the scale and quality have been synergistically improved. However, there are still some problems such as the decline of profit growth, the difficulty of enterprise financing and the continuous increase of operation pressure. Facing the new requirements of high-quality development, Luoyang still needs to innovate in project planning, intelligent manufacturing promotion, innovation platform building, enterprise service optimization and other aspects.

Keywords: Luoyang Industry; Industrial Operation; Intellectualization

B. 19 Analysis Report on Industrial Economic Operation of Xuchang in 2019

Jiao Jianhua, Zhang Tingshan and Cao Hongtao / 235

Abstract: Since 2019, Xuchang has conscientiously implemented high-quality development and built a "smart manufacturing city". The industrial economy is running steadily, the operation quality is constantly improving, the enterprise benefit is continuously improving, and the comprehensive strength continues to be in the forefront of the province. However, there are also some outstanding problems in industrial operation, such as weak investment growth, insufficient new capacity, and tightening environmental control constraints. In the future, we need to work harder on projects, services, funds and research.

Keywords: Xuchang Industry; Smart Manufacturing City; Characteristic Industry; Non-state-owned Economy

Ⅵ Enterprise Articles

Abstract: Luoyang Guohong Investment Group Co. , Ltd. (hereinafter referred to as Guohong group) adheres to the enterprise mission of " serving regional development and enhancing its own value ", always adheres to the market-oriented operation, plays a comprehensive role, promotes the upgrading of traditional industries, guides the development of strategic emerging industries, promotes the reform of state-owned enterprises, realizes the maintenance and appreciation of state-owned assets, and comprehensively serves the economic transformation of Luoyang Upgrading and supply side structural reform. In recent years, Guohong group takes the party building as the soul, strategy as the guide and reform as the driving force, strengthens the docking of business system and Luoyang development strategy, and strives to build a leading and well-known state-owned capital investment and operation company. This paper hopes to provide some reference for the high-quality development of state-owned enterprises by summarizing and thinking the development process of Guohong group.

Keywords: Guohong Group; State-owned Enterprise; Investment and Operation of State-owned Capital

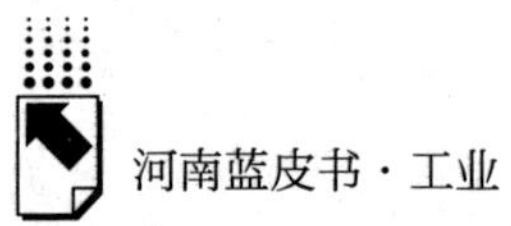

B. 21 The Development of High-end Petrochemical in Luohua Hongda Industrial Company

Jiao Haichao, Liu Xiaojing / 259

Abstract: Luoyang Refining & Chemical Hongda Industrial Co., Ltd. (hereinafter referred to as Luoyang Refining & Chemical Hongda) is a group enterprise with a certain scale, mainly engaged in chemical fiber production and related trade services. The company has chemical fiber production, trade services, maintenance services, drinking water production and other fields. In recent years, Luohua Hongda has always adhered to the "development dream" and strengthened its responsibility. While continuously promoting the transformation and transformation of enterprises, we will focus on strengthening and optimizing the market-oriented competitive business, and better play the role of support, guidance and driving.

Keywords: Luohua Hongda; High-end Petrochemical; Extended Chain

B. 22 Analysis on the Mode and Trend of Science and Technology Innovation of Henan Huachen Company

Zhang Weihua / 268

Abstract: Henan Huachen Intelligent Control Technology Co., Ltd. focuses on the R & D, application and industrialization of biometric information security technology. The company has been engaged in this field for ten years. It has a number of national patents, soft works and world leading self identification algorithm patents. It is a key supporting unit of provincial and municipal scientific and technological innovation and a national high-tech enterprise. "Huachen intelligent control" is a miniature of many small and medium-sized technology-based enterprises in our province, and always adheres to independent innovation. The company's belief in doing only one thing in ten years is to be good at yourself and believe that gold will always shine. Looking at the company's growth history, its innovation model has a series of characteristics, such as keeping the enterprise's backbone team enterprising and stable, training its own technical leaders and introducing foreign aid experts. The company takes scientific and technological innovation as the endogenous power to support the development of the enterprise, and unremittingly increases R & D investment.

Keywords: Huachen Company; Independent Innovation; Innovation Model; Innovation Cour

皮书

智库报告的主要形式
同一主题智库报告的聚合

皮书定义

皮书是对中国与世界发展状况和热点问题进行年度监测，以专业的角度、专家的视野和实证研究方法，针对某一领域或区域现状与发展态势展开分析和预测，具备前沿性、原创性、实证性、连续性、时效性等特点的公开出版物，由一系列权威研究报告组成。

皮书作者

皮书系列报告作者以国内外一流研究机构、知名高校等重点智库的研究人员为主，多为相关领域一流专家学者，他们的观点代表了当下学界对中国与世界的现实和未来最高水平的解读与分析。截至 2020 年，皮书研创机构有近千家，报告作者累计超过 7 万人。

皮书荣誉

皮书系列已成为社会科学文献出版社的著名图书品牌和中国社会科学院的知名学术品牌。2016 年皮书系列正式列入“十三五”国家重点出版规划项目；2013~2020 年，重点皮书列入中国社会科学院承担的国家哲学社会科学创新工程项目。

中国皮书网

（网址：www.pishu.cn）

发布皮书研创资讯，传播皮书精彩内容
引领皮书出版潮流，打造皮书服务平台

栏目设置

◆ **关于皮书**

何谓皮书、皮书分类、皮书大事记、
皮书荣誉、皮书出版第一人、皮书编辑部

◆ **最新资讯**

通知公告、新闻动态、媒体聚焦、
网站专题、视频直播、下载专区

◆ **皮书研创**

皮书规范、皮书选题、皮书出版、
皮书研究、研创团队

◆ **皮书评奖评价**

指标体系、皮书评价、皮书评奖

◆ **互动专区**

皮书说、社科数托邦、皮书微博、留言板

所获荣誉

◆ 2008 年、2011 年、2014 年，中国皮书网均在全国新闻出版业网站荣誉评选中获得“最具商业价值网站”称号；

◆ 2012 年，获得“出版业网站百强”称号。

网库合一

2014年，中国皮书网与皮书数据库端口合一，实现资源共享。

中国社会发展数据库（下设 12 个子库）

整合国内外中国社会发展研究成果，汇聚独家统计数据、深度分析报告，涉及社会、人口、政治、教育、法律等 12 个领域，为了解中国社会发展动态、跟踪社会核心热点、分析社会发展趋势提供一站式资源搜索和数据服务。

中国经济发展数据库（下设 12 个子库）

围绕国内外中国经济发展主题研究报告、学术资讯、基础数据等资料构建，内容涵盖宏观经济、农业经济、工业经济、产业经济等 12 个重点经济领域，为实时掌控经济运行态势、把握经济发展规律、洞察经济形势、进行经济决策提供参考和依据。

中国行业发展数据库（下设 17 个子库）

以中国国民经济行业分类为依据，覆盖金融业、旅游、医疗卫生、交通运输、能源矿产等 100 多个行业，跟踪分析国民经济相关行业市场运行状况和政策导向，汇集行业发展前沿资讯，为投资、从业及各种经济决策提供理论基础和实践指导。

中国区域发展数据库（下设 6 个子库）

对中国特定区域内的经济、社会、文化等领域现状与发展情况进行深度分析和预测，研究层级至县及县以下行政区，涉及地区、区域经济体、城市、农村等不同维度，为地方经济社会宏观态势研究、发展经验研究、案例分析提供数据服务。

中国文化传媒数据库（下设 18 个子库）

汇聚文化传媒领域专家观点、热点资讯，梳理国内外中国文化发展相关学术研究成果、一手统计数据，涵盖文化产业、新闻传播、电影娱乐、文学艺术、群众文化等 18 个重点研究领域。为文化传媒研究提供相关数据、研究报告和综合分析服务。

世界经济与国际关系数据库（下设 6 个子库）

立足“皮书系列”世界经济、国际关系相关学术资源，整合世界经济、国际政治、世界文化与科技、全球性问题、国际组织与国际法、区域研究 6 大领域研究成果，为世界经济与国际关系研究提供全方位数据分析，为决策和形势研判提供参考。

法律声明